Wo die wilden Maden graben

Nagel

Wo die wilden Maden graben

Nagel, 1976 geboren, Mitte der 80er mit
dem Schreiben begonnen: zunächst Artikel
über erfundene Bands mit sich selbst
als Frontmann, dann acht Ausgaben eines
der einflussreichsten Punk-Fanzines der
90er (»Wasted Paper«), 13 Jahre Song- und
Textwriting für Muff Potter und 15 Jahre
Tagebuch, jetzt mit »Wo die wilden Maden
graben« das erste Buch.

Das letzte Kapitel des Buches (4. Woche,
7. Tag) besteht aus zwei Muff-Potter-Texten:
»alles was ich brauch« (Nagel, 2005) und
»I love fahrtwind« (Dennis Scheider, 2000)

© Ventil Verlag KG, Mainz, 2007

Abdruck, auch in Auszügen, nur mit
ausdrücklicher Erlaubnis des Verlages.
Alle Rechte vorbehalten.

1. Auflage Februar 2007
ISBN-13: 978-3-931555-80-1

Lektorat: Jonas Engelmann, Jörn Morisse
Coverfotografie: ©steh.de (Sandra Steh)
Gesamtlayout: Oliver Schmitt
Druck: FVA, Fulda

Ventil Verlag
Augustinerstraße 18, 55116 Mainz
www.ventil-verlag.de

»You can't know about everything, only pleasure and pain.«
(Cock Robin, »Just Around the Corner«)

Dies war meine zwölfte oder fünfzehnte, je nachdem wie man zählt vielleicht sogar zwanzigste Tour mit einer, meist meiner, Punkrockband. Hunderte von Einzelkonzerten und Festivals nicht mitgerechnet. Ich war in PKW auf Tour, manchmal zu fünft mit den Gitarren auf den Knien, in klapprigen Bussen mit Löchern in den Türen, in nicht mehr so klapprigen Bussen mit 220-Volt-Stromanschluss, DVD-Player und Fernseher, in Bullis, Sprintern, Zügen und Nightlinern. Man könnte meinen, ich sei nicht nur im Losfahren, sondern auch im Heimkommen ein alter Hase, aber ich stürze jedes Mal wieder völlig unvorbereitet in den Alltag zu Hause. In einen Alltag, der in meinem Fall die Ausnahmesituation ist, denn Alltag, das ist Tour: siebzehn Uhr Soundcheck, neunzehn Uhr Essen, zwanzig Uhr Türen auf, einundzwanzig Uhr Warmsingen, zweiundzwanzig Uhr auf die Bühne, halb zwölf Saufen, hier der Plan zum Hotel, du hast ein Zimmer mit Mario, Frühstück gibt's bis um zehn, Abfahrt um elf.

Gestern sind wir zurückgekommen. Vier Wochen Deutschland, Österreich, Schweiz. Auf der Rückfahrt gab es noch die üblichen Scherze:

»Mist, ab morgen müssen wir fürs Bier wieder bezahlen!«

»Wo sind denn all die nach Zugaben schreienden Mädchen plötzlich hin!«

»Scheiße, wie soll ich mich nur zurechtfinden ohne den Zeitplan der Tourneeleitung: siebzehn Uhr Soundcheck, neunzehn Uhr Essen, zwanzig Uhr Türen auf, einundzwanzig Uhr

Warmsingen, zweiundzwanzig Uhr auf die Bühne, halb zwölf Saufen …«

Auf jede dieser Bemerkungen folgte raues Gelächter, aber jeder, der schon mal auf einer längeren Tournee war, weiß, wie viel Wahrheit hinter diesen nur scheinbar scherzhaften Sätzen steckt. Und so geisterte auf der Fahrt nach Hause eine seltsame, unartikulierte Melancholie durch den Tourbus.

Oft streitet man sich auch plötzlich, farzt sich an, meist wegen Kleinigkeiten.

»Und was mir schon die ganze Zeit auf den Sack geht – dass du immer so laut gähnen musst!«

»Und du stellst ständig deine scheiß Tasche auf Stühle oder Sofas, damit sich da bloß niemand mehr hinsetzen kann!«

Alle sind nervös und aufgewühlt, gleichzeitig ausgepowert, und jeder geht anders damit um.

Manchmal sind Menschen dabei, die noch nie länger mit einer Band unterwegs waren. Meist sind es Freunde, die Merchandise verkauft oder gefilmt haben, oder nur so mal ein paar Tage mit waren, weil es noch einen freien Platz gab. Sie sagen nachher Sätze wie:

»Oh Mann, wie durchorganisiert das alles ist, ich dachte, es wird die ganze Zeit nur gefeiert und gesoffen, aber das ist ja richtige Arbeit!«

Oder auch, je nach physischer und psychischer Kondition:

»Wahnsinn, wie viel gefeiert und gesoffen wird, ich war nur drei Tage mit und war anschließend eine komplette Woche lang total platt, und ihr seid einfach weitergefahren und habt noch vierzehn Tage so weitergemacht?!«

Unterwegs zu sein ist eine Tretmühle. Es ist stumpf, monoton, kräftezehrend, und gleichzeitig ist es aufregend, glamourös, aufputschend. Man verliert nicht nur schnell den Boden unter den Füßen, sondern auch das klare Urteilsvermögen.

Es gibt einen Satz von Kettcar, die ihn wiederum bei Selim Özdogan ausgeborgt haben, und der auf mich hundertprozentig zutrifft:

»Zu erkennen, dass man glücklich war, ist leicht,
zu erkennen, dass man glücklich ist, ist Kunst.«

Ich habe mir eine Eselsbrücke gebaut, um im richtigen Augenblick zu erkennen, dass es mir gut geht, dass ich ein tolles Leben habe, dass ich tue, was ich will, dass ich selbstbestimmt lebe, dass ich die Guten an meiner Seite habe und dass das alles verdammt noch mal keine Selbstverständlichkeit ist. Eine Eselsbrücke, um den Moment genießen zu können: Ich stelle mir vor, was ich stattdessen machen würde, was ich gemacht habe, machen musste, was mir passiert ist, was hätte passieren können. Erinnerung als Relativierung der subjektiven Wahrnehmung. Fantasie als Sehhilfe. Regelmäßiges Zurückschauen, um sich zu ordnen und wieder nach vorne blicken zu können.

»All names have been changed to protect the innocent.«
(Bomb the Bass, »Beat Dis«)

Erste Woche.

1.

Der Auftritt war echt beschissen. Nicht im Sinne von desaströs, eher lauwarm, also noch beschissener als beschissen. Ich habe keine Ahnung, wieso das erste Konzert einer Tour immer so ätzend sein muss. Wir waren doch gut eingespielt, wir waren nicht übernervös, und wir hatten alle Bock. Ich habe alles gegeben. Vielleicht ein bisschen zu viel, denn nach drei Liedern war ich schon ziemlich aus der Puste. Und das, obwohl ich in der letzten Zeit viel für meine Kondition getan habe. Ich habe Sport gemacht, bin viel gelaufen, um Kraft und Ausdauer für die kommenden vier Wochen zu haben. Aber irgendwie klappt das mit der Krafteinteilung noch nicht so ganz, und die Luft auf der Bühne war quasi nicht vorhanden. Und dann das viele Rauchen vorher. Na ja, vielleicht waren wir auch ein wenig aufgeregt …

Wir haben nicht wirklich gut gespielt, technisch gesehen. Werner hat sich die ganze Zeit verhauen, und obwohl wir uns geschworen haben, nicht mehr so verkrampft auf Fehler zu reagieren und sie stattdessen mit Humor zu nehmen, habe ich gemerkt, wie es mich nervt, dass wir nicht besser spielen. Aber noch schlimmer, als sich leicht zu verhauen, ist es, wenn das Konzert einfach nicht richtig rockt. Und das gerade hat meiner Meinung nach überhaupt nicht gerockt. Auch wenn die Leute es offenbar gut fanden und wir nach der Zugabe sogar eine zweite spielen mussten.

Es gab mal eine Zeit, da war es uns nicht so wichtig, wie wir gespielt haben. Wir waren sowieso die Geilsten und alles andere war Spießerscheiß. Der Auftritt war nur einer von vielen Bestandteilen des Abends, mindestens genauso wichtig war es, wie die Party war, ob wir auf der Hinfahrt ein geiles Mixtape gehört und nachher möglichst viel gesoffen und gegrölt haben. Nichts gegen Mixtapes und Suff, aber das ist für mich alles nur noch Schmuck am Nachthemd. Der Tag auf Tour definiert sich über die sechzig oder fünfundsiebzig oder auch neunzig Minuten, die wir auf der Bühne stehen. Wenn die gut sind, hat sich alles gelohnt. Wenn sie schlecht sind oder langweilig, dann ist der Tag im Eimer. Dann kann kommen, was will, ich gehe mit einem unguten Gefühl ins Bett.

Ich merke es besonders am Tag danach. Das Konzert gestern war gut – mir gehts blendend, ich bin ausgeglichen und glaube an das, was wir tun. Das Konzert gestern war scheiße – ich habe schlechte Laune, bin leicht reizbar und bekomme Zweifel an allem. Bei den anderen ist das nicht so ausgeprägt, und manchmal verachte ich sie dafür. Wie kann man nur Spaß haben, wenn man schlecht gespielt hat! Dafür sind wir doch schließlich hier, nur dafür sind wir all die Kilometer gefahren!

Zum Glück sehen das nicht alle in der Band so extrem wie ich. Nicht auszudenken, was am Tag nach einem schlecht gelaufenen Auftritt sonst für eine Stimmung an Bord herrschen würde. Dazu kommt, dass wir einen Auftritt grundsätzlich völlig unterschiedlich bewerten. Es gibt nur wenige Konzerte, die alle beschissen fanden. Wenn das passiert, kann man davon ausgehen, dass es wirklich ziemlich mies war. Umgekehrt sind wir selten einhellig der Meinung, dass es ein Eins-a-Ding war, und auch hier gilt: Es war mit Sicherheit spektakulär, wenn alle glücklich und aufgeputscht von der Bühne gehen.

Heute gibt es Backstage keine Dusche und keinen Platz. Der Raum hat ein Klo, ein Waschbecken, einen Tisch, eine Bank und einen Schrank von Kühlschrank. In der Ecke stehen auf zwei Stühlen Computer und Drucker der Tourneeleitung. An einem der Stühle klebt ein ausgedrucktes DIN-A4-Blatt: »Produktionsbüro. Bitte anklopfen.« Wir treten uns beim Umziehen gegenseitig auf die Füße. Überall hängen stinkende nasse Sachen. Werner will zeigen, wie doll er geschwitzt hat und wringt sein T-Shirt aus. Beeindruckend, was da für eine Suppe rauskommt, aber muss er das unbedingt mitten im Raum machen?

Ich hätte gerne ein wenig Ruhe, nur ein kleines bisschen Zeit, um auszuatmen und runterzukommen. Aber wo kein Platz ist, ist auch keine Ruhe. Ich habe noch nicht mal eine trockene Hose angezogen, da kommen schon die ersten Bekannten in den Raum gestürmt, versorgen sich mit Bier und Schnaps aus dem Kühlschrank und erzählen uns irgendwas über das Konzert und was man jetzt noch so machen könne und was wir denn jetzt vorhätten und ob wir nicht langsam mal loswollten, die anderen seien auch schon abgehauen.

Lasse stand schon heute Nachmittag mit leuchtenden Augen vor mir. Er besuchte uns beim Soundcheck und meinte es gut, als er sagte: »Geil, nach dem Konzert machen wir richtig einen drauf, wir gehen noch in diese Bar und dann in jene, und um fünf hat Frauke Thekenschluss und wir treffen uns alle im Da-und-dort …«

Ich habe es nicht übers Herz gebracht, ihm zu sagen, dass ich noch nicht weiß, ob ich mitkomme, und dass ich eigentlich viel lieber hier noch was trinken und dann ins Bett gehen würde. Lasse ist einer der besten Typen, die ich kenne. Ich sehe ihn viel zu selten, er freut sich, dass ich da bin, und ich freue mich, dass er da ist, und außerdem hat er immer diesen Hundeblick drauf, dem man nichts abschlagen kann. Und so werfe ich all die guten Vorsätze von wegen diesmal-nicht-gleich-am-ersten-Tag-so-übertreiben und das-Hotelzimmer-ist-super-und-ich-will-auf-keinen-Fall-das-Frühstücksbuffet-verpassen über Bord und stürze mich eine knappe Stunde nach dem Konzert mit einem wilden Mob erlebnishungriger Gestalten hinein in die Nacht, gebe mich dem in dieser Stadt üblichen Exzess hin, bis ich, zweiundzwanzig Stunden, nachdem ich aufgestanden bin, in einem Bett lande, das nicht meins ist, mit einer Person, von der ich den Namen vergessen habe. Um neun Uhr geht der Wecker, um zehn Uhr ist Treffen im Hotel, wo wir noch ein wenig Promo machen müssen. Alle Rock-'n'-Roll-Klischees in der ersten Nacht bedient. Hervorragender Tourstart, herzlichen Glückwunsch.

2.

Fielmann ist von Anfang an dabei. Für die ersten Proben dieser Band hat er mir seine Gitarre geliehen, weil ich keine eigene hatte. Nach einem halben Jahr hat er mir eröffnet, dass er unsere Band super findet, wir aber nie Erfolg haben werden, weil wir »Musik für Mädchen« machen. Später ist er ab und zu mit zu Konzerten gefahren, um unsere ersten Merchandiseprodukte zu verkaufen (ein Demotape, eine Platte, irgendwann sogar ein T-Shirt). Außerdem ist er als Straight Edger meist gefahren, weil wir die ganze Zeit rotzbesoffen waren. Später hat er nicht nur angefangen zu saufen, er war auch den Merchjob leid. Es kam aber nicht in Frage, ohne ihn loszufahren, also brauchten wir eine neue Aufgabe für ihn. Schließlich kam er als gute Seele mit, die sich um alles kümmert. Den Begriff »Tourmanager« kannten wir damals noch nicht. Aber kaum hatten wir ihn das erste Mal vernommen, beschlossen wir, dass Fielmann ab sofort unser Tourmanager ist.

Sobald wir den Bus besteigen, schlüpft er in seine Rolle und wird fortan kaum noch mit seinem Namen, sondern nur noch mit seinem Titel angesprochen: »Die Tourneeleitung«. Er ist mittlerweile ein Profi, verdient seinen Lebensunterhalt damit. Durch Freundschaft und Loyalität in einen Rockberuf geschlittert. Wie herrlich romantisch das ist, und dabei auch noch die Wahrheit!

Als wir vorgestern Abend den Bus einluden, rief er mich an:

»Hey, ich schaffs leider nicht, mitzuhelfen, aber denkt unbedingt dran, den Stahlhelm einzupacken!«

Diesen Helm – keine Ahnung wie der überhaupt in den Proberaum gekommen ist – setzt er nun immer bei Bandbesprechungen auf. Für die Tour hat er sich zusätzlich einen Vollbart stehen lassen, weil er meint, dass dieser ihm bei Gagen- und sonstigen Verhandlungen mehr Autorität verleiht. Er sagt sowas immer halb im Scherz, aber ich werde das Gefühl nicht los, dass er wirklich daran glaubt. Er hat einen großen alten Koffer dabei, in dem sich sein Laptop, ein Aktenordner und eine Flasche Jack Daniels befinden. Dieser Koffer ist der Grund dafür, dass ich im Sprinter nicht die Beine ausstrecken kann, denn der Koffer muss immer in greifbarer Nähe sein. Wenn er damit im Produktionsbüro auftaucht (vorausgesetzt, es gibt ein Produktionsbüro, das aus mehr als zwei Stühlen im Backstageraum besteht), plus Bart, hm, das könnte tatsächlich Eindruck schinden. In welche Richtung auch immer.

Nie will die Tourneeleitung während der Fahrt woanders sitzen als auf ihrem Stammplatz, dem Beifahrersitz. Da sitzt der Chef und checkert und plant und dirigiert, das Ziel vor und den Fahrer neben sich, und hinten die Kids, die sich balgen und streiten und lachen und herumalbern und singen und schreien und fragen, wie weit es noch ist und wann wir endlich da sind.

Soviel zur Theorie. Die Realität sieht etwas anders aus: Kurz nach Abfahrt schläft die Tourneeleitung auf ihrem Tourneeleitungssitz ein. Ein amüsanter Anblick, wie der Kopf langsam nach unten sinkt, dann mit einer ruckartigen Bewegung wieder nach oben schnellt, um gleich wieder nach unten zu sinken, wo er in einer Position rumbaumelt, bei der man vom bloßen Hinsehen Nackenschmerzen bekommt. Beim nächsten Halt fragen wir ihn, ob er denn nicht mal hinten sitzen will, da kann man sich anlehnen, und es gibt hier sogar Kissen! Aber nein, die Tourneeleitung sitzt vorne, und wenn sie sich dabei die Wirbelsäule zu einem »S« wie »Schleudertrauma« verknotet, basta.

Auf allgemeinen Wunsch hat die Tourneeleitung für diese Tour wieder Tourregeln aufgestellt. Heute Morgen wurden sie ausgedruckt und während der Fahrt an alle verteilt.

1. Wir sind nicht zum Spaß hier. Dies ist euer Job (Hättet ja was Vernünftiges lernen können).
2. Also reißt euch zusammen.
3. Es wird täglich mindestens fünf Stunden gepennt.
4. Es werden täglich mindestens drei Mal die Hände gewaschen (mit Seife).
5. Es wird täglich mehr Obst als Junkfood gegessen (A Kiwi a day keeps the doctor away).
6. Es wird täglich mehr Wasser als Alkohol getrunken.
7. Es ist verboten, der Tourneeleitung während der Fahrt auf die Schulter zu tippen.
8. Verpedert wird später.
9. Schnauze.

Unnötig zu erwähnen, dass kaum eine der Regeln jemals eingehalten wird. Trotzdem ein gutes Gefühl, sie zu haben. Man kann außerdem wunderbar Veranstalter und andere Bands irritieren, wenn man sie gleich nach Ankunft für alle sichtbar im Backstageraum und neben der Bühne aufhängt.

Vor allem Punkt sieben sorgt für allgemeine Erheiterung. Dabei ist es durchaus verständlich, dass er hier aufgeführt wird. Wer würde nicht wahnsinnig, wenn einem während einer sechsstündigen Autofahrt alle zwei Minuten jemand auf die Schulter tippt, um Dinge zu fragen wie: »Duuu, was gibts denn heute zu essen?«, oder »Ey Tourneeleitung, ham die da Internet im Backstage und ist die Freundin vom Veranstalter eigentlich hübsch?«

Punkt acht ist ein bisschen universaler, denn »verpedern« kann alles mögliche bedeuten. Man kann nach dem Konzert die Taschen in den Bus »verpedern«, oder vor dem Auftritt die Kabel mit Gaffatape am Boden fest-»pedern«. Manchmal wacht auch jemand mit einer höllischen »Nackenverpederung« auf (z.B. auf dem Beifahrersitz). Aber meistens heißt es »saufen, picheln, verhaften, schütten, sich wegballern«, und so ist es hier auch hauptsächlich gemeint.

Die Regeln wurden auf der letzten Tour zum ersten Mal aufgestellt, aber die einzige verbliebene und wichtigste ist die neunte. Werner, der alte Trucker, bemängelt, dass der ursprüngliche fünfte Punkt nicht mehr auftaucht: »Kritik am Fahrer ist außer in Notfällen nicht gestattet.« Als wir das bemerken, freuen wir uns diebisch. In den nächsten Stunden wird aufs Niederträchtigste Werners Fahrstil kommentiert, bis auch das zu langweilig wird.

Wir würden gerne eine DVD gucken, haben aber kaum welche dabei. »Ich hab meine Filme zu Hause gelassen, weil ich die alle schon gesehen hab!«, ist die gängige Ausrede. Wir beschließen, dass jeder mindestens eine DVD kaufen muss, und befehlen Werner, er soll verdammt nochmal nicht so schleichen, sondern ein bisschen aufs Gaspedal treten, damit wir Zeit rausschlagen für den nächsten auffindbaren Media Markt.

»Punkt fünf!«, ruft er.

»Gibts nicht mehr, also heiz ein!«, schallt es aus dem Fond zurück.

Wunschlos unglücklich vegetierst du tagelang vor dich
hin. Tagsüber bringt das gute Wetter dir Schuldgefühle,
weil du deine Tage so sinnlos verschwendest. Hast du
als junger Mensch nicht die Pflicht, dich zu amüsieren,
etwas zu erleben, etwas zu leisten? Der Saft der Jugend,
er verdorrt dir in den Adern. Nachts macht der Mond dich
ganz komisch. Du hast Fernweh, von der Sorte, die so
seltsam nach Heimweh schmeckt. Für den Heimatlosen ist
Heimweh der Motor für die Flucht nach vorn. Aber dein
Motor hat einen Getriebeschaden. Du versuchst, nicht aus
dem Fenster zu sehen. Du blickst nicht mehr gen Himmel,
weil du dich gegenüber Sonne und Mond so klein und elend

fühlst. Außerdem willst du es um jeden Preis vermeiden, eine Sternschnuppe zu sehen, die dich doch nur daran erinnern würde, dass du nicht weißt, was du dir wünschen sollst. Dir fällt einfach nichts ein, was dich aus diesem Loch ziehen könnte.

Morgens liegst du im Bett, wirst immer wieder wach, ausgeschlafen, und bleibst liegen. Es gibt nichts, wofür es sich aufzustehen lohnt. Erst wenn Muskeln und Gelenke zu schmerzen beginnen, schälst du dich aus deinem Laken und stellst den Computer an.

Tagsüber rufst du mindestens dreißig bis vierzig Mal E-Mails ab. Manchmal im Minutentakt. Meistens hast du keine Post oder nur Werbung. »Penis«, »Business«, »Finance«, »Viagra«. Die Betreffzeilen der Hölle. Wenn dir jemand schreibt, freust du dich. Du schreibst sofort zurück und hast zwei Minuten drauf wieder nichts zu tun.

Du onanierst mehrmals täglich, aber selbst das macht keinen Spaß. Es dient lediglich dem Druckablassen, wird zu einer reinen Beschäftigungsmaßnahme. Wenn du ejakuliert hast, fühlst du dich einen Moment lang angenehm erschöpft, leer und müde. Das hält aber nur ein paar Minuten an. Manchmal liegst du zum dritten, vierten oder fünften Mal am Tag auf dem Bett, drückst verzweifelt an dir rum und musst schließlich einsehen, dass du völlig ausgepumpt bist und nicht mehr kommen kannst.

Heute ist das komplette Gegenteil von gestern. In diesem Jugendzentrum gibt es vielleicht ein oder zwei Musikveranstaltungen im Monat, während der Laden gestern so gut wie jeden Tag in der Woche eine Band da hat. Dieser Ort zählt ca. fünizigtausend Einwohner, die Stadt in der wir gestern waren, hat mehr als das Fünfundzwanzigfache davon. Das Durchschnittsalter lag bei Anfang bis Mitte zwanzig, heute liegt es ein paar Jahre drunter. Die Leute gestern trugen lässige Klamotten und hatten einen guten Musikgeschmack. Es waren hauptsächlich Studenten anwesend. Studenten, die aussahen wie Studenten und Studenten, die aussahen wie Studenten, die auf keinen Fall wie Studenten aussehen wollen. Sie trugen coole Jeansjacken, Tattoos und Dreitagebärte, standen lässig herum, rauchten wie die Blöden und waren allgemein ziemlich übersättigt. Einige hatten kleine Papierbriefchen mit weißem Pulver in den Hosentaschen, das sie hinter mit Bandstickern übersäten Klotüren wegsnieften.

Heute sind sie alle da: die Muckertypen, die Dorfpunker, die Aktivistinnen von der örtlichen Attac-Gruppe, die Kids in den viel zu großen, mit frechen Sprüchen bedruckten T-Shirts. »Wir sind das OB-Team, in der Regel sind wir voll« und ähnliche Klopper. Fremdschämen ist angesagt, und gleichzeitig muss ich über diesen T-Shirt-Aufdruck lachen. Ich muss an die Sexminister denken. Der von China: Schwingdeinding, und von Schweden: Lasse Samenström. Ich kichere in mich hinein und komme mir ziemlich pubertär dabei vor. Auf dem Jungsklo steht in Krakelschrift: »Achmed B. ist schwuhl.« Draußen am Ende des Parkplatzes sitzen Jungs mit per Sicherheitsnadeln befestigten Anarchie-Aufnähern auf dem Parka und teilen sich eine Bong mit Bretterpiece. Am Merchandisestand versucht die eine Hälfte, drei CDs auf den Preis von einer runterzuhandeln, während die andere fragt, warum wir keine signierten Autogrammkarten haben.

Was alle Besucher heute Abend vereint: Sie sind nicht cool, aber sie haben Bock. Sie sind laut, enthusiastisch und hungrig. Sie wollen was erleben. Ich kenne ihr Leben, ich habe es auch gelebt. Ich weiß, woher sie kommen. Die erdrückende Enge der Kleinstadt, die Beklemmung, das Gefühl, dass man jeden Straßenzug in- und auswendig kennt, dass es nichts zu entdecken gibt außer Alkohol und Zigaretten. Langeweile und Tristesse lauern hinter jedem Vorhang. Und wenn dann doch mal was los ist, sind sie alle da.

So wie heute. Schon bei der Vorband ist der Konzertraum gerammelt voll. Die Hälfte des Publikums heute Abend wird sich in zwei Wochen beim Stadtfest wieder über den Weg laufen. Wer nach dem Abitur nicht abhaut, hat gute Chancen, sein ganzes Leben hier zu verbringen.

Schon beim ersten Song bricht die Hölle los. Während unseres Auftritts muss unser Backliner Dr. Menke nach jedem Song meine Monitorboxen wieder auf ihre Position rücken, weil die Testosteron verballernde Jugend nicht mehr an sich halten kann. Welcome to the Kleinstadt-Jungle. Ständig fliegt der Mikroständer um, ein paarmal bekomme ich ihn genau in die Fresse. Dinge fliegen durch die Gegend. Ein Turnschuh landet auf der Bühne, und unaufhörlich wird ein Ritual zelebriert, das bei unter Energie-Überschuss leidenden Dorfjungs als Zeichen von Lebenswut und Hedonismus gilt: die Bierdusche. Sepp hat Mühe, das Mischpult trocken zu halten. Ein paar Kids versuchen zu stagediven, sind aber zu blöd dazu und reißen mit ihren tollpatschigen Bewegungen die Kabel aus unseren Effektgeräten. Der einsame Ordner vor der Bühne kriegt Anweisung von Dr. Menke, die Leute von der Bühne fernzuhalten. Er hat damit alle Hände voll zu tun. In der ersten Reihe neben den Boxen stehen zwei betrunkene Teenager, die das ganze Konzert über abwechselnd tanzen und knutschen. Gegen Ende des Auftritts zieht Dr. Menke ein Mädchen aus der ersten Reihe auf die Seite der Bühne, weil sie offenbar kurz vorm Kollaps steht. Hell on earth.

Der Backstageraum befindet sich nicht hinter der Bühne, sondern am anderen Ende des Raums, und die Leute lassen uns nach Ende der Playlist nicht von der Bühne. Sie bilden in den ersten drei Reihen eine Mauer und singen Sprechchöre zur Melodie von »Brown Girl in the Ring«:

»So einfach geht das nicht, scha-la-la-lala!«

Also bleiben wir oben und gehen direkt in die Zugabe über. Das Pärchen ist immer noch zugange. Ich sehe wie das Mädchen dem Jungen beim Küssen die Hand in die Hose schiebt. Seine Hand wandert unter ihr T-Shirt. Mario und ich tauschen Oh-Gott-wo-sind-wir-denn-hier-gelandet-Blicke aus. Nach drei Liedern ist die Zugabe vorbei. Ich bin klatschnass und fertig. Ich bräuchte dringend was zu trinken, etwas mit Zucker drin, aber das Publikum will uns immer noch nicht gehen lassen. Wir beratschlagen uns kurz vorm Schlagzeug und entscheiden, zwei weitere Songs zu spielen und dann aber wirklich aufzuhören. Während des letzten Songs liegen die beiden Teenies zwischen meinen und Marios Monitoren auf der Bühne. Er liegt auf dem Rücken, sie sitzt halb auf ihm drauf und reibt ihren Unterleib an der Beule in seiner Hose. Dabei lecken sie sich ab als gäbe es kein Morgen. Dr. Menke kniet am Rand der Bühne und sieht leicht überfordert aus. Er weiß nicht so recht, ob er eingreifen soll, entscheidet sich dann aber dagegen und lässt die beiden einfach machen. Mario und ich können vor Lachen kaum singen. Normalerweise hasse ich es wie die Pest, wenn Leute auf der Bühne sitzen oder liegen, oder wenn sie stundenlang vorne herumstehen, um dann mit den Füßen voraus in die Menge zu springen, und es mit ihrer Hampelei nicht nur an jeglichem Gespür für Stil mangeln lassen, sondern auch unschuldige Musikliebhaber terrorisieren und mich daran hindern, vernünftig zu spielen. Aber hier ist alles so grotesk und übertrieben, dass mir nichts anderes übrig bleibt, als es mit Humor zu nehmen. Wir sind hier zwar die Feldherren, aber wie das Feld bestellt ist, darauf haben wir keinen Einfluss. Entweder aufhören oder durchziehen. Dies ist nicht der Moment für reading between the frontlines.

Beim allerletzten Ton schmeißen wir unsere Instrumente in die Ecke, bedanken uns für den außerordentlichen Abend und springen von der Bühne. Während die Leute schreien, johlen und an unseren T-Shirts zerren, bahnen wir uns mit Gewalt einen Weg durch die Menge. Hier ist man schon rockstarverdächtig, wenn man eine Gitarre halten kann. Die Tourneeleitung steht am Backstageraum, lässt uns rein und postiert sich dann draußen vor der Tür, um uns wahnsinnige Teenage-Werwölfe vom Leib zu halten.

Wir lassen uns in die Sofas fallen und sind fix und fertig.

Ich trinke einen halben Liter Fanta auf ex. Kowalski zündet sich eine Fluppe an und hilft dann Werner aus seinem T-Shirt, der es nicht alleine schafft. Seine Augen sind von Anstrengung und Schweiß rot geschwollen. Wieder wringt er sein T-Shirt aus, diesmal immerhin über dem Waschbecken. Er sagt, wir hätten eigentlich noch einen weiteren Song spielen müssen, dann hätten wir und alle anderen den beiden Teenagern noch beim Vögeln zugucken können.

Derweil tobt draußen Krieg. Die After-Show-CD von Sepp fliegt nach nur einem Song raus, denn die Lemonheads sind hier nicht gefragt. Der DJ legt in ohrenbetäubender Lautstärke Turbonegro auf. »Get it on«. Jetzt gehts los, volle Kanne Dorfdisco. Dr. Menke muss derweil auf der Bühne unser Equipment vor durchdrehenden Kids beschützen. Er gibt Setlisten raus, Plecs und ausnahmsweise sogar alte Drumsticks, die Werner normalerweise für Proben und Soundchecks behält. Aber er hat nicht genug für alle und winkt panisch zwei ihm unbekannte, aber halbwegs seriös wirkende Typen von der Vorband ran, die ihm beim schnellen Verstauen von Fußschaltern, Gitarren, Kabeln und Mikros helfen. Alles, was nicht niet- und nagelfest ist, wird auf kurzem Wege in irgendwelche Koffer geworfen. Kabel aufrollen, Mikros sortieren, das kann man später immer noch machen. Jetzt ist es oberste Priorität, unseren Kram zu retten, bevor hier alle total ausrasten.

Der Alkohol fließt in Strömen. Minderjährige pissen, scheißen und kotzen die Klos zu. Ein Nachwuchspunker legt sich beim Pogen aufs Maul und verliert auf dem gekachelten Boden einen Zahn. Wild aus dem Mund blutend wird er von seinen Freunden aus dem Saal geschleppt. Schreiend versucht er sich von ihnen zu befreien: »Lasst mich, ich will pogen, ich hab nichts, lasst mich los, ihr Schweine!«

Mein Mitgefühl gilt Simon, dem Mann an der Front. Ich möchte mir gar nicht ausmalen, mit was für Gestalten er es gerade am Merchandisestand zu tun hat. Die arme Sau.

Als wir kurze Zeit später unser Equipment mitten durch die tanzende, stolpernde, schlafende, lallende und kotzende Meute tragen, beobachte ich den Zivildienstleistenden des Ladens, wie er versucht, einen Altrocker zu wecken, der im Stehen mit dem Gesicht auf der Theke eingeschlafen ist. Seine fettigen langen Haare liegen in einer Bierpfütze, seine Arme hängen schlaff an ihm herunter. Als er endlich aufwacht, taumelt er wirr mit sich selbst redend durch den Raum und sucht den Ausgang am falschen Ende des Gebäudes. Dann kommt er zurück, stellt sich vor mir auf und schreit mich an, dass er wieder kommen und meinen ganzen Laden anzünden wird. Speichel läuft aus seinem Mund.

Wir verstauen unseren Kram und machen, dass wir da raus kommen.

Abends surfst du angeödet durchs Internet und bietest aus lauter Langeweile bei eBay auf ein paar Neunziger-Jahre-Gitarrenpop-CDs, über die du damals immer gelästert hast, wie es sich für einen coolen Punkrocker gehörte. In Online-Fanzines liest du Interviews mit Bands oder Künstlern, die du nicht kennst und die überhaupt nichts Interessantes zu erzählen haben. Dabei trinkst du Alkohol. Rotwein, Weißwein, Wodka-O, Whiskey mit Eis. Du trinkst und trinkst, wirst aber nicht besoffen. Deine Bewegungen werden unkoordinierter, deine Augen schummrig, aber der Rausch, dieser gute, befreiende, kreative große Bruder, er will sich einfach nicht einstellen.

In der Zwischenzeit werden die Menschen besser an ihren Instrumenten, probieren neue Sachen aus, lernen Dinge wie Fotografieren oder Tauchen, haben tolle Körper, machen Sport, ziehen in fremde Städte oder erforschen ferne Länder, sie studieren Geschichte oder Biologie, machen außerordentliche Erfahrungen mit synthetischen Drogen, sie verlieben sich oder werden Sexprofis, erhalten Unmengen an Geld, Befriedigung oder Fans, und du

machst einfach nicht mit. Während die Welt sich in atem-
beraubender Geschwindigkeit weiterdreht, liegst du, von
ein paar spastischen Zuckungen abgesehen, vollkommen
regungslos in deinen paar Quadratmetern und suhlst dich
in deiner Lethargie. Du fühlst dich nicht gut dabei, du
bist alles andere als glücklich mit diesem Einsiedler-
Dasein, aber du kannst dich nicht aufraffen, etwas Neues
anzufangen. Die Welt ist so schnell und gut drauf, alle
sind so gut in ihrer Abteilung, dass du dich in ihrer
Gegenwart blöd, lächerlich und alt fühlst und jeglichen
Elan verlierst, an deiner Situation etwas zu ändern.

Wenn du auf der Straße entfernten Bekannten begegnest,
versuchst du, ihnen aus dem Weg zu gehen. Du schaust
auf den Boden, tust so, als würdest du telefonieren, oder
kramst in deiner Tasche, als würdest du etwas suchen.
Manchmal biegst du sogar in eine Seitenstraße ein und
nimmst einen Umweg, nur um nicht in die Verlegenheit zu
kommen, mit jemandem reden zu müssen. In den Supermarkt
gehst du nur mit dem MD-Player in der Tasche. Die Musik
auf den Ohren gibt dir einen Schutzschild, ohne den du
nur ungern das Haus verlässt. Du guckst dir bewusst
Phrasen von anderen ab, kopierst ihren Plauderton, über-
nimmst ganze Sätze, damit du beim von Zeit zu Zeit un-
vermeidbaren Smalltalk nicht auffällst, damit du dein
Gegenüber schnell wieder los wirst, ohne ihm ein mulmiges
Gefühl zu geben. Niemand soll dich fragen, was mit dir
los ist. Du weißt es doch selbst nicht.

Mindestens fünf Mal fängst du an, »Moby Dick« zu
lesen. Immer hörst du nach wenigen Seiten wieder auf,
weil du aus Zwang, nicht aus Lust liest. Nichts macht dir
Spaß. Du bist so einsam und verzweifelt, dass du nicht mal
schreibst, liest, Gitarre spielst, Freunde besuchst oder
irgendwen anrufst. Du hältst dich für durch und durch
unzumutbar und möchtest nicht, dass dich jemand so sieht.

Du schwankst zwischen Selbsthass und Selbstmitleid,
zwischen Weltschmerz und Verachtung, zwischen Hass und
Gleichgültikeit. Du kotzt dich selber an.

Dann fängst du an, mit dir selbst zu reden. »Schnauze«,
sagst du, wieder und wieder. Fernseher an, »Schnauze,
Arschgeburt«, Fernseher aus. Du singst Melodien von
bekannten Songs mit einem einzigen Wort nach: Schnauze.
Schnauze Schnauze Schnauze.

3.

Wir halten bei McDonald's. Die Tourneeleitung findet das gut,
weil es schnell geht und überall gleich schmeckt. »Überall gleich
scheiße«, füge ich hinzu. Die Auswahl an vegetarischem Essen
ist hier extrem begrenzt. Design und Geräuschkulisse sind un-
erträglich. Ich fühle mich jedes Mal wie ausgekotzt, wenn ich
da rauskomme. Als hätte ich mich total gehen lassen. Eklig, auf-
geschwemmt, übersatt und trotzdem noch immer hungrig. Ich
würde lieber eine halbe Stunde eher losfahren und dafür an einer
vernünftigen Pizzeria halten, wo man sich in Ruhe hinsetzen
und einen Wein zum Essen bestellen kann. Ist das denn zu viel
verlangt? Ist das etwa spießig, oder was?

Burger-Restaurants sind der reine Terror. Für die Gesund-
heit, für die Nerven. Ich beschließe, da nicht mehr reinzugehen,
auch wenn ich das Wort »Boykott« nicht ausstehen kann. Zum
ersten Mal habe ich es im Geschichtsunterricht in Verbindung
mit dem 9. November 1938 gehört und seitdem ein gespaltenes
Verhältnis dazu. Boykott erinnert mich außerdem an pubertären
Aktionismus und gutmenschlerische Onanie. Aber egal wie man
es nennt, ich versuche, es zu vermeiden, hier zu essen. Sollen die
anderen sich doch ihren Scheißfraß holen, sind ja eh kaum noch
Vegetarier an Bord. Alle eingeknickt, erst heimlich, dann ab und
zu mal Fisch essen, und schließlich so richtig loslegen. Wie alle

ehemaligen Vegetarier scheinen sie sich jetzt ausschließlich von
Fleisch zu ernähren. Haben wohl einiges nachzuholen.

Sollen sie sich doch ihre schmierigen Fish- und Bigmäcs rein-
schieben, den pulvrigen Brei mit dickflüssigen Milkshakes run-
terspülen und sich als Dessert noch ein nur aus Zucker und Kälte bestehendes Eis hinterherzwängen. Ich gehe lieber mit Mario
zur Tanke und kaufe mir eine Tüte Erdnussflips. Das ist nicht
geil, kostet aber ein Zehntel, bei doppelter Nahrhaftigkeit.

Du willst euer neues Lied hören, das du bei der letzten
Bandprobe auf Mini-Disc aufgenommen hast. Du musst es
unbedingt laut hören, aber es ist schon spät. Aus Rück-
sicht gegenüber deiner Mitbewohnerin, die einen sozialen
Beruf ausübt und morgen früh raus muss, hörst du es nicht
über die Stereoanlage, sondern stopfst dir den MD-Player
in die hintere Pyjamatasche und die Stöpsel in die Ohren.
Ein guter Song, noch ohne Gesang, aber schon sehr mit-
reißend. Noch vorm ersten Refrain hast du deine Gitarre
umhängen und stehst vor dem Spiegel. Je öfter und lauter
du es hörst, desto besser siehst du dabei aus. Die Massen
jubeln dir zu, du bewegst dich unheimlich cool und hast
einen aggressiven Gesichtsausdruck drauf. In der Bridge,
kurz vorm letzten Refrain, lächelst du einmal ganz leicht,
das wirkt in diesem Zusammenhang ein bisschen irre, aber
irgendwie auch süß. Auf einer Empore neben der Bühne
entdeckst du vier oder fünf Mädchen, die du heiß findest,
und bist dir sicher, dass keine von ihnen diesem Blick
widerstehen kann!

Am Ende gibt es einen richtigen Showdown, eine derbe
Steigerung, bei der die Gitarren heulen und kreischen,
während Schlagzeug und Bass einen monotonen, lauter wer-
denden Beat spielen. Du wirbelst einmal um deine eigene
Achse und denkst: »Boah, ich bin ein freshes Biest! Ich
bin ganz schön …«

Du hast nicht bemerkt, wie der MD-Player aus der
Hosentasche gerutscht ist, plötzlich reißt es dir die
Stöpsel aus den Ohren und du hörst nur noch den Aufprall:
ein großes BAZONG! Mit vielen kleinen SCHATENG!s hinterher. Die Batterieklappe ist aufgesprungen, die Batterie rausgekullert. Du willst sie wieder einlegen, aber
die Klappe lässt sich nicht mehr schließen.

In Pyjamahose und T-Shirt sitzt du auf deinem Bett,
die Gitarre auf den Knien, das Plektrum im Mund, und
drückst und schiebst, aber die Klappe will einfach nicht
einrasten. Du bist sehr ungeschickt in diesen Fummel-
arbeiten. Genau genommen bist du ungeschickt in allen
Dingen, für die man Hände braucht. Aber schließlich
erkennst sogar du das Problem. Ein kleiner Nippel vom
Verschluss ist abgebrochen. Wird mit Batterie nicht mehr
funktionieren, das Gerät.

Du könntest das Netzteil benutzen, dann allerdings
nicht mehr dazu vor dem Spiegel rumposen. Du könntest
das Lied über die Stereoanlage weiterhören, aber es
ist spät, und die Dame nebenan hat doch diesen sozialen
Beruf. Du könntest auch einfach ins Bett gehen.

Zum Einschlafen hörst du Pinback und ziehst dir die
Decke ans Kinn. Nachdem alle zwölf Lieder durch sind
und du die Augen noch keine Minute am Stück geschlossen
hattest, stehst du auf, drückst auf Play, und hörst die
CD nochmal. »I wish that you were here, we'd have a tea
party to celebrate, drive a cop car into the lake, hold
our breath for two long boring days«.

Zwischen Soundcheck und Auftritt ist noch Zeit, im Hotel ein-
zuchecken und dort ein wenig abzuhängen. Wir wussten vorher
nicht, dass das vermeintliche Hotel ein ehemaliges Studenten-
wohnheim ist. Es ist bereits dunkel, als wir dort ankommen.
Ein riesiges Gelände, auf dem kaum noch Menschen wohnen.

Eine Geisterstadt. Unheimlich. Überall werden hier im Osten jetzt Viertel wie dieses abgerissen. Ich habe heute in einer Tageszeitung, die im Bus rumflog, gelesen, dass zum Beispiel Hoyerswerda seit der Wende mehr als ein Drittel seiner Einwohner verloren hat. Ganze Vororte werden da abgerissen. Was muss das für ein deprimierendes Wohn- und Lebensgefühl sein, wenn um einen rum alles zusammenbricht, ausdörrt, den Bach runtergeht. Wenn alle nur weg wollen. Mir tun die Leute leid, die aus beruflichen oder familiären Gründen dort bleiben müssen. Sie haben vielleicht einen Job, den sie hassen, müssen aber im gleichen Moment froh sein, überhaupt einen zu haben. Müssen froh sein, sich morgens aus dem Bett zu quälen und etwas zu tun, das sie nicht tun möchten. Wie absurd. Wie schrecklich. Und ich weiß ja selbst, wie es ist, in einer Stadt zu wohnen, aus der alle abhauen, sobald sie können. Ich habe so viel Zeit dort verbracht, komplette Freundeskreise verloren, weil ich immer der Jüngste war, während meine älteren Freunde irgendwann wegzogen. Die, die blieben, versanken in Lethargie, Drogensucht oder bürgerlicher Zweisamkeit.

Die Zimmer sind karg, hässlich und gammelig. »Funktional« nennt man das auch verklärend. Der Teppichboden ist abgewetzt und staubig, eine nackte Glühbirne baumelt von der Decke. Die Nachttischlampe ist gelb von zu viel Rauch und zu viel Zeit. Die Vorhänge sind schwer, speckig und braun. Es gibt keinen Fernseher und kein Radio. Keine Ahnung, wer auf die Idee gekommen ist, hierher zu fahren. Ich würde lieber bis zum Konzert im Club abhängen, ein paar Leute treffen oder lesen oder schreiben. Ich hänge meine Bühnenklamotten auf die Heizung, Hose, T-Shirt, Unterhose. Sie sind noch klamm, ich habe sie nicht trocken bekommen, weil der Heizkörper im Hotel letzte Nacht schon mit Marios Sachen belegt war. Ich drehe die Heizung auf volle Kanne, aber nichts passiert. Duschen wäre eine Idee, aber es kommt kein heißes Wasser. Nach der langen Fahrt wäre es ein gutes Gefühl, mal die Socken auszuziehen. Der schuppige, dreckige Boden sagt mir: Lass es lieber bleiben. Ich lege mich aufs Bett. Mario liegt auf seinem und döst. Ich lese ein paar Seiten in meinem Buch. »Fräulein Smillas Gespür für Schnee«. Smilla ist ein genauso eigenwilliges, toughes und beeindruckendes Frollein, wie ihr geheimnisvoller, wunderschöner Name andeutet. Aber bereits nach wenigen Seiten fallen auch mir die Augen zu.

Ich befinde mich gerade in einem nicht wirklich entspannenden Halbschlafzustand, als neben mir mein Handy piept. Eine SMS von der Tourneeleitung aus dem Zimmer nebenan. »Heißwasser lange laufen lassen!«, steht drin. Süß, wie er sich um uns kümmert. Ich probiere es. Nach ein paar Minuten wird das Wasser endlich warm. Danke, Tourneeleitung.

Am nächsten Morgen hasst du die Welt, als du siehst, dass du das Gerät vor genau einem Jahr und zwei Wochen gekauft hast. Dein Mitbewohner sagt dir allerdings, dass es dank irgendeiner neuen EU-Verordnung jetzt zwei Jahre Garantie auf technische Geräte gibt. Geil, danke, EU! Du hasst die Welt jetzt nur noch ein bisschen, und zwar, weil du zur Reklamation ein Karstadthaus betreten musst. Die Abteilung ist groß, überfüllt und unterbesetzt. Während du auf einen freien Verkäufer wartest und dich dabei anscheinend als Einziger nicht dreist vordrängelst, schlenderst du durch die Gänge und bist erstaunt über all die Geräte, von denen du noch nie gehört hast. MD-Player sind kaum noch im Angebot, dafür diese MP3-Player. Wahnsinn, in wie vielen verschiedenen Größen es die gibt. Du fragst dich, wer das alles kauft, und wer sich die Mühe macht, all die kleinen Unterschiede zwischen den diversen Ausführungen, Marken und Preisklassen herauszufinden. Große Auswahl schüchtert dich ein. Du willst haben, was du brauchst, und das dann für immer behalten. Deine Jeanshose ebenso wie deinen Verstärker, deine Gitarre wie deine Kaffeemaschine, deine Schuhe wie dein Minidiscdingens. Und dann all die neuen Geräte – wirst du langsam alt, wenn du nicht weißt, was das alles ist und es dich auch gar nicht interessiert?

»Müssen wir einschicken«, sagt der Verkäufer, »kann aber dauern, drei Wochen oder vier, ist bei Sharp normal, was soll ich tun, kann ich ja auch nichts dran machen.«

Als hättest du nach dieser Entschuldigung verlangt, als du ihm das Ding mit den Worten »Ist mir runtergefallen, müsste noch Garantie drauf sein«, in die Hand gedrückt hast. Du scheinst irgendetwas an dir zu haben, das Menschen das Gefühl gibt, du willst ihnen was. Dabei pocht in dir doch ein großes Herz für arme Leute wie Karstadtverkäufer, Pommesbudenfrauen oder Aldikassiererinnen, die sich Tag für Tag rabiate, boshafte »Kunde-ist-König«-Mentalitäten gefallen lassen und dabei dann noch freundlich und geduldig bleiben müssen.

Drei Wochen ohne Musik auf den Ohren. Das heißt drei Wochen ohne Schutzschild in den Supermarkt. Es macht dir Angst.

4.

Werner fährt schon wieder seit Stunden. Er setzt sich einfach morgens ans Steuer und fährt los, hält ab und zu zum Rauchen an und fährt danach weiter. Ich glaube nicht, dass es immer gut für ihn ist, denn er braucht viel Schlaf. Abends ist er oft müde und verspannt. Aber wenn er mal nicht fährt, langweilt er sich sofort. Er kann während der Autofahrt nicht schlafen, also liest er ein bisschen. Dann kriegt er Bierdurst und sitzt angeödet herum, vollends damit beschäftigt, sich das Saufen zu verkneifen. Ich kann mich ohnehin nicht beschweren, ich profitiere wie alle anderen davon, dass er uns die ganze Zeit durch die Gegend kutschiert. Meistens würde ich mich gar nicht trauen, selbst zu fahren, aus Angst vor dem Restalkohol in meinem Blut.

Die Heimfahrt von der Grillparty ist nicht lang, maximal zehn Minuten. Du hast eine Flasche Wein und mehrere Schnäpse getrunken, fährst aber ganz normal. Zumindest bis du kurz vor deiner Wohnung an einer roten Ampel einen Blick in den Rückspiegel wirfst: Ein Polizeiwagen ist hinter dir. Absoluter Zufall zwar, aber er macht dich nervös. Als die Ampel auf grün umspringt, drückst du panisch aufs Gaspedal. In einer Kurve gerätst du kurz auf die Fahrbahn neben dir und ziehst ruckartig wieder rüber. Mein Gott, so eine Ente hat aber auch wirklich eine komische Lenkung. Vielleicht ist es ja auch ein bisschen windig, stürmisch gar, in dieser lauen Sommernacht Mitte Juni …

Es ist Benjas Ente, sie sitzt neben dir und sieht dich entgeistert an. Du wirfst einen Blick auf den Tacho und bemerkst, dass du bei siebzig km/h bist. Das nächste, woran du dich erinnern kannst, ist die »Bitte folgen«-Anzeige auf dem Dach des Polizeiwagens, der euch überholt. Sie fahren rechts ran, du hinterher. Langsam steigen die Beamten aus. Du weißt später nicht mehr, was dir durch den Kopf ging. Totaler Blackout.

»Haben Sie was getrunken?«

»Nein. Na ja, ein Glas Wein.«

»Steigen Sie bitte mal aus.«

Du steigst aus, hauchst dem Kerl vorsichtig ins Gesicht, worauf der das Pustegerät holt. Es sagt »1,0 Promille«. Auch Benja muss pusten. Sie hat genau wie du eine Flasche Wein und ein paar Schnäpse getrunken, ist einen Kopf kleiner und mindestens zwanzig Kilo leichter als du, und das Gerät zeigt bei ihr nur 0,2 Promille an.

Sie hat sich nicht mehr fahrtauglich gefühlt, wollte aber auch nicht nach Hause laufen, und als Zeichen deiner Liebe, na ja, vielleicht eher als Beweis deiner Tollkühnheit, hast du gesagt: »Okay, ich fahre«, womit du ausdrücken wolltest: Baby, mach dir keine Sorgen, wenn ich bei dir bin, musst du niemals laufen, ich bin ein tougher Typ und hab alles im Griff, lehn du dich nur an meine starke Schulter und schlummere sanft dahin, während ich dich durch die dunkle Nacht geleite!

»So, dann setzen Sie sich mal ans Steuer und fahren hinter uns her zur Wache«, sagt der Bulle zu Benja. Verdattert schaut sie erst ihn, dann dich, dann wieder ihn an, setzt sich aber schließlich hinters Steuer.

»Scheiße, ich bin total breit, ich kann doch jetzt nicht fahren!«, flucht sie im Wagen. »Und ich krieg bestimmt voll einen an 'n Arsch, weil ich Fahrzeughalterin bin und einen Betrunkenen habe fahren lassen!«

Dass das unwahrscheinlich ist und du außerdem weitaus beschissener dran bist, sagst du ihr nicht. Du sitzt nur schweigend da und hoffst, deinen Alkoholspiegel auf der fünfminütigen Fahrt durch bloßen eisernen Willen auf unter 0,5 Promille senken zu können.

Was dir nicht gelingt. Ihr verbringt eine halbe Ewigkeit auf der Wache. Nachdem deine Personalien aufgenommen und einige Lauf- und Koordinationstests gemacht sind, wartet ihr auf den Arzt, der dir Blut abnimmt. Es stellt sich später heraus, dass du genau 1,06 Promille hast. 0,04 Promille mehr, und es wäre eine Straftat gewesen. Gut, dass du das letzte Glas nur halb ausgetrunken hast. Das nennt man Glück im Unglück, worüber du dich aber nicht wirklich freuen kannst, denn du hast den Führerschein erst seit einem halben Jahr, bist also noch in der Probezeit, und jetzt ist er weg. Erst nach neun Monaten, der Bezahlung einer Geldbuße und dem Absolvie-

ren eines idiotischen Kurses mit zehn anderen Verkehrs-
sündern und einer Psychologin wirst du ihn wiederbekom-
men.

Irgendjemand traut sich, den Satz zu sagen: »Können wir mal
anhalten, ich muss pissen!«

Vier oder fünf Leute denken: Jaaaa, rauchen, rauchen, rauchen!

Zur Antwort gibt es nur das alte Zitat aus »Superstau« –
»Nix da, im Fernsehen wird auch nicht gepinkelt!«

Schließlich steuert Werner eine Raststätte an. Wir müssen
tanken. Vier oder fünf Leute denken: Jaaaa, rauchen, rauchen,
rauchen!

Werner tankt den Wagen voll, die Tourneeleitung stellt sich
schon mal zum Bezahlen an. Das habe ich früher gern gemacht.
Es war immer super, mit der verbeulten Bandkasse dazustehen,
aus der die Scheine nur so hervorquollen, wenn man sie öffnete.
Manchmal fielen welche heraus, und man musste sie zwischen
Schokoriegeln und Flachmännern wieder einsammeln. Die
Tankwarte wussten nicht, dass kaum etwas davon uns gehörte.
Sie hatten ja keine Ahnung, dass wir alles wieder abdrücken
mussten, für Busmiete, Gitarrensaiten und Sprit. Sie sahen nur
den etwas dreckigen, verpennten oder restbetrunkenen Hallodri
mit dem großen Haufen Bargeld und dachten: Warum stehe ich
hier für einen Hungerlohn, und diesem Bunken fällt die Knete
bündelweise aus der Kasse! Oft waren sie merklich irritiert. Dro-
gendealer? Zuhälter? Dieb? Einmal, noch vor der Einführung des
Euros, hatte ich einen Fünfhundert-Mark-Schein, und obwohl
die Kasse voll war mit Kleingeld vom Merchverkauf, konnte ich
es mir nicht verkneifen, mit dem großen Schein zu bezahlen. Die
Augen des Tankwarts funkelten vor Hass und Sozialneid.

Seit wir nur noch per Karte zahlen, macht es keinen Spaß
mehr, und ich überlasse das Bezahlen gerne der bankkartenver-
waltenden Tourneeleitung.

Auf dem Klo trifft man sich und tauscht sich aus: »Na, hast du die ganze Zeit gepennt? Ach, was liest du denn? Wir könnten auch mal wieder einen Film gucken, mal Simon fragen, ob er noch irgendwas Gutes dabei hat. Wie weit ist es eigentlich noch?«

Und: »Ach Mist, ich hab mein Geld vergessen, kannst du mir fünfzig Cent für die Klofrau leihen?«

Ich fühle mich mies, wenn ich an dem Tischchen der Klofrau vorbeigehe und ihrem Blick ausweichen muss, vom schlechten Gewissen geplagt, weil ich kein Geld in die Untertasse lege. Vor einer halben Ewigkeit sind wir mal von Prag nach Wien gefahren, und als wir kurz vor der österreichischen Grenze zum Pissen anhielten, hatte ich keine Münzen dabei. Die Klofrau rannte hinter mir her, hielt mich am Ärmel fest und schrie hysterisch: »Dee-Mark! Dee-Mark!!!« Ich geriet in Panik und rief flehend Mario um Hilfe: »Mario, hast du Geld dabei!« Mario saß auf dem Scheißhaus und schob mir sein Portemonnaie unter der Tür durch. Ich fand ein Zwei-Mark-Stück darin und gab es der keifenden Dame, erst dann ließ sie meinen Ärmel los. Seitdem bin ich etwas traumatisiert und gebe immer was. Seit Neuestem gibt es an immer mehr Raststätten dieses Sanifair-Dingens, wo man fünfzig Cent in einen Automaten werfen muss, bevor die Schranke sich öffnet. Für die fünfzig Cent gibt es einen Gutschein, den man auf den Kopf hauen kann. Pissen für ein Hanuta. Geil. Seit Einführung dieser demütigenden Konstruktion freue ich mich jedes Mal über den Anblick einer guten alten Klofrau.

Und dann: Hunger. Er kommt zur falschen Zeit. So ist das eben, man will immer was, wenn es nichts gibt. Das ist nachts, nach dem Konzert, wenn das Catering längst weggeräumt wurde und die Imbissbuden schon geschlossen haben. Oder eben nachmittags, während der Fahrt, wenn man als Vegetarier zwischen pappigen Raststätten-Pommes und belegten Tankstellen-Brötchen entscheiden kann, beides zu happigen Preisen, beides serviert von unfreundlichen, biestigen Rastplatzangestellten.

Sepp bunkert jeden Tag beim Catering Schokoriegel in seiner Tasche und bietet mir während der Fahrt welche an, aber ich kann das Scheißzeug nicht mehr sehen. Also entscheide ich mich für das Brötchen, an dem der Käse dunkelgelb und steinhart raushängt. Es ist eiskalt und schmeckt nach gar nichts. Genausogut könnte ich die Plastikverpackung essen.

Die anderen stehen draußen um einen Coca-Cola-Schirm und saugen schweigend an ihren Zigaretten. Dr. Menke raucht direkt zwei nacheinander. Er ist Anhänger der Theorie, dass man im Voraus rauchen kann. Wenn er jetzt zwei hintereinander wegdampft, überlistet er damit seine Lunge und schlägt mindestens fünfzig Kilometer Fahrt mehr raus, bis sie sich wieder meldet. Wenn er weiß, dass wir in Kürze anhalten, holt er den Tabakbeutel raus und dreht schon mal vor. Während er die Erste raucht, dreht er schon die Nächste.

»Erst mal schön 'nen Böller aufn Zahn rollen!«, raunt er leise, und ich weiß, dass er gerade sehr glücklich ist.

Mit gehörigem Mauldampf wachst du in der Transe auf, eurem eigenen Bandbus, ein zwanzig Jahre alter Ford Transit, der fünfzehn Liter Super mit Bleizusatz schluckt und euer ganzer Stolz ist. Werner liegt neben dir. Ihr wart in der Nacht vorher auf einer Bootsparty, mit der eine befreundete Band ihren neuen Tonträger feierte. Eine schöne Fete. Zweihundert Gäste sind in schicker Abendgarderobe erschienen, das Boot tuckerte ein paar Stunden den Rhein entlang, und es gab einiges zu trinken. Nachher spielte die Band auf dem Boot, und als die ersten Töne ihres derben Hardcoregebretters erklangen, fing eine Bedienstete am Tresen vor Schreck an zu weinen.

Auch ihr seid mit einer stattlichen Anzahl an Leuten angereist. Die meisten nahmen heute Morgen den ersten Zug zurück in die Heimat. Werner und du hattet den Kanal allerdings noch nicht voll und begabt euch auf eine

Kneipentour. Irgendwer muss ja schließlich auch die Transe nach Hause fahren, also seid ihr dageblieben und spät nachts zum Bulli gewankt. Im Kofferraum gibt es immer einen großen Vorrat an Schlafsäcken und Decken, die so gammelig sind, dass niemand sie nach einer Tour mit nach Hause nehmen will. Es ist also gar nicht so ungemütlich da hinten.

Es muss gegen Mittag sein. An eurem Parkplatz am Straßenrand rauscht der Verkehr vorbei. Du kannst nicht mehr schlafen. Unterm Rücksitz findest du eine Flasche Cola ohne Kohlensäure, egal, besser als nichts, und sitzt eine Weile da, beschäftigt mit dem Versuch, die letzte Nacht zu rekapitulieren, bis du schließlich Werner aufweckst.

»Ey Alter, wach auf, ich kann nicht mehr pennen!«

»Wass los …?«, murmelt Werner.

»Ich kann nicht mehr pennen. Ist schon zwölf durch, lass uns abhauen hier!«

Nach kurzer Aufweckphase ist Werner zwar prinzipiell einverstanden, sagt aber, dass er noch total besoffen sei und auf keinen Fall fahren könne. Du bist dir deines restalkoholisierten Zustandes durchaus bewusst, aber ein ungeduldiger Typ.

»Na gut, dann fahr ich.«

»Meinst du, dass das so 'ne gute Idee ist?«, fragt Werner. Aber du sitzt schon am Steuer und spulst dein Lieblingsmixtape zurecht. »Little Light« von Jets to Brazil läuft. »Flip the tape, hit rewind …«

Es geschieht hundertfünfzig Meter weiter an einer Kreuzung. Vor dem Verkehrsschild steht ein Baum, sodass du zu spät entdeckst, dass es rechts Richtung Autobahn geht. Die Ampel ist rot, du wirfst einen Blick in den Rückspiegel. Hinter dir scheint niemand zu sein, also setzt du zurück auf die Rechtsabbiegerspur. Du hast nur den Golf übersehen, der dort steht. Toter Winkel, weißt du noch?

Blake Schwarzenbach singt gerade die Zeile »… it's
my turn to drive«, als deine Stossstange krachend auf
dem Kotflügel des Golf zum Stoppen kommt. Kein großer
Schaden, war ja nur Schrittgeschwindigkeit. Aber als du
aussteigst, um den Schaden zu begutachten, hat der Fahrer
schon sein Mobiltelefon am Ohr.

»Kein Problem!«, sagt er, »die Polizei ist gleich da!«

»Äh, können wir das nicht auch ohne regeln«, stammelst
du, »ich äh, ich habe nämlich getrunken.«

Du wirst dich noch lange fragen, was dich zu dieser
Aussage bewogen hat. Vielleicht erschien dir kompromiss-
lose Ehrlichkeit angesichts deiner desaströsen Lage
als letzte Möglichkeit, das drohende Unheil abzuwenden.
Der Fahrer allerdings setzt sich sofort wieder in seinen
Wagen, kurbelt das Fenster hoch und verriegelt die Tür.
Du hast gerade Werner losgeschickt, um dir irgendwo
Kaugummis zu besorgen − »Oder irgendwas anderes für den
Atem!« −, da biegt auch schon der Streifenwagen um die
Ecke. Die Polizistin stellt dir eine Frage zum Tathergang,
und als du antwortest, rümpft sie die Nase und holt
sogleich den Alkometer. Du pustest so sanft wie möglich
in das Röhrchen. Es nützt nichts. Sie will dir das Ergebnis nicht mitteilen, hebt aber erstaunt die Augenbrauen
und sagt, dass du zum Bluttest mit auf die Wache kommen
musst. Wieder einmal.

Ihr sollt im Streifenwagen mitfahren, aber weil die
Transe noch halb auf der Straße steht, muss sie weggefah-
ren werden. Zu diesem Zweck wird auch Werner gebeten,
einmal zu pusten, und anders als dir wird ihm das Ergebnis sofort mitgeteilt: 0,0 Promille. Du kannst es nicht
fassen − erst Benja, jetzt Werner, dazu die dutzenden
Geschichten von Bekannten, die volltrunken pusten mussten und anschließend weiterfahren durften − funktionieren diese Dinger denn nur bei dir? Werner erzählt dir

später, dass er noch nie so breit am Steuer gesessen hat. Trotzdem schafft er es, den Bulli ohne Auffälligkeiten auf einen nahen Parkplatz zu bugsieren.

Die Prozedur auf der Wache ist dir bereits bekannt. Du kommst dir vor wie ein alter Hase, ein Ex-Knacki, ein Profiverbrecher. Dein Führerschein wird dabehalten, nach der Blutabnahme könnt ihr gehen. Das heißt, zum Auto gehen, wo ihr eine Weile warten müsst, bis Werner sich nüchtern genug zum Fahren fühlt.

Ungeduldig wartest du in den folgenden Tagen auf das Ergebnis des Bluttests. Mehrmals rufst du bei der Polizeiwache an, bekommst aber nie eine eindeutige Aussage. Nach mehr als einer Woche erreichst du schließlich den zuständigen Beamten.

»0,6 Promille, da haben Sie gerade nochmal Glück gehabt! Der Führerschein ist schon in der Post, unterwegs zu Ihnen!«, bellt er dir freundlich ins Ohr. Du verstehst die Welt nicht mehr. Die Kombination Unfall-unter-Alkoholeinfluss / Immer-noch-Probezeit / Schon-mal-mit-Alkohol-aufgefallen ist doch eigentlich eindeutig: Der Lappen muss mal wieder abgegeben werden.

»Aber das verstehe ich nicht!«, flüsterst du, doch du hast Glück, der Polizist ist offensichtlich in Eile und geht nicht weiter darauf ein. So kommt es, dass du einerseits den Führerschein zurückgeschickt bekommst und somit weiterhin Auto fahren kannst, andererseits aber zu einer saftigen Geldbuße und einer MPU verdonnert wirst.

Die Tourneeleitung kommt vom Bezahlen zurück und ruft: »Dienstbesprechung!«

Fast jeden Tag gibt es kurz vor der Ankunft eine Besprechung, in Businesssprache: ein Briefing, damit zumindest theoretisch jeder auf dem gleichen Wissensstand ist und niemand sich beschweren kann, dass ihm Informationen vorenthalten würden.

»Wenn wir ankommen: sofort ausladen. Der Club ist in einer Fußgängerzone, wir packen die Backline raus und fahren gleich darauf den Bus weg. Nehmt auch eure Taschen mit, der Pennplatz ist um die Ecke. Zwei Viererzimmer, einmal Raucher, einmal Nichtraucher. Ich geh ins Nichtraucher. Verpedert wird woanders. Dann Soundcheck bis um sieben, danach Essen. Zocken ist um zehn, Curfew um zwölf. Nach dem Konzert ist angeblich noch Indie-Disco.«

»Yeah, Disco!«, ruft Kowalski und fängt an, den Moonwalk zu tanzen. Der Rest der Band applaudiert.

»Ey, Punkt neun!«, brüllt die Tourneeleitung. »Ich hab noch zwei Interviews, eins macht Mario, für das andere brauche ich noch 'nen Freiwilligen.«

»Was mache ich?«, fragt Mario.

»Ein Interview. Dieses Radioding, haben wir gestern drüber geredet.«

»Aha, wirklich? Wie heißt das Radio?«

»Radio Schieß-mich-tot, was weiß ich. Die Interviewerin heißt Sonja Hufschmied. Klang nett am Telefon. Ist um halb acht.«

»Okay.«

»Das andere ist um neun.«

»Da muss ich anfangen, mich warmzusingem!«, sage ich erleichtert.

Ich habe nichts gegen Interviews, im Gegenteil, ich begrüße es, dass Menschen an unserer Band interessiert sind und versuche immer, mir viel Mühe dabei zu geben. Aber ich habe im Vorfeld der Tour schon sauviele Interviews gegeben und bin froh, wenn ich als Sänger mich auch mal drücken kann.

»Okay. Also Kowalski und Werner.«

»Also, ich sag eh nix«, nuschelt Kowalski kaum hörbar in seinen Dreitagebart. Er hat diesen Spruch schon so oft gebracht, dass wir wissen, was er gesagt hat, auch ohne ihn akustisch verstanden zu haben.

Werner verdreht die Augen und sagt: »Jaja, ich mach das sowieso lieber alleine.«

»Also Werner. Das wars. Sonst noch Fragen?«

»Haben die einen Raum zum Warmsingen?«

»Weiß ich noch nicht.«

»Spielt die andere Band über unsere Backline?«

»Keine Ahnung.«

»Wo ist der nächste Massagesalon?«

»Es ist nicht meine Aufgabe, das zu wissen.«

»Weißt du überhaupt irgendwas?«

»Leck mich am Arsch. Weiterfahren!«

Wir trotten zum Bus und fahren weiter.

MPU, das heißt »Medizinisch-Psychologische Untersuchung«, eine Untersuchung, die beim TÜV durchgeführt wird und besser unter dem Begriff »Idiotentest« bekannt ist. Der Idiotentest muss vom Teilnehmer selbst bezahlt werden, er kostet über tausend Mark und genießt keinen guten Ruf. »Da fallen fast alle durch«, hört man immer wieder, »beinahe unmöglich, den zu schaffen!«

Tja, und hier sitzt du nun und wartest, dass du dran bist. Der Wartesaal ist voll. Du warst einer der Ersten heute Morgen, und du bist mit Sicherheit der Einzige, der selbst mit dem Auto hierhergefahren ist. Während der letzten zehn Monate ist keiner Behörde aufgefallen, dass dir irrtümlicherweise dein Führerschein zurückgeschickt wurde.

Nett von Kowalski, dass er dir seinen Kadett geliehen hat. Egal wie das heute ausgehen wird, die Fahrt hierher wird dir noch lange in Erinnerung bleiben: entweder als der Weg zum Schlachtfeld, auf dem du tapfer und erfolgreich um deine Unabhängigkeit und Ehre gekämpft hast, oder aber als die letzte Autofahrt deines Lebens.

Du bist wild entschlossen, die MPU zu schaffen. Du hast dir eine gute Story zurechtgelegt, nach der du die Schnauze voll hast vom Alkohol und außerdem dein Leben jetzt voll unter Kontrolle. Du hast den Kontakt zu deinen alten Freunden abgebrochen, bist deswegen mit deiner Freundin in eine andere Stadt gezogen und hast auch dein Studium wieder aufgenommen, das du in der Zeit vor der alkoholisierten Unfallfahrt eher hast schleifen lassen. Bis auf den Umzug, allerdings aus anderen Gründen, ist nichts davon wahr. Alles erstunken und erlogen. Na ja, eine Kleinigkeit noch, die der Wahrheit entspricht: Du willst kein Idiot sein. Du willst es beweisen, dem TÜV-Psychologen, den Polizisten, deinen Freunden und Eltern, der ganzen Welt, vor allem aber dir selbst: »Ich bin kein Idiot!«

Das Gespräch mit dem Psychologen wird ein Balanceakt zwischen »keine Lust mehr auf Saufen« und »trockener Alkoholiker« werden. Immerhin hast du zwei Monate lang keinen Alkohol getrunken, um heute deine Leberwerte in Ordnung zu haben. Von einem Rückfall mit Benja in Prag mal abgesehen, als du es nicht mehr aushalten konntest. Du warst nicht mehr in Übung, und dummerweise habt ihr noch ein paar Gläser Absinth auf die Wodka-Os gegossen. Vielleicht warst du in deinem ganzen Leben noch nie so betrunken. Als du am nächsten Tag aufwachtest, bekamst du es umgehend mit der Angst zu tun. Seitdem hast du keinen Tropfen mehr angerührt und sogar eine sechstägige Tour mit deiner Band trocken überstanden.

Als erstes wurde dir heute Morgen Blut abgenommen, das genauestens auf eventuelle Kurz- und Langzeitspuren von Alkohol untersucht wird. Dann hast du wieder die üblichen Koordinationstests über dich ergehen lassen. Mit geschlossenen Augen eine gerade Linie laufen, den Finger an die Nasenspitze führen und so weiter.

Der Warteraum ist voller Leute, die alle ihre eigene Version haben, warum sie hier gelandet sind.

»Für mich ist das keine Demokratie mehr!«, empört sich ein rotgesichtiger Mann Mitte fünfzig, Typ Landwirt. »Eine Diktatur ist das! 0,5-Promille-Grenze, und wem haben wir das zu verdanken: Schröder und seiner rot-grünen Bande!«

»Völlig richtig«, sagt die Frau neben ihm. »Und wissense watt: Ich hab denen einen Denkzettel verpasst!«

»Einen Denkzettel?«

»Ja. Ich hab Protest gewählt! NPD! Um denen da oben mal zu zeigen, dass wir nicht alles mit uns machen lassen!«

»Ja richtig, ich stand auch kurz davor.«

Etwa zehn weitere Leute sitzen im Raum. Einige geben hier und da einen Kommentar ab, andere starren wortlos ins Leere. Du gehörst zur letzteren Sorte. Es ist nicht einfach für dich, unter dieser Ansammlung von Vollidioten zu sitzen und dein Maul zu halten. Aber was solltest du diesen Leuten auch sagen. Du kannst sie nicht belehren oder erziehen. Eine Pumpgun wäre das einzig Richtige. Du hoffst inständig, dass alle von ihnen beim Psychologenge-spräch durchfallen und/oder auf der Stelle tot umfallen.

»Die Frau da am Empfang kann uns auch nicht leiden, wie die guckt!«, bemerkt die Protestwählerin.

»Ach, die ist doch nett!«, entgegnet der Saufbauer.

Die Protestwählerin ist anscheinend sofort umgestimmt: »Stimmt, die ist nett.«

Endlich wirst du zum Reaktionstest aufgerufen. Er ver-läuft wie in der Fahrschule, nur viel härter. Du sitzt vor einem Bildschirm und sollst auf Kästchen und Bälle in unterschiedlichen Farben und Formen reagieren. Für jedes Symbol gibt es einen eigenen Knopf. Zusätzlich bekommst du über einen Kopfhörer hohe und tiefe Tonsig-nale, bei deren Ertönen du mit dem linken oder rechten Fuß ein Pedal treten sollst. Im Fachjargon nennt sich

diese foltergeeignete Übung »Test für reaktive Stress-
toleranz«. Das Ganze dauert mehrere Minuten, die Signale
werden immer schneller. Ganz besonders die Geräusche
auf den Ohren machen dich wahnsinnig. Neben dir sitzt
ein älterer Herr, der schnauft und schwitzt und nach zwei
Minuten weinend zusammenbricht.

»Ich pack das nicht! Ich pack das einfach nicht!«,
brüllt er und bricht ab. Du versuchst, dich nicht von
seinem Gejaule ablenken zu lassen. Für kurze Zeit bist
du komplett weggetreten, ohne Gefühl für Raum und Zeit
versuchst du nur noch, korrekt zu reagieren und nicht
durchzudrehen. Der Test kommt dir endlos vor, aber
irgendwie bringst du ihn hinter dich. Ohne Umwege wirst
du danach zur letzten Station geschickt, dem Gespräch
mit Dr. Hansen.

Der Psychologe sitzt hinter seinem Schreibtisch und
liest in deiner Akte. Er ist Mitte bis Ende dreißig, trägt
einen Oberlippenbart und schaut nicht mal auf, als du
dich ihm gegenübersetzt. Im Kopf versuchst du nochmal
deine jüngste Lebenswandlung durchzugehen, bist aber
noch viel zu durcheinander von dem gerade absolvierten
Test. Dr. Hansen schaut dich skeptisch an und zieht dich
ohne irgendeine Begrüßung in den Ring.

»Na, dann legen Sie mal los!«

Du krempelst innerlich die Ärmel hoch und stammelst
ein paar einleitende Sätze zu der Situation, in der du
mit Alkohol am Steuer erwischt wurdest. Du versuchst,
zu dem überzuleiten, was sich seitdem alles verändert hat
in deinem Leben. Er will nichts davon hören. Er sitzt nur
zurückgelehnt in seinem Chefsessel und eröffnet dir, dass
du ja ganz offensichtlich ein kompletter Versager seist,
dem man gar nichts glauben könne.

»Führerscheinentzug wegen Fahrens unter Alkoholeinfluss in der Probezeit! Und dann, kaum ist die Fahr-

erlaubnis zurück, das Gleiche noch mal! Da muss man sich doch fragen, ob Sie noch ganz richtig im Kopf sind! Wenn das zweimal passiert, und die Dunkelziffer lasse ich mal unerwähnt, warum dann nicht noch öfter?!«

Eine berechtigte Frage, musst du gestehen. Eins zu Null für ihn. Du bist wie gelähmt. Nach gerade mal zwei Minuten hat er dich bereits in eine Ecke gedrängt und beobachtet nun, ob und wie du da wieder rauskommen willst. Du beginnst zu schwitzen. Es ist ein schmaler Grat. Du weißt, dass du ihm einerseits nicht Recht geben kannst, denn dadurch würdest du dich selbst als Deppen darstellen, zu dumm zum Scheißen und zum Autofahren sowieso. Andererseits kannst du aber auch nicht reagieren, wie du es normalerweise tun würdest, wenn dich jemand so blöd anmacht, denn dann müsstest du diesem Arschloch sofort einen guten Schwinger verpassen, wenigstens verbal. Nein, du musst dich beherrschen, ruhig bleiben. Er will ja nur testen, wie du in Extremsituationen reagierst, ob du dich unter Kontrolle hast oder aber gleich völlig ausrastest. Und du hast dich doch unter Kontrolle, oder?

Oder?

Es zieht sich endlos hin. Du redest und redest und weißt selbst nicht so richtig, was.

»Aha, elftes Semester und noch nicht mal das Grundstudium beendet, von der Sorte sind Sie also!«

»Das ist richtig, ich habe es schleifen lassen, aber ich habe selbst die Schnauze voll davon, ich will jetzt vorankommen im Leben, deshalb ja auch mein Umzug in die andere Stadt, denn so geht es nicht weiter!«

Hast du das gerade gesagt? Nicht schlecht! Damit kannst du zum ersten Mal einen Aspekt deiner vorher zurechtgelegten Geschichte anbringen. Er hat ja keine Ahnung, dass du von Anfang an nur an dem Semesterticket und der Sozialversicherung interessiert warst und in den fünfeinhalb

Jahren keine einzige Vorlesung besucht hast. Natürlich könntest du von deiner Musik erzählen, wie wichtig sie dir ist, und damit leicht seine Einschätzung widerlegen, dass du jemand bist, der nichts im Leben durchzieht. Schließlich hast du seit etlichen Jahren diese Band, sie bedeutet dir sehr viel, und du spielst nicht nur Gitarre und singst, nein, du bist auch das Booking, Management und die Plattenfirma der Band, alles in einer Person! Aber du hast dich entschlossen, die Band nicht zu erwähnen, zu groß ist deine Angst, dass der bloße Begriff »Rockmusik« Assoziationen zu Alkohol und Drogen in ihm wachruft. Bon Scott, Keith Moon, Sid Vicious, Jimi Hendrix, Kurt Cobain ...: Namen, von denen sogar er schon mal gehört haben könnte.

Nachdem du ihn davon überzeugen konntest, dass du ein aktives Interesse an einem Dasein als vollwertiges Mitglied der Gesellschaft hast (nimm dies, Hansen!), wird er etwas milder. Ihr redet darüber, wie du vermeiden kannst, dass so etwas noch mal passiert. Du sagst, dass du außer einem Glühwein auf dem Weihnachtsmarkt seit einem Jahr nichts mehr getrunken hast, und wenn du jemals wieder einen Tropfen trinken würdest – das »wenn« und das »würdest« betonst du in diesem Satz besonders –, dann würdest du das Auto von Anfang an stehen lassen. Das hat gesessen. Du spürst, wie Dr. Hansen einknickt.

»Jaja, immer dran denken: Taxis sind auch Autos, nech!«, lacht er. Heiser lachst du mit ihm. Die Stimmung hat sich jetzt deutlich entspannt, und bis hierher hast du dich wirklich gut geschlagen, doch doch, da kann man nichts sagen. Du glaubst schon fast, dass du es geschafft hast, als er nochmal einen Blick in seine Papiere wirft.

»Sagen Sie mal, das sieht hier aus, als ob Sie Ihren Führerschein noch hätten!«

»Ja«, antwortest du, dir wird plötzlich schwindelig,
»der wurde mir wohl irrtümlicherweise zurückgeschickt.«

»Also, das kann doch nicht wahr sein, das geht doch
nicht, wie geht das denn?«, schnaubt er.

»Ich habe mich natürlich auch gewundert, wollte mich
aber nicht selbst anschwärzen. Ich liebe das Autofahren,
und ich fahre seitdem täglich, nüchtern übrigens.«

Dr. Hansen ist verblüfft. Er sagt, so was hätte er noch
nie erlebt. »Ich kann Sie ja durchaus verstehen, aber wenn
ich das weitergebe, wenn die Kollegen das sehen, die
lassen Sie sofort durchfallen!«

Du glaubst ihm nicht. Der kann dir doch nicht weis-
machen, dass nicht er allein darüber entscheidet, ob du
den Fläppen behältst oder nicht! Zumindest, solange deine
Blutwerte in Ordnung sind, liegt das Schicksal deines
Führerscheins einzig und allein in der Hand dieses Menschen, das weißt du genau. Du hast das Gefühl, dass er
sich nur noch ein bisschen am süßen Duft seiner Macht
laben und dich auf die Folter spannen will. Nach kurzem
Grübeln setzt er zu seinem Lucky Punch an und macht dir
einen Vorschlag: Er lässt dich bestehen, wenn du einer
»Nachschulungsmaßnahme für alkoholauffällige Kraft-
fahrer« zustimmst.

»Das ist ein fünfwöchiger Kurs, pro Woche eine
Sitzung.«

Genau der Kurs, den du schon einmal gemacht hast und
den du wieder selbst bezahlen müsstest. Kostet mindestens achthundert Mark zusätzlich. Also noch mal so ein
beschissener Stuhlkreis mit selbstmitleidigen Versagern
und einer Laber-Rhabarber-Psychologin, die euch wie
Schulkinder vorrechnen lässt, nach welcher Zeit der Alko-
holgehalt von fünfzehn Gläsern Bier und dreiundzwanzig
Kurzen im Körper abgebaut ist. Die Vorstellung, das noch
mal über dich ergehen lassen zu müssen, macht dich

fertig. Andererseits gibt es bei diesem Kurs keine Prü-
fung. Man fällt nur durch, wenn man gar nicht oder aber
betrunken zu den Sitzungen erscheint. Wenn du das Angebot
annimmst, hast du den Idiotentest also bestanden. Mit
einem bitteren Beigeschmack im Mund willigst du ein.

Dr. Hansen hat nach Punkten gewonnen, dich aber immerhin nicht ausgeknockt.

Als du da raus bist, gehst du schnurstracks zum Wagen.
Du hast das Tape schon zurechtgespult. »There's a sign up
ahead, says ›No signs for a while‹ …« »Little Light«,
dein Autofahrlied Nummer Eins. Du setzt rückwärts raus
und machst dich auf den Weg nach Hause.

Was hier an Catering aufgefahren wird, ist der helle Wahnsinn.
Es gibt so ziemlich jedes vegetarische Essen, was man sich vorstellen kann. Gefüllte Paprika. Eingelegte Auberginen. Brotsalat.
Couscous. Spaghetti. Reis. Gemüse, Soßen, Brot, Antipasti … Sie
stehen zu zehnt in der Küche, alle machen was. Eine kümmert
sich um die Salate, einer schneidet Gemüse, eine deckt den Tisch,
zwei stehen am Herd … Sie haben einen Ghettoblaster in der
Küche, mit dem sie selbstgebrannte Mix-CDs spielen.

Ich erstarre voller Ehrfurcht und weiß nicht, womit wir das
verdient haben.

»Womit haben wir das verdient?«, frage ich den Veranstalter, der sich am Getränketischchen einen Kaffee einschenkt. Er
lächelt nur.

»Ich meine, ist das Catering immer so reichhaltig bei euch?«

»Na ja«, sagt er, »in der Regel geben sich unsere Küchenleute
schon große Mühe, aber heute ist es besonders besonders.«

»Warum das?«

»Weil sich so viele Freiwillige zum Kochen gemeldet haben.«

»Und warum?«, frage ich nochmal, begriffsstutzig, wie ich bin.

»Weil die Leute vom Juz sich seit Wochen auf das Konzert
gefreut haben. Die sind alle große Fans von euch. Sie wollen,

dass ihr euch an diesen Abend erinnert, und wenn es nur wegen des Caterings ist.«

Das ist ihnen gelungen. Ich habe seit langem nicht so gut gegessen. Ich schaffe es nicht mal, von allem zu probieren. Dann bringen zwei Mädels auch noch eine Schüssel Wackelpudding als Dessert. Mit Vanillesauce.

»Die ist noch warm. Guten Appetit!«

Ich habe ein schlechtes Gewissen, weil ich nicht mehr weiter essen kann. Ich bin gerührt. Alle von uns sind es.

Wir dürfen auf keinen Fall vergessen, diesen Leuten heute Abend ein Lied zu widmen. Früher, auf den Hardcore-Konzerten in den AJZs der Republik, war das gang und gäbe – jede einzelne Band hat sich mindestens einmal während des Auftritts artig für die zerkochte Nudelpampe bedankt. Ich fand das immer aufgesetzt und peinlich. Heute dagegen mache ich mir sogar eine Notiz auf der Playlist. »ESSEN: DANKE.« Ein Ansagen-Stichwort auf der Playlist ist zwar extrem uncool, aber ich kenne mich, im Eifer des Gefechts vergesse ich solche Dinge, und das will ich auf keinen Fall riskieren.

Wackelpudding mit Vanillesauce. Wahnsinn. Das habe ich zum letzten Mal gegen Mitte oder Ende des letzten Jahrzehnts von meiner Mutter serviert bekommen.

5.

Ich erkenne ihn nicht gleich, er fällt mir eher wegen seiner komischen Haltung auf. Etwas unbeteiligt und verloren, als warte er auf irgendwas, lehnt er neben unserem Merchandisestand, ohne sich Platten, Shirts oder Buttons anzugucken oder mit irgendwem zu reden. Ein paar Mal kreuzen sich unsere Blicke, aber auch da erkenne ich ihn noch nicht. Dabei hatte die Tourneeleitung ihn schon angekündigt:

»Ey, da draußen am Merch steht dieser eine Typ, den kennst du, der, der aussieht wie 'ne Frau, die wie ein Mann aussieht!«

Ich hatte keine Ahnung, wovon er redete. Erst, als ich mich aus meiner Unterhaltung mit einem Typen von der anderen Band gelöst habe, bemerke ich, dass mich jemand direkt anguckt, und als ich den Blick erwidere, hebt dieser Jemand grüßend seine Bierflasche. Ach was, Mäse!, denke ich. Beim Auftauchen seines Namens in meinem Kopf durchzuckt es mich leicht, und als er auf mich zukommt, begrüße ich ihn lieber mit einem unverfänglichen: »Moin Alter, was machst du denn hier!«

Matthias Schneider war eigentlich ein unauffälliger Kleinstadtjunge. Er spielte zunächst mit Matchboxautos, dann mit Playmobil- und Actionfiguren, und schließlich mit seinem Penis. Ungefähr zu dieser Zeit fing er an, nach der Schule mit anderen Jungs aus der Klasse auf dem Spielplatz hinterm Freibad rumzuhängen, wo sie durch das Reißen möglichst schweinischer Witze, das Fachsimpeln über die Brüste ihrer Mitschülerinnen oder das heimliche Rauchen von Zigaretten in der Seilbahnhütte ihre Pubertät auslebten. Fast alle hatten Spitznamen, die sich entweder von ihren Vor- oder Nachnamen ableiteten. Johannes wurde zu Jojo, Kampmann zu Kampo, Schlüter zu Schlüti, Jan zu Janni usw.

Matthias Schneider hatte nun das Pech, dass es außer ihm noch einen anderen Matthias in der Clique gab, der von allen »Matze« gerufen wurde. Dieser Matze war ein halbes Jahr älter und schon länger in der Gang, hatte also so was wie ein Erstgeborenenrecht auf diesen Namen. Matze hatte mal Kampos großem Bruder, also dem richtigen Kampo (Der Junge in der Clique war eigentlich nur »Klein-Kampo«, wurde aber nur zu Unterscheidungszwecken so genannt und intern zu seiner großen Erleichterung auch mit »Kampo« angeredet) mal so deftig in die Eier getreten, dass dieser angefangen hatte zu heulen und geschlagen von dannen ziehen musste. Außerdem erzählte man sich, er sei Lisa Hülsböhmer schon mal unter den Pulli gegangen und habe auch sonst einiges los bei den Weibern.

Der Name Matze war also schon vergeben, und Matze war eine Autoritätsperson, er stand ganz weit oben in der hierarchischen Gliederung der Jungsbande. So einem macht man nicht den Spitznamen abspenstig. Man legt sich am besten gar nicht erst mit ihm an, denn ein Disput mit ihm, und man ist bei allen unten durch. Und dann hat man auf ewig die Arschkarte gezogen, wie der Verlierer Uwe Jankowsky, der alleinstehende Alkoholiker aus dem Dachgeschoss, der manchmal betrunken auf der Wiese im Park lag und von den Kindern mit Abfall und Dreck beworfen wurde.

Weil es in einer coolen Gang aber unmöglich zwei Jungs mit demselben Namen geben konnte, und weil »Matze eins« und »Matze zwei« auf gar keinen Fall in Frage kam (zu lang, zu kompliziert, zu bescheuert), wurde Matthias Schneider von den anderen »Mäse« getauft. Mäse ist ein nicht direkt vulgärer, aber doch etwas grobschlächtiger Ausdruck aus dem Plattdeutschen und heißt: Popo, bzw. Hintern, bzw. Arsch.

Anfangs fand er es noch ganz lustig, so angeredet zu werden. Er sah das Ganze mehr als einen vorübergehenden Scherz. Außerdem war es der mit Abstand originellste aller Spitznamen, origineller jedenfalls als Jojo, Kampo oder Fleckmanns Björn, den alle nur »Flecki« nannten. Dann aber verselbstständigte sich die Sache: Er wurde anderen Jungs als »Mäse« vorgestellt, und schließlich, was noch schlimmer war, nannten ihn auch die ersten Mädchen so. Wenige Wochen später hieß er, außer bei seinen Eltern, Großeltern und Lehrern, überall Mäse. In der Schule, im Fußballverein, sogar sein Nachhilfelehrer nannte ihn Mäse.

Als die ersten Veralberungen seines ohnehin schon
albernen Namens aufkamen, machte er noch ein paar halb-
gare Anläufe, stattdessen mit seinem Nachnamen gerufen
zu werden. Aber es war zu spät, der Zug war abgefahren.
Vorbei. Basta. Finito. Die letzte Chance auf einen halbwegs würdevollen Spitznamen: Futschikato.

Man nannte ihn beispielsweise gerne »Käse-Mäse« und
fand das ungemein witzig. Der Belag seines Schulbrotes
wurde im Gegenzug zu »Mäsenkäse«. Jeder Protest war sinnlos, vielmehr spornte er die anderen nur noch weiter an,
gab ihnen Munition, provozierte sie zu weiteren Beschimp-
fungen. Eichelkäse wurde zu Eichelmäse wurde zu Speichel-
mäse …

Pubertierende Jungs sind erbarmungslose Bestien,
die mit Vorliebe ihre salzigen Finger in die Wunden von
Schwächeren legen. Also fügte Mäse sich zähneknirschend
in sein Schicksal, von nun an und für alle Tage nach
dem menschlichen Gesäß benannt zu sein. Selbst als er
zwei Jahre später in die nächste Universitätsstadt zog,
traf er dort hin und wieder auf Kommilitonen, die ihn
und damit auch seinen Spitznamen von früher kannten.

Als du ihn dort zum ersten Mal auf einer Party
triffst, wird er dir als Matthias Schneider vorgestellt,
und irgendwer redet ihn sogar mit Matze an. Was muss das
für ein schönes Gefühl sein, was für eine Erleichterung,
was für eine späte Genugtuung! Als er aber schon längst
gegangen ist, während du noch versuchst, die Mitbewohnerin des Gastgebers dazu zu bringen, dir ihr Bett und
ihren Körper anzubieten, erzählt man dir am Küchentisch
Mäses wahre Identität, sein stilles Geheimnis, die Geschichte seines Namens. Du musst sogleich an einen früheren Bekannten von dir denken, der ein ähnliches Problem
hat, denn er bekam als Fünfzehnjähriger von seinen Heavy-
Metal-Kumpels den Namen »Jesus« verpasst. Es soll da

wohl eine gewisse Ähnlichkeit gegeben haben, was aber zweitrangig ist, denn wenn jemand einen Spitznamen hat, dann benutzt man ihn meist ungefragt. Auch Jesus versuchte nach einigen Jahren verzweifelt, seinen Namen wieder los zu werden. Er zog in eine fremde Stadt, wurde sogar Vater, doch immer wenn du ihn triffst, denkst du: »Da ist ja Jesus«, und dann rufst du ihn: »Moin Jesus, lange nicht gesehen!«, und er steht vor dir und schämt sich vor seiner Frau, die ihn fälschlicherweise für »Thomas« hält und schnell weitergehen möchte.

Du landest auf dieser Party tatsächlich im Bett der Mitbewohnerin. Ihr trinkt vorher allerdings all ihre Weinreste auf, hört dazu schlimme Musik und brabbelt lallend pseudophilosophischen Unsinn, der dir in dem Moment unheimlich schlau vorkommt. Als auch der Wein alle ist, findet ihr im Kühlschrank noch etwas Whiskey, Marke: St. Johnston's Bourbon, Herkunft: Aldi, und mit einem leckeren Mix Whiskey/O-Saft auf dem Nachtschränkchen schlaft ihr schließlich halb angezogen beim Fummeln ein. Erst als du morgens wach wirst, bemerkst du das riesige Pearl-Jam-Poster über ihrem Bett. Du fühlst dich elend und schleichst dich leise davon. Du siehst sie nie wieder.

Mäse dagegen läuft dir in den folgenden Monaten und Jahren immer mal wieder über den Weg, und ihr entwickelt eine lose und unverbindliche, aber von gegenseitigem Wohlwollen geprägte Party-Freundschaft.

Der übliche »Du hier?«-»Ja, wohne jetzt hier!«-»Und was machste so?«-Smalltalk füllt gerade mal zwei oder drei Minuten. Ich bin ziemlich verkrampft, da ich die ganze Zeit an seinen Namen denken muss. Weil ich etwas über ihn weiß, von dem er nicht weiß, dass ich es weiß, ist er in meinem Kopf zu einer Art tragischen Figur geworden, die Mitleid verdient. Die Situation wird nicht gerade einfacher durch die Tatsache, dass wir uns nicht sonderlich viel zu sagen haben. Eine weitere zähe Minute vergeht damit, dass er mir für das gelungene Konzert gratuliert und sich erkundigt, wie lange wir schon und wie lange wir noch unterwegs sind. Ich antworte freundlich aber knapp, denn ich mag es nicht, nach einem Auftritt mit Nicht-Bandmitgliedern darüber zu reden, wie das Konzert war, es sei denn, sie haben spezielle Fragen. Mäse hat keine Fragen. Ich sowieso nicht. Also stehen wir rum und knibbeln an den Etiketten unserer Getränke, zünden uns Zigaretten an und lassen die Blicke durch den nur noch schwach gefüllten Raum schweifen.

»Wusstest du, dass Hans jetzt auch hier wohnt?«

»Jaja, neulich noch getroffen.«

»Aber er ist nicht mehr mit Anita …?«

»Nee, lange nicht, lange nicht …«

Mein Gott, sonst wird man am Merch doch immer von irgendwem angesprochen, und wenns nur für ein Autogramm ist. Warum ausgerechnet jetzt nicht! Eine scheinbare Ewigkeit vergeht, bis ich mich traue zu sagen, dass ich mal kurz aufs Klo muss und wir dann bestimmt auch schon bald die Backline einladen. Ich atme innerlich auf, als er sagt, er müsse sich auch verabschieden – »Ich mach dann auch mal 'nen Sittich!« – schließlich müsse er morgen früh raus (gerade hat er noch erzählt, er würde in seinem neuem Job immer erst mittags anfangen) und habe eh schon zuviel getrunken (auf mich macht er einen ziemlich nüchternen Eindruck, damals auf der Fete, da war er wirklich betrunken!) und seine Freunde seien auch gerade gegangen (nach meiner Einschätzung stand er mindestens fünfzehn Minuten alleine am Merch rum).

Wir klopfen uns auf die Schulter: »War schön dich zu sehen.« Das ist sogar ernst gemeint, und doch bin ich so unendlich erleichtert, als wir uns den Rücken zukehren, er zum Ausgang, ich zum Klo. Pinkeln musste ich nämlich wirklich. Und wie.

6.

Die Interviewerin kichert, als ich ihr antworte, was mir das Lied bedeutet, und dass der Text so groß ist, dass ich mich letztens, als ich ihn mal wieder gehört habe, selbst gefragt habe, wie ich das bloß hingekriegt habe. Sie verzieht den Mund zu einem Jetzt-haust-du-aber-ganz-schön-auf-die-Kacke-Blick, dabei hat sie mich selbst danach gefragt. Sie fragt mich was, und ich versuche, ihr eine ehrliche Antwort darauf zu geben. Was erwartet sie denn, etwa, dass ich mich selbst kleiner mache, als ich mich fühle?

»Ach, weißt du, der Text soll Heimatlosigkeit ausdrücken, aber als ich ihn schrieb, war ich gerade damit beschäftigt, meine Grafikdesignprüfung abzulegen und hatte nicht genug Zeit, den Song so richtig perfekt zu machen.« Wäre es das, was sie »sympathisch« nennen würde? Ich kann ihre Gedanken lesen: Sie denkt, ich will provozieren, den Liam Gallagher spielen oder so was. Aber Provokation ist mir scheißegal. Liam Gallagher sowieso.

»Du scheinst ja ganz schön von dir überzeugt zu sein!«

Mit »von dir überzeugt« meint sie »von deiner Band / Musik / Kunst überzeugt«. Ich ignoriere diese Vereinfachung und sage:

»Ja«, und ich denke dazu: ja, was denn sonst! Zu welchem Zweck sollte ich das alles sonst seit über zwölf Jahren machen? Fürs Geld vielleicht? – Dann könnte ich mich besser wieder in die Hotline setzen, oder hätte von Anfang an einen Beruf erlernen sollen, mit regelmäßigem Einkommen und einem Minimum an Sicherheit, Sozialleistungen, Rente.

Für den Erfolg? – Na ja, es wäre definitiv kein Problem, ein paar Songs aus dem Ärmel zu schütteln, die in das derzeitige Deutschrock-Konsens-Schema passen und damit eine wesentlich höhere Chartstauglichkeit hätten als der Zwischen-den-Stühlen-Kram, den wir machen.

Oder etwa für das Rockstargefühl? – Da bräuchte ich nur ein paar ätzende Stadionrockansagen in die Show einzubauen, ein nicht geringer Anteil des Publikums wartet ja nur darauf, sich von den Typen auf der Bühne dirigieren zu lassen. »Seid ihr alle gut drauf?«, »Und jetzt alle die Hände in die Luft!«, »Ihr seid das beste Publikum das wir je ...« und das ganze Pipapo.

Aber das interessiert mich alles nicht. Wir sind schließlich eine Band, kein Dienstleistungsunternehmen. Ja, ich will Erfolg, aber nur mit dem, was ich mache und woran ich glaube. Ich glaube an das Besondere in meiner Band. Scheiß auf das unausgesprochene Gesetz, dass man gefälligst bescheiden sein soll. Ich bin stolz und ich werde einen Teufel tun, das zu verstecken. Wenn ich mir eine Band angucke und nicht das Gefühl habe, dass sie brennen für das, was sie tun, dann können sie noch so gut spielen, sie werden mich nicht berühren. Scheiß auf Technik. Scheiß auf Musikstile. Scheiß auf falsche Bescheidenheit.

Es ist schade, dass sie mich nicht versteht. Schade, dass der Glaube an die eigene Kunst so oft mit Arroganz gleichgesetzt wird. Mit Hochnäsigkeit. Doch damit muss ich mich abfinden, denn so ist es immer gewesen. Die Interviewerin ist freundlich, also gibt es keinen Grund für mich, unfreundlich zu sein. Ich muss mich von der Vorstellung lösen, mich immer erklären zu können. Das geht zu oft nach hinten los. Ich kann nur versuchen, so geradeaus und ehrlich zu sein, wie es geht, und entweder, ich werde verstanden, oder nicht. Also soll sie mit meiner Antwort machen, was sie will. Und die Menschen in den Gästebüchern und Foren dieser Welt sowieso.

Ich schweife ab. Ich höre ihr nicht mehr zu.

»... Festivals oder doch lieber Clubshows?«

»Äh, wie bitte? Tschuldigung, ich hab die Frage nicht mitbekommen.«

»Spielt ihr lieber Festivals oder doch lieber Clubshows?«

»Ja, also, da habe ich keine Meinung zu.«

Seit über zwei Jahren sitzt du in dieser Hotline und erzählst aufgeregten Menschen, dass sie erstmal für fünfzehn Minuten den Stromstecker ihrer ISDN-Anlage ziehen und sich dann wieder melden sollen. Manchmal auch Sinn-volleres. Seit über zwei Jahren fragst du dich, was du hier überhaupt machst. Warum haben die dich überhaupt eingestellt in dieser technischen Kundenbetreuung, eine größere Technikniete als dich kannst du dir gar nicht vorstellen. Du bist unbeholfen und uninteressiert. Du bist ein Fachidiot mit ein bisschen angelerntem Basiswissen, der bei spezielleren Fragen ständig im Backoffice anrufen muss, um sich bei der Hilfe helfen zu lassen. Du bist faul und unkommunikativ. Die Leute aber sind zufrieden mit dir. Sie sagen, du hättest eine beruhigende Stimme. Dabei bist du der unruhigste Mensch, den du kennst. Sie sagen, kaum jemand sei so geduldig und freundlich am Telefon. Das sind zwar Eigenschaften, die du gerne magst, aber noch nie hat jemand gesagt, dass sie auf dich zutreffen.

Da deine Kunst eine brotlose ist, du aber nichts anderes machen willst als Musik, bist du auf Nebenjobs angewiesen. Du hattest Dutzende davon. Die meisten in irgendwelchen Lagern: Kisten schleppen, Ware kommissio-nieren, Kartons packen, Regale auffüllen, Bestände zäh-len. Große Firmen, kleine Firmen, Jobs in riesigen Hallen, auf dem Dachboden eines Bauernhofes, in Kühlhäusern, einmal sogar im Tiefkühlbereich eines Supermarkts. Das ist stumpfe, eintönige Arbeit, im Großen und Ganzen aber besser als diese Büroscheiße hier. Nur kann man sich bei Lagerjobs die Arbeitszeit nicht so flexibel einteilen, da muss man die Schichten durchziehen. Vierzig Stunden pro Woche, ein paar Wochen lang, bis genug Geld zusammen ist, um wieder eine Weile damit auszukommen. Das ist mit dem Musikmachen nur schwer vereinbar, deswegen musst du bei diesem Job bleiben.

Die Rückkehr zum Bürojob nach einer Tour ist das Schwierigste. Seit Sonntag seid ihr wieder da. Es waren

nur zehn Tage, aber das reicht, um dir das Gefühl zu
geben, aus einem anderen Universum zurückzukommen.
Touraction versus Hotlinetelefonie: Du kannst dir keinen
größeren Gegensatz vorstellen. Zwei freie Tage hast du
dir gegönnt, jetzt sitzt du wieder hier. Irgendwo muss das
Geld ja herkommen, schließlich hast du zwei Wochen lang
nichts verdient, von den hundertfünfzig Euro Taschengeld,
die ihr euch am Sonntag aus der Bandkasse ausgezahlt
habt, mal abgesehen.

Du beklagst dich nie. Nicht vor anderen. Wenn du mit
deiner Mutter telefonierst und sie dich fragt, wie du
über die Runden kommst, sagst du, dass alles gut läuft
und sie sich keine Sorgen machen soll. Unabhängigkeit
ist wichtiger als Geld. Du hast einen ausgeprägten Hang
zum stillen Leiden. Vor dir selbst kannst du jammern, du
kannst dich in deinem Selbstmitleid suhlen, und du hast
eine rege Phantasie, die dir dabei hilft. Aber du willst
nicht anderen damit auf die Nerven fallen. Als hättest du
in dir drin eine Klagemauer, die verhindert, dass etwas
davon nach draußen dringt. Oh, der Gedanke gefällt dir.
Er ist dumm aber schön. Wer das hier liest, ist selbst
schuld. Wie damals in der Schule: »Wer das hier liest ist
doof«, mit Edding auf die Pulte geschmiert. Und gleich
daneben: »Edding 2000 grüßt alle Putzfrauen«. Du musst
lachen, wenn du dran denkst.

Der Raum ist in kleine Parzellen aufgeteilt und in
jeder sitzt ein »Call Agent« mit einem Headset auf dem
Kopf vor seinem Computer und nimmt Anrufe entgegen.
Du schreibst und liest und schreibst und liest in deiner
Parzelle. Du hasst alle, die bei dieser Hotline anrufen
und dich beim Schreiben und Lesen stören, aber im selben
Moment empfindest du Mitleid mit ihnen. Sie werden
schamlos abgezogen und ausgequetscht von diesem Konzern,
daher versuchst du, ihnen zu helfen, wenn sie schon mal

dran sind. Du berechnest zum Beispiel nicht das, was du berechnen müsstest. Gegenüber Frauen bist du besonders aufmerksam und nett, weil auch die meisten Frauen besonders aufmerksam und nett sind.

Eine Reihe weiter reden sie über dich. Du merkst es an den Blicken im Nacken. Es ist Mittag, und da ist wenig los. Keine übervollen Warteschleifen, sondern nur alle paar Minuten mal ein Anruf. Die meisten deiner Mitarbeiter sind davon unterfordert. Sie wissen nichts mit sich anzufangen. Klopfen öde Sprüche, spielen sich flache Bälle zu. Jeder Wurf ein Treffer. Sie turteln und scherzen. Erzählen langweiliges Zeug über sich selbst und wie geil sie drauf sind. Pöbeln sich lässig an und machen sich tote Komplimente.

Das schlimmste, was ein Mensch mit seinem Mund machen kann, ist das Wort »Okay« auszusprechen, wie es geschrieben wird. Also nicht englisch, sondern wie der Vorname Kai. »Oh Kai«. Man hört es hier am laufenden Band. Statt »Ich auch«, oder »Mir gehts genauso«, sagt man »Dito«, mit langem iiii, und statt »Was hast du denn gedacht?«, oder »Spinnst du!«: »Ha-llooo?«

Jetzt tuscheln sie über den Eigenbrötler, der da gekrümmt über seiner Chinakladde sitzt und schreibt. Du hast ein Buch aufgeschlagen vor dir. Ab und zu blickst du vom Schreiben auf und tust so, als würdest du im Buch etwas ablesen, damit es ein wenig nach Recherchen fürs Studium oder ähnlicher Arbeit aussieht. Mit aller Kraft willst du vermeiden, dass dich jemand auf das Schreiben anspricht.

Eine tut es: »Was schreibst du denn da? Tagebuch?«

Dir wird heiß. Du lächelst. »Ja, so ähnlich, also. So dies und das, irgendwie.« Sie strahlt dich an. Du glaubst, sie findet es »süß« und »sensibel« von dir, dass du Tagebuch schreibst. Du fragst sie schnell irgendwas.

»Sag mal, weißt du zufällig, wann es die Schichtpläne für nächsten Monat gibt?« Du hörst nicht zu, als sie dir antwortet. Murmelst leise »Hmm« und »Ach so« in deinen Bart.

Du versuchst, freundlich zu sein. Du bewunderst sie; sie ist nett, sie interessiert sich für dich. Es ist natürlich oberflächliches Interesse, vielleicht nur Neugier, aber immerhin – du bist nicht mal dazu in der Lage. Du wärst auch gerne nett. Dein Leben lang wolltest du deinen Mitmenschen beweisen, dass du kein Arschloch bist. Eine einzige Quälerei. Sinnlos und brutal.

Langsam verebbt das Gespräch. Du bist erleichtert, als du einen Anruf reinbekommst und dich guten Gewissens von ihr wegdrehen kannst.

»Hier spricht Rita Mangelkrämer. Ich weiß nicht, ob ich bei Ihnen richtig bin, ich hab Probleme mit meinem Telefon, da klingelt gar nichts mehr und die Leute rufen schon auf dem Handy an und fragen, wieso bei mir immer besetzt ist! Also das ist offenbar schon seit Stunden so, ich hab das gar nicht bemerkt, das geht ja auch nicht, ich bin ja hier im Geschäft, ich muss ja erreichbar sein! Ist das eine Störung oder so? Bei meinem Nachbarn gehts, der hat aber auch nicht dieses ISD – …, dieses eine da mit den mehreren Leitungen!«

Ein guter Anruf. Mangelkrämer, was für ein geiler Name! Du notierst ihn in deinem Buch. Den kannst du bestimmt noch zu irgendwas gebrauchen.

»Frau Mangelkrämer, da brauch ich zunächst mal Ihre Rufnummer.«

Sie gibt dir eine Nummer ohne Vorwahl.

»Frau Mangelkrämer, gehe ich recht in der Annahme, dass sie aus Berlin anrufen?«

»Ja natürlich, äh, woher wissen Sie das, sehen Sie das an meiner Telefonnummer?«

Du denkst: Nein, aber Menschen aus Berlin geben grundsätzlich nie ihre Vorwahl an, weil sie denken, Berlin wäre das Zentrum der Welt und alle hätten dieselbe Vorwahl, und sagst:

»So ist es, Frau Mangelkrämer.«

Der DJ gibt sich wirklich Mühe, die Songauswahl ist aushaltbar, aber niemand tanzt. Auch wir sitzen nur an unseren Tischen und klopfen hier und da einen Takt auf unseren Gläsern mit. Gut, dass ich abgesagt habe, als die Tourneeleitung mich gefragt hat, ob ich heute hier auflegen will. Der Veranstalter hatte das angeboten, aber ich habe dankend abgelehnt, weil ich von den letzten Tagen einigermaßen müde und schlapp bin. Außerdem habe ich damit auf früheren Touren keine guten Erfahrungen gemacht.

Einmal sind wir nach einem Auftritt extra noch zu einer Disco gefahren, unsere Promoagentur hatte uns dort einen Gast-DJ-Auftritt klargemacht. Bereits am Eingang schwante mir Böses, denn die Hälfte der Besucher trug schwarz, überall Lack und Leder, blutrünstige T-Shirt-Aufdrucke und geschminkte Gesichter. Aus den Boxen dröhnte so genannter Nu Metal, die vielleicht schlimmste Musik, die die Welt je gehört hat. Ich wurde dem DJ vorgestellt, der recht kurz angebunden war. Er hatte offensichtlich nicht so richtig Bock auf die Unterbrechung durch mich. In meiner CD-Mappe befanden sich Dinosaur Jr, Elliott Smith, Marvin Gaye, Blondie, Monochrome und Zoot Woman. Mit dieser Musik hätte ich mir dort einige Feinde gemacht, also suchte ich in den hauseigenen CDs nach erträglichen Kompromissen. Als ich ein paar Sachen zusammen hatte fragte der DJ, welches mein erstes Stück wäre.

»AC/DC, ›Whole Lotta Rosie‹«, antwortete ich.

»Oh, das ist aber gewagt, die Leute stehen hier eigentlich auf harte Musik!«, meinte er.

Wenn du wüsstest, dass ich nicht ansatzweise so was »Hartes« dabei habe, dachte ich. Und überhaupt widerstrebt es mir,

Musik mit solch dümmlichen Etiketten zu versehen. Marvin Gaye war mit Sicherheit zehn mal härter drauf als die ganzen pathetischen Waschlappen, die hier auf dem Dancefloor zu auf C gestimmten Computergitarren ihre frischgefönten Matten schwingen. Ich fing also mit AC/DC an. Von ein paar Altrockern abgesehen kannte das offenbar niemand. Die Tanzfläche war und blieb leer. Ich quälte mich durch dreißig Minuten Gitarrenmusik und signalisierte dann dem DJ, dass ich noch zwei Songs spielen und anschließend wieder an ihn übergeben würde. Er schien erleichtert. Ich auch. Meine Bandkollegen standen an der Bar und tranken Bier. Als vorletzten Song spielte ich »New Noise« von Refused. Die Tanzfläche war mit einem Mal komplett voll, die Leute gingen total ab. Plötzlich stürmte der DJ wutentbrannt in die Kanzel und schrie mich an, was ich mir denn dabei gedacht hätte, diesen Song aufzulegen, das sei sein Prime-Time-Smasher, der gehöre mit ganz bestimmten anderen Songs von Slipknot und Marilyn Manson zusammen. Ich hätte ihm sein Set total versaut. Ich zuckte nur mit den Schultern und ließ ihn stehen. Mein als letztes geplanter Blackmail-Song kam nicht mehr zum Einsatz, weil der DJ hektisch nach dem einzig wahren Refused-Anschluss suchte. An der Bar meinten die anderen, sie würden jetzt gerne gehen. Die drei Getränkebons, die wir pro Person bekommen hatten, waren auch längst weg. Was für ein Scheißladen.

Seitdem habe ich nicht mehr so richtig Bock. DJ zu sein, ist doch auch ein mieser Job. Reine Dienstleistung. Sobald man die Leute mal zum Tanzen gebracht hat, ist man Sklave ihres eingeschränkten Musikgeschmacks oder eines wie auch immer gelagerten Common Sense. Die Kreativität der meisten DJs orientiert sich am kleinsten gemeinsamen Nenner ihres Publikums, und ich kann ihnen das nicht mal verübeln. Bei elektronischer Musik mag das ja anders sein, aber ich möchte mit keinem Pop- oder Rock-DJ der Welt tauschen. Mir fehlt auch der missionarische Eifer, die Leute zu »guter Musik« erziehen zu wollen.

Einem Menschen, der sich freiwillig Korn oder Nickelback als Soundtrack zu seinem Leben aussucht, habe ich nun mal nicht viel mitzuteilen.

Meine Entscheidung, heute nicht aufzulegen, ist eine gute Entscheidung. Und eine Runde Mitleid mit dem Typen, der sich da oben abmüht und keinerlei Reaktion erntet.

Die Stimmung unter uns ist etwas gereizt. Heute haben wir uns häufig angezickt. Alle sind etwas erschöpft, das passiert oft nach einigen Tagen auf Tour. Wir befinden uns gerade in der kurzen Zeitspanne, wo die erste Tour-Euphorie verflogen ist, sich der Tour-Flow aber noch nicht eingestellt hat. »Tourkoller« wird das oft genannt. Eine latente Gereiztheit liegt in der Luft.

Aus dem Getränkekarton im Bus wird eine Flasche Whiskey angeschleppt. Je langweiliger der Abend, desto mehr scheinen Manche aus der Band es wissen zu wollen. Wir teilen uns auf. Die eine Hälfte fährt mit dem Sprinter zum Hotel, wer noch bleiben will, kommt später mit dem Taxi hinterher. Ich weiß nicht, was ich will, aber Simon will noch hier bleiben. Das erleichtert meine Entscheidung, mit zum Hotel zu fahren, denn Simon und ich haben ein Zimmer zusammen, das ich somit noch für eine Weile alleine habe. Zum Fernsehen, zum an mir Rumspielen, oder zum einfach nur mal so alleine sein.

»Sollen wir los?«

»Wir warten noch auf Mario, der Trottel hat mal wieder sein Handy irgendwo liegen lassen.«

»Oh Mann, der soll mal einheizen, ich will ins Bett!«

7.

»Ey Tourneeleitung, wann müssen wir morgen früh los?«

»Zehn Uhr.«

»Warum so früh?«

»Schikane.«

Das war gestern Abend, und wir haben uns bepisst vor Lachen. Der Ton hier ist rau. Hart aber unherzlich, sozusagen. Außenstehende halten uns für irre Arschlöcher, die sich nicht für zehn Cent leiden können, und manchmal sind wir das auch.

»Quarz mal nicht so in meine Richtung!«

»Ich schlag gleich in deine Richtung, du Penner.«

Besonders derbe Anmachen werden mit großem Gelächter belohnt. Genüsslich zieht man über die Schwächen des anderen her. Es gibt eine Art demokratische Verteilung dabei, jeder ist mal dran, und wer sich die Blöße gibt, allzu eingeschnappt auf eine Anmache zu reagieren, muss damit rechnen, dass von nun an ständig darauf rumgeritten wird. Als ich vor zwei oder drei Jahren mal innerhalb weniger Monate ein paar Kilo zugenommen hatte, begann Mario, mich »der Dicke« zu nennen. Hätte ich mich damals nicht so darüber aufgeregt, wäre das sicher recht schnell im Sande verlaufen. Jetzt aber nennen mich die Typen in meiner Band immer noch ab und zu so. Jedes Mal könnte ich Mario dafür eine reinhauen, darf mir das aber nicht anmerken lassen.

Von der Tourneeleitung wird der angewandte Reisegruppendarwinismus gutgeheißen. »Humpelnder Hase, wird schnell draufgehauen«, sagt er, und behauptet, das wäre ein bekanntes Sprichwort, wir seien nur alle zu blöd, es zu kennen.

Es gibt Allianzen und Koalitionen, die aber selten von Dauer sind. Man sucht sich bei einem Thema Verbündete, steht diesen unter Umständen aber beim nächsten Disput schon zähnefletschend gegenüber. Den harten Macker zu spielen und bloß keine Schwäche zu zeigen, ist die eine Variante. Ich mache es lieber andersrum und suche Unverwundbarkeit dadurch, dass ich all meine Schwächen offen lege und dadurch den anderen den Wind aus den Segeln nehme. Ich weiß nun mal nicht, in welche Richtung man ein Schloss aufschließt, und wenn es nicht eindeutig markiert ist, weiß ich nicht, wo bei einem Duschknauf das kalte und wo das warme Wasser ist. Ich bin ungeduldig, schnell genervt und ständig überreizt. Ich bin oft unverhältnismäßig hart in meinem Urteil und neige zur Übertreibung. Wenn ich mich für etwas begeistere, für einen Film, ein Buch oder einen Song, reagiere ich manchmal so euphorisch, dass meine Freunde nur noch augenrollend abwinken. Dasselbe passiert, wenn ich mit ganzem Körpereinsatz meine Abscheu über eine Person, eine Band oder eine Angewohnheit kundtue. Ich habe keine Ahnung von Technik oder Naturwissenschaften, Fußball oder Autos, kann schlecht schmecken und gar nicht riechen, und nach dem Essen habe ich ständig Spinatfäden oder Mohnkörner zwischen den Zähnen hängen. Meine Fürze klingen wie der Dieselmotor unseres früheren Bandbullis. Ich lache selbst am lautesten darüber. Dadurch, dass ich mich über mich selbst lustig mache, nehme ich den anderen den Spaß daran. Es klappt zwar nicht immer, aber wenigstens manchmal.

»Was gibts denn zu mampfen?«

»Auflauf, schmeckt gut!«

»Bah, Auflauf ist doch der letzte Scheiß! Jeder Idiot kann einen Haufen Unrat in eine Schüssel werfen und Käse drüber streuen. Aber du frisst ja eh nur Mist. Du hast überhaupt keine Ahnung von Essen!«

»Jaja, ist ja gut, musst nicht gleich so grantig werden.«

»Ich bin überhaupt nicht grantig!«

»Bist du wohl, die ganze Zeit schon. Diespasstmirnicht, daspasstmirnicht …«

»Ey, DU laberst mich doch die ganze Zeit so dumm von der Seite an! Du Arschloch!«

Schon seltsam, wie sehr man sich voneinander entfernt, wenn man so viel aufeinander hängt. Wir sind wie ein altes Ehepaar. Wir sehen uns jeden Tag, und doch kriegen wir zuweilen sehr wenig vom anderen mit, weil der Alltag uns weniger aufmerksam, weniger sensibel macht. Weil wir uns so sehr aneinander gewöhnt haben und es als selbstverständlich ansehen, die Zeit miteinander zu verbringen. Respekt und Achtung schwinden schnell, wenn man sich zu viel auf der Pelle hängt. Und hier hat schließlich keiner die Möglichkeit, mal einen Tag von den anderen frei zu nehmen. Wir sind immer die Band, das Kollektiv, und dem muss im Zweifel alles andere untergeordnet werden. Wer damit nicht klarkommt, hat auf so einer Tour nichts verloren. Um dem Ganzen wenigstens temporär entfliehen zu können, müssen wir uns kleine Nischen schaffen. Manchmal fühle ich mich schon deutlich entspannter, wenn ich nur mal eine Viertelstunde alleine auf dem Klo gesessen und dort geschrieben, gelesen oder auch nur die Wände angestarrt habe.

»Sag mal Werner, hast du dir die Haare blondiert?!«

»Ja, wieso, passt dir was nicht?«

»Sieht total behindert aus!«

»Das kommt ja vom Richtigen. Wie fühlt man sich eigentlich mit so einer Hitlerjugend-Memorial-Frisur?!«

»Na, immerhin trage ich keine scheißefarbenen Schuhe wie du.«

Eigentlich sind wir wirklich gute Freunde, ehrlich! »Was sich liebt, das neckt sich«, heißt eins von den Sprichwörtern, die man auch außerhalb von Tourneeleitungskreisen kennt, und da scheint was dran zu sein. Wir vergreifen uns beim Necken nur leider oft im Ton. Ich beschließe, dass wir wieder freundlicher zueinander sein, liebevoller miteinander umgehen müssen. Schließlich sind wir eine kleine Familie. Ohne unsere Freundschaft wären wir nur ein weiterer Verein, aneinandergebunden aus Zweck- oder Gewohnheitsgründen, nicht besser als Kaninchenzüchter, Fußballmannschaften oder die zerstrittenen Familien meiner Eltern. Ich muss einen Anlauf starten, ich muss das loswerden. Vielleicht später, oder morgen, jetzt ist auf jeden Fall nicht der richtige Zeitpunkt dafür. Ich bin zu kaputt, und wir sind alle sauer, weil Dr. Menke und Kowalski derbe verpennt haben.

Wir sitzen auf dem Parkplatz vorm Hotel im Bus und warten. Die Tourneeleitung musste die beiden vor zehn Minuten regelrecht aus den Betten zerren. Sie haben sich wahrscheinlich

noch die Nacht in der Nichtslosdisco mit literweise Großmaul-
suppe (Whiskey-Cola) um die Ohren gehauen. Eine Fünfhun-
dert-Kilometer-Fahrt liegt vor uns und wir haben keine Zeit zu
verlieren. Der Langsamste bestimmt das Tempo, so einfach ist
das. Der Langsamste ist hier nicht besonders beliebt. Als sie endlich ihre Taschen auf die Rückbank werfen und schuldbewusst
schweigend einsteigen, starren alle genervt geradeaus. Werner
sitzt am Steuer und versucht, die Stimmung aufzulockern.

»Hey, sollen wir uns nicht alle gegenseitig was zu Weihnachten schenken?«

»Halt die Schnauze und fahr los.«

Alle lachen über meine gelungene Gehässigkeit.

Du hast einen Kloß im Hals, als du deinen Großvater zum
ersten Mal seit Jahren wiedersiehst. Er hat so oft nach
dir gefragt, das hat man dir immer wieder erzählt.
Als Kind hast du ganze Tage bei Opa und Oma verbracht.
Wenn deine Mutter arbeiten war, oder an den Wochenenden.
Immer wolltest du dort schlafen, immer war es toll bei
ihnen. Du durftest viel länger aufbleiben als zu Hause,
und der Vorrat an Schokolade war schier unerschöpflich.
Und jetzt — Jahre ist es her, dass du ihn zuletzt getroffen
hast. Deine Oma ist schon lange tot. Du wusstest, dass er
heute hier sein würde, auf dieser Familienfeier, vor der
du dich nach Jahren der Abstinenz nicht drücken konntest.
Er spielt auf einem Keyboard, und du setzt dich dazu.
Du glaubst zu erkennen, dass er seine Augen nur mit Mühe
und Not trocken halten kann, als er dich anschaut. Ihr
unterhaltet euch. Er versucht, die Fassung zu wahren,
und du rechnest ihm das hoch an. Du gibst dir alle Mühe,
versuchst lustig zu sein und charmant. Er fragt dich nach
deiner Musik, und du erzählst ihm davon. Er bewundert
deine Bescheidenheit, als du ihm erzählst, dass du kein
Auto hast, kein Geld, keinen Urlaub und keine Aussicht

auf irgendwas davon, und dass es dir trotzdem gut geht.
Er hat vielleicht schon vor langer Zeit damit abgeschlos-
sen, dass aus dir noch mal was Ordentliches wird, und nun
respektiert er dich dafür, dass du überhaupt schon so
lange durchgehalten hast.

»Gibt es nicht mehr oft, dass jemand so zufrieden und
bescheiden ist.«

Er meint es ernst. Hieltest du dich nicht selbst immer
für unzufrieden? Seltsames Gefühl, von einem Fünfundacht-
zigjährigen soviel Respekt entgegengebracht zu bekommen.

Er ist ein Lichtblick auf dieser Versammlung, und er
geht viel zu früh. Du nimmst dir mal wieder so allerhand
vor, regelmäßige Besuche und Anrufe, mehr Interesse,
Geschenke, und kurz darauf lachst du dich selbst aus,
weil du weißt, dass das ja doch wieder nichts wird.
Du gehörst hier nicht hin, in diese Welt. Du bist nicht
bereit dafür. Nicht bereit für die Geburtstagsfeierunter-
haltungen. Nicht bereit für den Overload an Verwandt-
schaft. In dir verkrampft sich alles. Es ist beklemmend.
Wie Ersticken. Du hast dich immer wie stranguliert gefühlt, an diesen langen öden grauen Sonntagnachmittagen
als Kind, wo zwischen Kaffee und Kuchen und endlich,
endlich Heimfahrt die Pflicht bestand, dir unangenehme
Fragen von Onkels und Tanten und langweilige Spiele
mit den doofen Cousinen gefallen zu lassen. Jetzt sitzen
sie da. Nicht alle, nur ein paar, aber das reicht. Sie
lassen sich nichts anmerken, verhalten sich, als sei es
ganz normal, dass du plötzlich neben ihnen sitzt. Dennoch fühlst du dich beobachtet. Du kennst sie noch, hast
sie aber Jahre nicht gesehen. Du willst sie auch nicht
sehen. Als du fünfzehn warst, hast du dir gedacht, dass
jeder von denen nach starker Hand und Arbeitslager
schreit, wenn er euch Punks in der Stadt rumhängen sieht.
Die wollten euch doch am liebsten alle vergasen. Diese

Erkenntnis war für dich ein spitze Vorwand, endlich mit
gutem Gewissen alles abzubrechen. Und jetzt sitzt ihr
hier zusammen, und sie geben sich Mühe, nett zu sein.
Und nichts ist mehr schwarzweiß.

Die erwachsen gewordenen Gesichter von Cousins und
Cousinen. Du verwechselst ihre Namen. Onkel und Tanten
müssen erst von irgendwem angesprochen werden, bevor
du sie wieder einordnen kannst. Manchmal ein Lachen oder
ein Blick, der Erinnerungen wachruft. Dein Bruder hält
dich auf dem Laufenden.

»Wo ist denn eigentlich Onkel Willi?«

»Ach, der kommt doch nicht. Hat sich doch schon vor
Jahren mit Udo zerstritten, als sie versucht haben, dessen
Ex-Frau um ihren Anteil am gemeinsamen Haus zu bescheißen. Seitdem reden sie kein Wort mehr miteinander. Wenn
eine größere Familienfeier ansteht, gibt es immer genaue
Sitzpläne, damit die beiden nicht an einem Tisch sitzen
müssen.«

»Ach, stimmt ja, ganz vergessen.«

Du erinnerst dich: Hier sind alle untereinander zerstritten. Die Leichen im Keller stinken meilenweit gegen
den Wind, aber nie verliert jemand ein Wort darüber.
Alle wahren den Schein und verbringen den Nachmittag
mit abgeschmackten Bemerkungen über dies und das.

»Jaja, komm du erstma anne sechzich«, sagt der eine.

»Du bis' doch noch gar keine sechzig!«, entgegnet der
andere.

»Anne sechzich hab ich gesagt. *Anne* sechzich! Ich bin
mehr sechzich als wie fünfundfünfzich.«

»Mehr sechzig als wie fünfundfünfzig, da haste Recht,
ja.«

»Mehr sechzich.«

»Ja.«

Schweigen.

»Ja, so is das alle.«

Schweigen. Dann, zur Tante: »Wie alt bist du gewesen?«

Tante: »Einundfünfzig. Ich werd jetzt zweiundfünf-
zig.«

»Mhm.«

»Ja.«

Schweigen.

»Ich mach das dunkle Hefeweizen lieber als wie das
helle. Mach ich irgendwie lieber. Würziger ist das.«

»Ja?«

»Ja.«

Schweigen.

»Das is würziger, das Dunkle. Irgendwie.«

»Mhm.«

Du bist der stille Betrachter. Körperlich anwesend,
geistig voll da, aber auf einem anderen Planeten. Weil du
niemanden brüskieren willst, bist du gezwungen, ab und
an Regungen zu zeigen. Ein Lächeln hier, ein Kommentar
dort. Zum Glück blitzt und donnert es seit über einer
Stunde, das gibt euch Gelegenheit, wenigstens ab und zu
aufs Wetter zurückzukommen. Besser, als über Politik zu
reden (»Die da oben machen doch sowieso, was sie wollen.«
– »Ja, und wer muss das ausbaden? Der kleine Mann!« –
»Richtig!«), oder über deine berufliche Zukunft (»Ist ja
schön und gut, so ein Hobby zu haben, aber irgendwann
muss man auch mal was Richtiges machen, meinst du nicht
auch?!«), oder über Freisprecheinrichtungen fürs Handy,
die übers Autoradio laufen.

»Gibt es bei eBay.«

»Bei eBay, da gibts alles. Alles gibts da!«

»Bist du auch da?«

»Ich bin da auch. Kannst du dein Butterbrot verkaufen,
da bei eBay. Alles. Alles.«

»Ja. Wahnsinn.«

»Wahnsinn ist das, was du da alles kaufen kannst.
Und verkaufen.«

»Mhm.«

»Ulla, hast du noch so 'ne Kaltschale!«

Ach, das ist doch der Hüskamp von drei Häuser weiter,
der dich damals erwischt hat, als du mit den älteren
Jungs aus der Nachbarschaft versucht hast, mit einer
Schrotflinte Tauben abzuschießen. Der ist ja auch ganz
schön alt geworden. Er winkt mit seiner Bierflasche,
und alle lachen wegen seiner pfiffigen Ausdrucksweise.
Ulla bringt ihm ein neues Bier. Alkohol ist der Stoff,
der hier alles zusammenhält. Wie überall anders auch.

Du führst dein Glas schon mechanisch an den Mund.
Kostest jeden Schluck voll aus. Du willst so wenig sprechen wie irgend möglich.

Und wie oft du heute schon aufs Klo gerannt bist!
Sitzt einfach da auf der Klobrille und starrst die
Regale an. Du hast hier mal gewohnt. Es sieht hier
immer noch so aus wie vor fünfzehn Jahren. Glaubst du
jedenfalls. Da draußen hinterm Haus hast du deine Kindheit verbracht. Zu der Zeit standen dort noch keine
Häuser. Nur Wiesen, Felder, ein paar Pferde. Der Wald,
in dem ihr Hütten gebaut habt. Die Maisfelder, in denen
du zum ersten Mal geraucht hast. Seltsam, du kannst
dich kaum dran erinnern. Du denkst an Fotoalben, und
einiges fällt dir wieder ein. Aber das meiste ist weg,
unwiderruflich gelöscht. Du vergisst alles, was du
nicht aufschreibst. Vielleicht ist das die Begründung
für deinen Wahn. Du willst schreiben, schreiben,
schreiben. Auch jetzt. Aber du kannst dich doch nicht
bei denen an den Tisch setzen und mitschreiben, was sie
reden. Die würden dich für total bekloppt halten, und
womit? — Mit Recht! Du bist ihnen ohnehin schon nicht
geheuer.

Immerhin versuchen sie, die Haltung zu wahren. Sie versuchen, sich nichts anmerken zu lassen, damit die Zeit für euch alle einigermaßen erträglich und ohne große Differenzen vorübergeht. Ist schließlich nicht ihr Geburtstag oder deiner. Ihr habt kein Recht, euch aufzuführen, wie es euch gerade passt. Und bevor hier irgendwem der Alkohol zu Kopf steigt, bist du sowieso weg.

Wieder am Tisch.

»Willst du noch, nimm doch noch ...«

Shiny Happy People. Kreidefresser. Seifenblasentrinker. John Lennons warme Waffe: lächeln lächeln lächeln. Du springst auf und täuschst einen wichtigen Anruf am Handy vor, damit du eine Weile auf dem Flur stehen kannst. All diese Uhren hier. Der Uhrentick deines Vaters, eine weitere Sache, die du verdrängt hattest. Überall tickt und tackt und klickt and klakatakackt es. Die Garderobe da – neu oder uralt? Hattet ihr die damals schon? Du weißt es nicht. Es ist alles weg. Völlig surreal, dass du wirklich mal hier gelebt haben sollst. Wie ein Film, den du einst im Kino gesehen und längst vergessen hast. Du fühlst dich wie ein Eindringling. Wie ein Alien von einem anderen Stern. Du hast Tränen in den Augen. Wenn du nicht wüsstest, dass ihr heute Abend noch probt, würde dir auf der Stelle der Kopf platzen. Du willst zu deinen Jungs in den Proberaum und Krach machen. Oder auf Tour fahren. Einfach in Bewegung sein. Keine Wurzeln haben.

Und du willst nicht mal die Ruhe stören. Du willst nur einfach nicht dazugehören.

Kaum zu glauben, wie viel Spaß diese Songs machen. In der derzeitigen Setlist gibt es kein Lied, das ich ungern spiele. Sicher, einige sind anstrengender zu singen als andere, aber bei denen gebe ich mir sogar besonders viel Mühe. Ich habe hier etwas zu beweisen, der ganzen Welt, vor allem aber mir selbst. Jeden Abend muss ich diesen hervorragenden Liedern gerecht werden, und ich nehme die Herausforderung mit Freude an. Es verschafft mir eine animalische, tiefe Lust, diese Akkorde zu spielen, diese Sätze zu singen, mich zu diesen Beats zu bewegen. Mein Körper steht komplett unter Strom. Jeder Muskel weiß, was er zu tun hat. Das Gehirn denkt keinen Gedanken zuviel. Ich konzentriere mich aufs Wesentliche. In den richtigen Momenten ist es eine Ekstase von sexuellem Ausmaß. Und dann sind da ein paar Stücke, die schon so lange dabei sind. Lieder, die wir schon zwei- oder dreihundert Mal gespielt haben, und die sich einfach nicht abnutzen. Jeden Abend ist es aufs Neue ein Fest, sie zu spielen. Manche Zuschauer beschweren sich zwar, dass zu wenig alte Lieder dabei sind, aber das ist mir egal. Ich will nur spielen, was mich kickt. Schließlich muss das Konzert in erster Linie uns Spaß machen. Wenn es uns keinen Spaß macht, wird es auch dem Publikum nicht gefallen, denn wir sind zum Glück nicht professionell genug, nur eine Show runterzuspielen. Man würde es uns anmerken, wenn wir nicht voll und ganz bei der Sache wären. Also ignoriere ich die Nörgler und versuche, mich so gut wie möglich auf mich selbst zu konzentrieren und mich von nichts ablenken zu lassen. Aus Respekt vor der Musik. Diese Lieder haben es verdient.

Zweite Woche.

1.

Der heiß ersehnte Offday wird zum Travelday. Es war klar, dass die Strecke nicht in weniger als sechs Stunden zu bewältigen sein würde, aber den Stau haben wir nicht eingeplant. Nach fünfzig Kilometern Fahrt stehen wir schon drin. Erika, die Sprecherin unseres Navigationssystems, sagt im Zwei-Minuten-Takt: »Sie befinden sich auf einer nicht-digitalisierten Straße.« Ich bin müde. Das Gefühl, nicht voran zu kommen, drückt mir zusätzlich aufs Gemüt. »Wenn möglich, bitte wenden!« Erika, du machst mir Späße.

Ich würde gerne lesen, aber ich kann nicht. »Fräulein Smillas Gespür für Schnee«, zu Hause angefangen und gleich drin versunken, und jetzt: Seit Beginn der Tour habe ich nicht mal zwanzig Seiten geschafft. Seit zwei Tagen keine Zeile gelesen. Ich kann mich in diesem Bus einfach nicht ausreichend auf ein Buch konzentrieren, nicht mal einen Spiegel-Artikel mittlerer Länge schaffe ich noch in einem Rutsch. Ich brauche beim Lesen immer ein paar Seiten, um wieder reinzukommen, und das ist nicht möglich, denn es vergehen keine fünf Minuten, ohne dass jemand rumgrölt, Handys klingeln, Menschen telefonieren, zum Pinkeln angehalten wird oder jemandem die Musik zu leise oder zu laut oder die Heizung zu niedrig oder zu hoch ist.

»Vorsicht auf der A44 Richtung Kassel, auf der Höhe Kassel-Wilhelmshöhe fünf Kilometer zähfließender Verkehr!«, sagt Erikas leibhaftige Kollegin aus dem Radio.

»Wenn möglich, bitte wenden!«, sagt Erika.

Von der Rückbank erschallt nur nervtötendes Gegröhle. Mario und Kowalski haben eine neue Lache entdeckt, sie geht so: »U – uu – uaa – aah – aaahh – aaaargh!« Das heißt, sie fängt laut und tief und fies an und steigert sich innerhalb kürzester Zeit in sehr laut, sehr tief und sehr sehr fies. Angeblich inspiriert von einer Szene in »Toy Story«, den sie gestern während der Fahrt geguckt haben. Wie immer, wenn sie etwas Neues gefunden haben, zelebrieren sie es bis zum Gehtnichtmehr. Von Mal zu Mal werden sie lauter, und von Mal zu Mal finden sie es lustiger und wiehern wie die Pferde, da hinten in ihrer letzten Reihe, auf den billigen Plätzen.

Vor Jahren hat mir meine gute Freundin Karen während einer Backstageparty mal eröffnet, dass wir klingen und uns verhalten wie ein rollendes Männerwohnheim. Ich habe ihr sofort zugestimmt, und damals klang Kowalskis Lache noch nicht halb so dreckig wie jetzt.

Ich schreibe eine SMS an Torti. »Hey Sweetheart, alles im Lack? Hier ja. Kommst du nächsten Donnerstag zum Konzert? Mach mal, und bring Heike mit!«

»U – uu uaa – aah – aaahh –aaaargh!«

Es macht mich fertig, dieses neverending Ferienlager, hört das denn niemals auf?! – Insgeheim denke ich: hoffentlich nicht. Und wenn ich ehrlich bin, ich würde wahrscheinlich sogar mitlachen, wenn ich jetzt hinten bei Kowalski und Mario säße. Aber mein Platz ist hier. Am Sitz vor mir hängt meine Jacke, links zwischen Kopflehne und Fenster klemmt das Kissen, das ich am zweiten Tag im Hotel geklaut habe. Neben mir stiert Sepp mit leerem Blick geradeaus in den Stau, und da unten steht meine Umhängetasche und raubt mir das letzte bisschen Beinfreiheit. Hier ist mein Platz, hier gehöre ich hin, und ich habe mich entschlossen, jetzt für eine Weile schlecht gelaunt, wortkarg und eigenbrötlerisch zu sein.

Als Mario eine besonders ätzende Variation der fiesen Lache gelingt, gibt es lautstarken Applaus, und sogar ich muss in mein

Kissen grinsen. Heimlich, denn ich will nicht, dass es jemand mitbekommt.

»A 44 Richtung Kassel, zwischen Anschlussstelle Zierenberg und Kassel-Wilhemshöhe nach einem Unfall neun Kilometer Stop-and-go.«

Irgendwo piept ein Mobiltelefon, das müsste die Antwort von Torti sein. Gierig krame ich nach meinem Handy, aber bevor ich enttäuscht feststellen kann, dass ich keine neuen Nachrichten habe, höre ich auch schon Kowalski durch den Bus brüllen.

»SMS für Kowalski!!! U – uu uaa – aah – aaahh –aaaargh!«

Und was ist eigentlich mit Torti los. Vor zwei Wochen waren wir noch zusammen aus; eigentlich hatte ich gar keine Zeit, habe mir aber welche genommen, weil er zufällig in der Stadt war und ich den Kerl so gerne mag. Wir haben den ganzen Abend an der Bar gesessen, nur wir beide, außer Tresen nichts gewesen, und als wir voll waren, haben wir uns gegenseitig unsere Liebe geschworen, und es war mehr als das betrunkene »Du-bis-main-allerbesser-Freund«-Gelalle, es war echt, real, fucking ernst gemeint, straight from the heart und true to the game und so. Den ganzen Abend über hat er versucht, mich zu überreden, in seine Stadt zu ziehen, weil er mich so vermisst undsoweiterundsofort ... und jetzt?! – Seit Tagen hat er sich nicht bei mir gemeldet. Genau genommen hat sich seit Tagen niemand bei mir gemeldet, von meinem Mitbewohner mal abgesehen, und der wollte auch nur wissen, ob ich aus Versehen den Kellerschlüssel mit auf Tour genommen hätte. Es piept schon wieder irgendwo. Ich bücke mich gar nicht erst nach meinem Handy.

»SMS für wen? – Für Ko-Master Walski!!!«

Er klingt dabei so triumphierend, als könnte er meine Gedanken lesen, meine Enttäuschung spüren, als wollte er mir noch mal so richtig einen mitgeben und mit seiner penetrant guten Laune auf meinen Gefühlen rumtrampeln. Seit ich ihn kenne, hat der Penner so gut wie nie Guthaben auf dem Handy, und alle haben sich dran gewöhnt, schicken ihm Nachrichten, rufen ihn an ... – Das hat der doch gar nicht verdient!

Oh ja, wütend sein, etwas fühlen, das tut gut. Anger is a gift, das wussten schon Rage Against the Machine, und die wussten so einiges. Aber ich denke mich nur kurz in Rage, trete aus meinem Körper, beobachte mich selbst und frage mich dann: Was zum Teufel machst du da? Was können denn Kowalski oder Torti dafür, dass es dir scheiße geht? Du elender selbstgerechter Jammerlappen! Im nächsten Augenblick stürzt meine warme Höhle aus Wut ein wie ein Kartenhaus, und es dominiert wieder diese leise, unaufgeregte Traurigkeit.

Ich bin ewig nicht mehr allein gewesen und trotzdem einsam as hell. Das ist nichts Neues, ich war schon oft in meinem Leben an diesem Punkt. Ständig. Es macht mich wahnsinnig, dass ich es nicht schaffe, mich an diesen Zustand zu gewöhnen und mich irgendwie mit ihm zu arrangieren. Ich fühle mich verweichlicht. Es schützt keine Masse vor Einsamkeit. Eine Textzeile, die ich vor zwölf Jahren in einem Buch von Peter-Jürgen Boock, dem RAF-Aussteiger, gefunden und gleich für einen Songtext geklaut habe, und die jetzt in meinem Kopf zirkuliert wie ein Refrain auf Repeat. Es gibt nichts Schlimmeres als eine juckende Stelle, die man nicht kratzen kann. Noch so eine Zeile. Es ist wahrscheinlich kein Spaß, mit jemandem befreundet zu sein, der ständig unterwegs ist, der einen Großteil seines Lebens mit anderen verbringt, die meisten seiner Erfahrungen mit anderen teilt, und der, wenn er mal zu Hause ist, ganz andere Sachen im Kopf hat. Einer, der sich anstrengen muss, über was anderes als Band, Tour und Musik zu reden. Aber ich dachte, ich hätte mir immer Mühe gegeben, ein paar soziale Kontakte zu pflegen. Dass sich jetzt gar niemand bei mir meldet, keine Anrufe, keine SMS, keine E-Mails, keine Nachrichten aus der Heimat, das macht mich fertig. Torti, wo bist du? Wo sind denn alle hin? Kommt mir vor, als würde ich niemanden mehr kennen, außer den Typen hier im Bus, und die Typen hier im Bus gehen mir auf den Sack.

Ich brauche Input. Ich lechze nach Inspiration. Ich muss raus aus diesem Sud. Stattdessen treten wir auf der Stelle. Kein Vorankommen. Draußen immer noch Stau. Und drinnen erst.

Du stehst mit einem Wodka-O im Bad vor dem Spiegel. Früher hast du deiner Mutter gerne dabei zugesehen, wie sie sich ausgehfertig gemacht hat. Wie sie sich geschminkt, angezogen, wieder umgezogen hat. Wie sie dich nach deiner Meinung zu dieser oder jener Bluse fragte. Deine Meinung hatte Gewicht. Du warst kein kleiner Junge mehr, oh nein. Du warst ein junger Mann, auf dessen Urteil man Wert legte. Auch wenn es danach hieß, dass du nicht alle Chips aufessen und spätestens um elf ins Bett gehen solltest.

Dann hast du all das vergessen, und jetzt, zehn, fünfzehn Jahre später, hast du wieder große Freude daran. Früher Samstagabend, die Mitbewohner sind außer Haus, die Stereoanlage ist voll aufgerissen und spielt unsterbliche Songs von Samiam. Burn the House Down.

Erst rasieren, danach das Gesicht waschen, dann die Augen schminken und daraufhin die Schminke wegwaschen, bis nur noch ein kleiner Rest davon auf den Lidern sitzt. Das wirkt dann nämlich nicht geschminkt, sondern übernächtigt, geheimnisvoll und cool. Danach nochmal das Gesicht waschen, Seife in die Haare schmieren, und schließlich das Gesicht mit Nivea eincremen. Was dabei rumkommt ist nicht das Wichtigste, es ist der Akt an sich, der zählt. Die Platte umdrehen, das Glas nachfüllen. Sich freuen über das Klingeln der Eiswürfel im Glas. Über das Zischen und Knacken, wenn man den Wodka über das Eis gießt. Über das voller werdende Gelb, wenn man den O-Saft hinzufügt. Von unten in den Spiegel gucken, da wirkt das Gesicht nicht so dick. Du siehst gar nicht mal so schlecht aus, denkst du nach einem weiteren Glas.

Es klingelt an der Tür. Du rennst in dein Zimmer,
drehst die Musik leiser, schließt die Vorhänge, knipst
die kleine Lampe an und die große aus, rennst zur Tür,
drückst den Türöffner. Da ist sie. Du erkennst es am
Klang ihrer Schritte. Rennst noch mal in dein Zimmer
und schießt die viel zu altherrenmäßig aussehenden Haus-
schuhe in die Ecke. Zurück in den dunklen, kalten Hausflur. Sie hat kein Licht gemacht, das ist gut. Du hörst
ihre Schritte, spürst ihr Keuchen. Sie ist mit dem Fahrrad gekommen, es ist kalt draußen. Im Gehen nimmt sie
die Mütze ab, zieht sich die Handschuhe aus, öffnet ihren
Wintermantel. Wie sie keucht und stöhnt, so erledigt
und doch so wach. Als sie am vorletzten Treppenabsatz
angelangt ist, gehst du in die Hocke und breitest deine
Arme aus. Jetzt siehst du ihren Kopf. Jetzt ihre Augen.
Sie guckt verdutzt, dann lächelt sie. Strahlt übers ganze
Gesicht. Die letzten Stufen stürzt sie hinauf. Du erhebst
dich aus deiner Hocke, mit großen Augen kommt sie auf
dich zu. Du schwingst deine Arme um ihren Hintern und
hebst sie hoch. Sie nimmt deinen Kopf in ihre Hände und
drückt ihn sich an die Brust. Die Kleidung ist kalt, aber
ihr Körper ist warm. Du hörst ihr Herz pochen. So ver-
harrt ihr einen Moment lang ineinander, dann lockerst
du deinen Griff und lässt sie vorsichtig hinabsinken, bis
du eine Hand an ihrem Schulterblatt, die andere an ihrem
Arsch hast. Ihre Füße baumeln noch immer einige Zenti-
meter über dem Boden. Du hältst sie so fest du kannst und
schaukelst ihren Körper leicht hin und her. Du spürst
ihren warmen Atem an deinem Ohr.

»Hallo Schätzchen«, flüstert sie. Du bekommst auf der
Stelle eine Gänsehaut.

»Hallo, selber Schätzchen!«

Du trägst sie in die Wohnung, schließt die Tür mit
dem Fuß und bringst sie in dein Zimmer. Sie krallt sich

immer fester an dich, küsst deinen Hals und deine Ohren.
Du spürst, wie ein kalter Tropfen Schnotte von ihrer
Nasenspitze unter dein T-Shirt tropft und erschauderst.
Vor Kälte, vor Freude, vor Glück. Du setzt sie auf deinem
Bett ab. Nimmst ihr Mütze und Handschuhe aus der Hand.
Sie lächelt stumm und lässt dich machen. Du lockerst
ihren Schal und wickelst ihren Hals frei. Schälst sie
aus ihrem Mantel, wobei du zuerst die Schultern befreien,
sie dann sanft auf den Rücken legen und auf den Bauch
rollen musst. Du wirfst den Mantel über die Sofakante,
dann rollst du sie zurück auf den Rücken. Wie hübsch
sie ist. Die bilderbuchroten Wangen. Die feuchten Augen.
Die dunkelblonden Haare, in alle Himmelsrichtungen auf
die samtrote Bettdecke verteilt. Du kniest dich vors Bett,
hebst ihr linkes Bein, öffnest die Schuhbänder ihres
Turnschuhs und schmeißt ihn in die Ecke. Dasselbe mit
dem anderen Bein. Du ziehst ihr die dicken Socken aus
und küsst ihre Zehen. Du befreist den Raum zwischen zwei
Zehen von kleinen Stückchen schwarzer Wolle und legst
dich neben sie aufs Bett. Ganz nah an ihre Brust, wo du
ihr Herz hören und spüren kannst. Das tollste Mädchen
auf der Welt. Sie legt einen Arm um dich und sagt nichts.
Nur dieses leise Brummen, wie das Schnurren einer Katze,
wenn sie sich wohlfühlt. Monoton, beruhigend, einlul-
lend. Du gräbst deinen Kopf zwischen ihre Brüste und hast
nicht das Bedürfnis, diese Stille zu unterbrechen. Sie
küsst deinen Hals, deine Ohren, deinen Kopf, dein Gesicht.
Niemand sagt etwas. Ihr liegt einfach so da. Minutenlang.
Lauscht dem Knistern der Platte, dem Heben und Zurück-
fahren des Tonarms, der Stille. Ihr habt es nicht eilig.
Ich habt alle Zeit der Welt. Nichts kann euch passieren.

Das wird ein guter Abend. Ihr seid euch so nah, wie
sich zwei Menschen nur nah sein können. Egal, was heute
passiert, nichts kann euch etwas anhaben. Du liebst

dieses Mädchen, alles verblasst neben ihr. Du glaubst,
für immer mit ihr zusammenbleiben zu können. Du kannst
dir keine glücklicheren Menschen vorstellen als sie und
dich, in diesem Moment.

»Achtung, Unfall auf der A 44 zwischen Zierenberg und Kassel-
Wilhemshöhe, es sind jetzt achtzehn Kilometer Stop-and-go.
Wir empfehlen Ihnen, die Unfallstelle weiträumig zu umfah-
ren.«

»Wenn möglich, bitte wenden.«

»U – uu – uaa – aah – aaahh –aaaargh!«

Wir können nicht wenden, es gibt kein Zurück. Wir müssen
da jetzt durch. Und wenn ich schon nicht lesen kann, will ich die
Fahrtzeit wenigstens für ein wenig Schlaf nutzen. Ich greife in
meine Tasche, stopfe Smilla in das hintere Fach und hole stattdessen meinen MD-Player heraus.

»Slow-Mo Action« heißt die eigens zu diesem Zweck auf-
genommene MD, lauter ruhige, einlullende Lieder, die mich abholen, an die Hand nehmen und in ein anderes Land führen, in
das Land der Töne und Rhythmen, der Schmerzen und der Hoffnung, in ein besseres Land, eins, in dem man nur auf sein Gefühl
hört und immer weiß, wo man hingehört. Ich begebe mich in
eine nicht sehr rückenschonende Sitzschlafposition und drücke
meinen Kopf zu den ersten Tönen von Sheryl Crows Version
von »The First Cut is the Deepest« langsam in das gemütliche,
etwas gammelige Kopfkissen. Ich höre noch, wie sie sich hinter
mir darüber streiten, wer da gerade gefurzt hat und freue mich
wie fast jeden Tag über die Tatsache, dass ich nicht riechen kann.
Es wird ja doch nur davon geredet, wie sehr es gerade stinkt, nur
selten erwähnt mal jemand, dass irgendwas besonders gut
riecht. Na ja, ist wahrscheinlich kein Wunder bei diesem Haufen
kettenrauchender Typen mit ihren Taschen voller Schweißge-
päck und den Dutzenden von halb leer getrunkenen Schnaps-
flaschen unter der Sitzbank. Die gestern unter meinem Sitz aus-

gelaufene Flasche Wodka hat noch nicht mal jemand registriert. Scheint den Normalgeruch in diesem Sprinter nicht großartig verändert zu haben.

Schon beim zweiten Lied fallen mir die Augen zu. Das Lied heißt »Consequence«, die Band The Notwist, der Sänger Markus Acher, und er klingt so vertraut wie ein alter Freund, weil ich seine Musik schon höre, seit ich ein kleines Hardcore-Kid war, und der alte Freund singt mit warmer Stimme weise Worte in mein Ohr: »Fail with consequence, lose with eloquence and smile«. Ich denke: »Alter, ich weiß genau, wie du das meinst!«, und er singt weiter: »You're not in this movie, you're not in this song«. Und ich sage zu ihm: »Oh doch, das bin ich!«, und er singt »Never«, und dann: »Leave me paralyzed, love«, und dazu fällt mir nichts mehr ein, und dann bin ich raus.

Lachend und vergnügt quiekend tobt sie durchs Zimmer. Ihre schulterlangen blonden Haare wirbeln dabei wild umher. Sie fliegt auf meinen Händen durch die Luft und fährt auf meinem Rücken Skateboard. Sie ist drei Jahre alt, heißt Smilla, und sie ist mein Mädchen. Sie klammert sich an mich, hält sich an mir fest, und ich halte mich an ihr fest. Wir rollen durch die Wohnung, die mir fremd ist und vertraut. Sieht aus wie im Supermarkt, überall stehen in Kartons verpackte Lebensmittel herum. Nicht gemütlich, aber ich möchte hier wohnen. Ich bin so stolz auf das kleine Mädchen. Ich will mit ihr zusammenleben.

Da vorne steht ihre Mutter. Das ist ja Benja! Sieht nicht so aus, aber sie ist es. Und wo ist meine Mutter, ich will ihr Smilla zeigen! Ach so, im Urlaub, auf Rügen. Später zeigt sie mir Dias. Ich habe vergessen, ihr von meiner Tochter zu erzählen. Die Dias sind alt und hässlich. Sie zeigen meine Mutter und meinen Vater, wie sie in die Kamera grinsen und sich hassen.

Plötzlich ist Smilla weg. Ich bin schockiert. Was ist mit meiner Tochter! Ich wollte sie meiner Mutter zeigen, aber ich habe es vergessen. Es gibt sie nicht mehr. Sie ist weg. Es hat sie nie gegeben.

Als ich aufwache, ist es dunkel. In meinen Ohren sitzt Sade Adu und singt, dass sie immer an meiner Seite bleiben wird. Lied Nummer achtzehn auf der MD, ich muss also mindestens eine Stunde lang geschlafen haben. Es ist ruhig im Bus, und wir fahren. Der Stau ist vorbei. Werner und die Tourneeleitung halten vorne im Cockpit die Stellung. Alle anderen scheinen zu schlafen.

Den Rest des Abends muss ich permanent an den verrückten Traum denken. Ich beschreibe ihn Benja in einer SMS. Seit sieben oder acht Jahren bin ich nicht mehr mit ihr zusammen. In der letzten Zeit taucht sie hier und da immer mal wieder auf, in meinen Träumen oder Tagträumen.

All die Leute in meinem Kopf, sie wollen einfach nicht gehen. Schatten aus der Vergangenheit, die ich nicht abschütteln kann. Wie Maden, die sich unaufhörlich ihre Bahnen durch meinen Kopf graben. Fliegendreck auf meiner Seele. Ballast in meinem Gepäck.

Sie antwortet noch am selben Abend, als wir gerade in einer Pizzeria sitzen und den Rest des verhunzten freien Tages bei Pizza und Wein ausklingen lassen.

»Smilla, der Name hätte mir gefallen.«

2.

»Und, wer braucht was?«

»Ich brauch mehr von meinem Gesang, wenns geht!«

»Jau, ich auch!«

»Hm, tut mir leid, viel geht da nicht mehr …«

Diese Konversation gibt es jeden Tag irgendwann zwischen siebzehn und neunzehn Uhr, so auch heute. Darauf folgt meistens, so auch heute, folgender Wortwechsel:

»Kowalski, kannst du dich vielleicht etwas leiser machen?«

»Nee, geht nicht.«

»Mann ey, ich hab hier keinen Gesang, und wenn ich die Gitarre leiser mach, hör ich nur noch Bass. Wenn du die dicke Saite zockst, das dröhnt alles weg!«

»Aber ich kann mich nicht leiser machen, ich hör mich so schon kaum.«

»Ja genau, alle hören nur Bass, außer du, der direkt davor steht ...«

Ich muss mich arg zusammenreißen, um nicht auszurasten. Es gibt zwei Zustände, mit denen ich nicht gut umgehen kann: Hektik und Warten. Das Leben auf Tour besteht aus einer ständigen Abwechslung von beiden. Aus viel zu vielen Eindrücken, die in viel zu kurzer Zeit auf mich einprasseln, sodass ich mit dem Verarbeiten gar nicht hinterherkomme, und aus scheinbar ewiger Warterei, dass etwas passiert, dass wir endlich am Club ankommen, dass wir Sound checken können, dass es was zu Essen gibt, dass das Konzert anfängt, dass wir morgens losfahren können, wenn wieder jemand verschlafen hat.

Soundcheck ist Hektik und Warten zugleich. Die ultimative Zuspitzung dieser beiden Pole. »Beeilung, die Türen gehen gleich auf, und die andere Band will auch noch checken!«, verheddert sich in einem wilden Tango mit: »Mist, die Monitore sind falsch verkabelt, wir müssen alles auseinandernehmen und dann den kompletten Gesangssoundcheck nochmal machen!«

Soundcheck hat für mich nichts mit Rock'n'Roll und Energie zu tun, sondern mit Technikscheiß und blank daliegenden Nerven. Beim Soundcheck einen Song zu spielen ist etwas ganz anderes, als denselben Song beim Konzert zu spielen. Ein eigentlich gutes Lied klingt jetzt gerade nach nichts anderem als Lärm. Der Raum ist noch leer, hat nackte Betonwände und hohe, glatte Decken. Jeder Ton multipliziert sich an den Wänden der Halle, es hallt und fiept aus allen Ecken und Enden. Wenn Werner auf sein Becken haut, klingeln mir die Ohren, der Bass walzt wie ein Dieselmotor jedes Anzeichen von Musik unter sich platt. Hoffentlich kommt heute Abend genug menschliches Dämmmaterial, das die übelsten Frequenzen schluckt. Die steinalte Monitoranlage tut ihr übriges. Ich muss versuchen, mit dem Gesang gegen die Musik anzukommen und gleichzeitig aufpassen, dass ich nicht zu sehr brülle und dadurch die Stimme verliere.

Kowalskis Handy klingelt. Seine Ex-Freundin ist dran, zum vierten Mal heute. Sie hat irgendwo gehört, Kowalski sei jetzt fest mit einem Mädchen zusammen, mit dem er ein paarmal abgestürzt ist. Sie ist krankhaft eifersüchtig und fantasiert sich noch einige Details dazu. Ich weiß nicht, warum er überhaupt noch den Hörer abnimmt, er wird sowieso jedes Mal nur angeschrien. Wir stehen alle um ihn rum und warten darauf, dass er mit dem Telefonieren fertig wird und wir einen Song anspielen können. Schließlich gehen in einer Stunde schon die Türen auf, und die andere Band will auch noch checken. Er verdreht die Augen und duckt sich hinter seiner Ampeg-Box. Wir schauen uns schulterzuckend an.

»Mann, komm mal klar!« – »Jaja genau, weil du das weißt!« – »Wer hat das denn gesagt, das ist to-ta-ler Quatsch!!!«

Wir hören alle dabei zu, ob wir wollen oder nicht. Es ist nichts Neues, wir kennen diese Telefonate.

»Was ist da los, können wir mal weitermachen?!«, ruft Sepp vom Mischpult rüber.

»Walski muss noch telefonieren …«, ruft Mario zurück.

»Mannmannmann, ihr macht mich feddich! Macht mal hinne da!«

»Ja, Mann, kannst du nicht nachm Soundcheck zurückrufen?!«

Kowalski taucht hinter seiner Bassbox wieder auf, hält sein Handy mit beiden Händen vor sich und brüllt mit hochrotem Kopf hinein. »Weißt du was, ich hab keinen Bock, mich hier vor dir zu rechtfertigen. Ach ja? Dann leck mich doch am Arsch!« Ich sehe da was in seinen Augen, aber er will sich nichts anmerken lassen, schmeißt sein Telefon auf den Drumriser und dreht den Bass auf.

»Lass mal was zocken!«

»Harke zocken«, »Den Darm zupfen«, »Das Kit vermöbeln« – alles schlimme Muckerausdrücke, die über den Umweg der Persiflage in unseren normalen Sprachgebrauch übergegangen sind, sodass wir jetzt genauso reden wie die Typen, über die wir uns eigentlich lustig machen wollten.

Wir wollen gerade einen Song anfangen, da klingelt auch mein Telefon. Mein Mitbewohner ist dran.

»Moin André, ich rufe gleich zurück!«, belle ich zwischen zwei Bassdrumschlägen in den Hörer, die Antwort kann ich nicht verstehen.

Irgendwie bringen wir den Soundcheck hinter uns. Es klingt nicht gut auf der Bühne, aber es wird funktionieren. Es muss funktionieren. Als ich leicht angeschwitzt in dem zugigen Gang zwischen Bühne und Backstage stehe, wähle ich Andrés Nummer und erfahre den Grund seines Anrufes: Ich habe Post von der Staatsanwaltschaft.

Du sitzt mit Mario im Zug nach Hause, als du mit deinem gefälschten Semesterticket gepackt wirst. Ihr habt die letzte Nacht auf einer Einweihungsparty verbracht und seid verkatert. Jetzt ist es früher Nachmittag, und es regnet. Ihr redet nicht viel. Die Bahn ist voller Menschen, die mit leerem Blick geradeaus starren. Du blätterst in einer auf dem Sitz gefundenen Bildzeitung und hast eine Zeile von den Fehlfarben als Endlosschleife im Kopf: »Es liegt ein Grauschleier über der Stadt, den meine Mutter noch nicht weggewaschen hat.«

Du willst nach Hause. Du willst ins Bett. Du weißt gar nicht, warum du dir das alles noch antust, dieses durch die Gegend Reisen, auf Partys und Konzerte fahren, dich Lärm, Alkohol und Menschenmassen aussetzen, schließlich hast du davon mehr als genug, wenn du mit der Band unterwegs bist. Und das warst du in den letzten Monaten sehr

ausgiebig. Ihr wart im Studio, auf Promo-Tour, habt
Festivals und Einzelkonzerte gespielt, eine Support-Tour,
und in anderthalb Monaten geht auch schon die vierwöchige
Headliner-Tour los.

Aber seit ihr soviel unterwegs seid, ist irgendwas
anders, wenn du zu Hause bist. Du freust dich zwar auf
das eigene Bett, auf dein Zimmer und auf die Ruhe, aber
kaum bist du ein paar Stunden dort, fällt dir auch schon
die Decke auf den Kopf. Du hast es anscheinend verlernt,
alleine zu sein. Wenn du eine Freundin hättest, wäre es
vielleicht anders. Aber wie soll das bei deinem Lebens-
stil funktionieren. Gestern war wieder so ein Abend, und
obwohl du ursprünglich gar keine Lust hattest, bist du
schließlich doch noch auf dieser Party gelandet und dort
versackt.

Über den Rand der Zeitung siehst du am anderen Ende
des Zugwaggons einen Mann langsam den Gang entlang
kommen. Er ist höchstens vierzig, ganz unauffällig in
Jeans, Turnschuhe und einen dunkelgrünen Anorak gekleidet, Dreitagebart, kurze schwarze Locken. Sieht keineswegs wie ein Beamter aus, aber du siehst von weitem, wie
er sich die Fahrausweise zeigen lässt. Du erkennst ihn
sofort als Kontrolleur, als abgebrühten Profi mit einem
geschulten Blick für Beförderungserschleichung. Während
er dir immer näher kommt, denkst du noch kurz daran,
zu behaupten, du hättest kein Ticket, denn das wäre ein-
faches Schwarzfahren und würde dich nur sechzig Euro
kosten. Aber als er dann vor euch steht, ziehst du doch
deinen abgelaufenen Studentenausweis mit dem gefälschten
Ticket aus dem Portemonnaie. Ein guter Bekannter von
dir hat nicht nur ausreichend kriminelle Energie, sondern
auch Talent im Umgang mit Photoshop. Als du dich nach
neuneinhalb Jahren des Scheinstudiums exmatrikulieren
musstest, weil du die Studiengebühren nicht zahlen konn-

test (es ging dir ohnehin immer nur um die Fächer »Sozial-
versicherungswissenschaften« und »Semesterticketolo-
gie«), lud er dich herzlich ein, mit ein paar Stückchen
Kuchen bei ihm vorbeizukommen. Als du zwei Stunden
später seine Wohnung verließt, hattest du einen Liter
Kaffee intus und ein so gut wie neues Semesterticket in
der Tasche, mit dem du ein halbes Jahr erfolgreich Bus
und Bahn gefahren bist. Nach dem halben Jahr nochmal
die gleiche Prozedur, und du klebtest das neue gefälschte
Ticket zu dem alten gefälschten Ticket, weil du dachtest,
im Doppelpack sähe es echter aus.

Aber das hier ist kein einfacher Schaffner, sondern
ein Profikontrolleur. Er guckt nur einmal in den Ausweis,
registriert sofort die etwas zu blassen Farben und die
etwas zu kleine Schrift, schaut dich an und dreht sich
mit den Worten »Würden Sie mir bitte einmal folgen!« um.
Du zeigst Mario dein »Tja, schöne Scheiße«-Gesicht und
trottest dem Kontrolleur hinterher, einmal durch den
kompletten Zug zu einer leeren Viererbank.

Er lässt sich deinen Personalausweis zeigen und nimmt
die Daten auf. Er redet von »Halten-Sie-mich-für-blöd«
und »Da-müssen-Sie-schon-früher-aufstehen«. Du bist
müde und verkatert. Machst keine Anstalten, dich unwis-
send zu stellen. Hat keinen Sinn, irgendwas zu leugnen
oder schönzureden, dich zu erniedrigen und um Gnade zu
betteln. Es würde ohnehin nichts nützen. Er benutzt Aus-
drücke wie »Betrug«, »Urkundenfälschung« und »Anzeige«.
Er sagt, die Sachlage sei ja wohl eindeutig. Du gibst
ihm Recht. Dein Semesterticket wird einbehalten. Er sagt,
du wirst schon bald Post von der Staatsanwaltschaft
bekommen.

Dann darfst du gehen. Ihr seid gleich da. Endlich.

»Gegen Zahlung von fünfhundert Euro sind wir bereit, das Verfahren einzustellen«, sagt André, sage der Schrieb von der Staatsanwaltschaft.

Ich sollte mich jetzt freuen, denn so günstig wäre mich eine Verurteilung wegen Betrug und Urkundenfälschung nicht gekommen. Aber wie soll ich mich darüber freuen, fünfhundert Euro abdrücken zu müssen. Geld, das ich nicht habe. Wenn der Rest der Konzerte nicht wegen zu großer Nachfrage in die örtlichen Fußballstadien verlegt wird, weiß ich auch nicht, woher ichs nehmen soll.

»Danke für den Anruf, André!«

»Keine Ursache. Sag mal, habt ihr morgen noch zwei Plätze auf der Gästeliste frei?«

»Hm, die ist schon sauvoll, am besten, du sagst mir bei so was früher Bescheid! Aber ich frag gleich mal Fielmann und schaue, was sich machen lässt. Wird schon irgendwie gehen. Ich meld mich dann, okay?«

Wir teilen uns den Backstageraum mit der anderen Band. Sie haben einen Ghettoblaster dabei, aus dem lauter Emocore ertönt. Ein paar kickern, die anderen erzählen sich Witze und lachen. Kowalski hockt auf einem Sofa und blättert in einer Zeitschrift. Ich setze mich neben ihn.

»Was ist los, dreht Maja schon wieder durch, oder was?«

»Ach«, winkt er ab, »die hat nicht mehr alle Latten aufm Zaun.«

Dann steht er auf und geht aufs Klo. Er will offenbar gerade nicht drüber reden. Vielleicht sind all die krakeelenden Leute um uns herum auch nicht ganz das richtige Ambiente dafür. Ich bleibe sitzen und warte, ob er wiederkommt und doch noch was dazu sagen will. Hole Frollein Smilla raus und versuche zu lesen. Es klappt nicht.

3.

Während der Fahrt wird fleißig im sogenannten Itinerary geblättert, ein Wort, das niemand richtig aussprechen kann und das deswegen gern durch sein deutsches Equivalent »Tourbuch« ersetzt wird. Es ist zwar nicht gerade ein Buch, sondern vielmehr ein dünnes, kopiertes A5-Heftchen, enthält aber ein paar sinnvolle Informationen, zum Beispiel über die jeweilige Unterbringung. Wir freuen uns wie die Kinder auf und über Unterkünfte mit schön oder traditionsreich klingenden Namen wie »Fürstenhof« oder »Zum klingenden Klunker«. Einmal waren wir im Gasthof »Zur Hölle« untergebracht und wussten schon Tage vorher: Da muss noch eine diabolische Hotelzimmer-Fete gefeiert werden. Aber als wir am ersten Tag der Tour gelesen haben, wo wir heute Nacht schlafen werden, hatten alle vor Geilheit Sabber im Mundwinkel hängen – Schließlich ist man als kleine Punkrockband nicht jeden Tag im Hilton zu Gast.

Eine prima Adresse, wenn man vor seinen Freunden angeben will, denn Hilton, dazu muss man nicht viel sagen, das kennt jeder, auch wer noch nie eins betreten hat, weiß: Das ist Luxus. Auch ich gehöre zu dieser Gruppe der wissenden Unwissenden, und meine Erwartung wird nicht enttäuscht. Es gibt geile große Betten, eine geile große Badewanne, auf Wunsch Frühstück ans Bett, man kann kleine Shampooflaschen klauen, gute Kopfkissen klauen, diese kleinen praktischen Sets mit Nadel und Faden klauen, die man nie benutzt aber trotzdem gerne bei sich hat, und vielleicht sogar einen Bademantel!

Es ist schon seltsam, diesen Luxus zu erleben. Wir sind in einem der teuersten Hotels der Stadt, und gleichzeitig weiß keiner von uns, ob und wie er in zwei Monaten die Miete zahlen kann. Werner rechnet aus: Der offizielle Doppelzimmerpreis pro Nacht ist ein bisschen höher als drei Monate Miete in seinem zwölf-Quadratmeter-WG-Zimmer. Wahrscheinlich hat der Club, in dem wir heute spielen, irgendeinen Spezialdeal mit dem Hotel und bekommt die Zimmer zu einem Schleuderpreis.

Ich fühle mich wie eine Fifty-fifty-Mischung aus Asket und Hedonist. Ich brauche einerseits nicht viel zum Leben; ich habe die letzten zehn Jahre am Rande der offiziellen Armutsgrenze verbracht, und es ging mir ganz gut dabei. Meine Ansprüche ans Materielle sind gering. Ich habe kein Problem mit Verzicht, und ich bin froh darüber, denn es macht mich unabhängig und frei. Ich muss mich nicht prostituieren für eine gepolsterte Existenz. Andererseits weiß ich das gute Leben durchaus zu schätzen. Wenn ich es zu greifen kriege, genieße ich es, koste es aus, dann will ich alles und mehr und mehr und mehr. Bescheidenheit und Dekadenz geben sich die Klinke in die Hand. Ich brauche nichts und will alles.

Aber zunächst einmal regiert eine alte Bekannte: die Reiz-überflutung. Wir sind heute Morgen extra früh losgefahren, damit wir vorm Soundcheck noch zum Hotel können. In zwei Stunden treffen wir uns schon wieder unten in der Lobby und es geht zum Club. Ausladen, Soundcheck, Essen, Warten, Spielen, trocken werden, Trinken, Einladen und zurück zum Hotel. Bis dahin wird es mindestens zwei oder drei Uhr nachts sein, bis elf gibt es Frühstück, um zwölf müssen wir raus. Das heißt: Jetzt genießen, auf der Stelle, denn später ist keine Zeit dazu! Schnell alles andrehen, geht die Heizung, wie ist der Fensterblick, die Lampen ausprobieren, welche Kombination macht das beste Licht, aha, Nachttischlampe und Deckenstrahler, sich in den Sessel setzen, Wasser in die Badewanne laufen lassen – es ist wunderbar heiß und fließt schnell, und oh, hier gibts Internet, und ob es sich wohl lohnt, noch eine Stunde in diesem herrlichen Bett zu schlafen? Ein Tierfilm im TV, zwei Sender weiter läuft »Trio mit vier Fäusten«, auf dem Gang steht ein Eiswürfelautomat, und da es noch zu früh für Alkohol ist, werfe ich ein paar Eiswürfel in mein Wasser, schließlich kann man so eine schöne Einrichtung nicht ungenutzt stehen lassen, und unten gibt es ein

Schwimmbad und einen Fitnessbereich, die Gelegenheit müsste man doch eigentlich auch wahrnehmen …

Die guten Dinge kommen geballt, fallen mit der Tür ins Haus, drücken mich an die Wand und nehmen mir die Luft zum Atmen. Ich bin auf hundertachtzig. Warum können wir nicht zwei Tage hier bleiben, es wird mir zuviel.

Ich glaube, ich kenne die Bedeutung des Wortes »Luxusproblem«.

Nach zwei Wochen Früh- und zwei Wochen Spätschicht bist du jetzt die dritte Nacht in der Nachtschicht. Multicolor Steinmeier. Fünfzehn Mark die Stunde plus Nachtzuschlag. Ein paar deiner Freunde haben schon mal in den Ferien hier gearbeitet. Obwohl keiner von ihnen ein gutes Haar an der Arbeit ließ, hast du dich hier beworben. Es hieß, dass sie hier jeden einstellen, auch kurzfristig, und du brauchtest schnellstens einen Job, um die Fahrstunden bezahlen zu können. Endlich Führerschein. Unabhängigkeit, Mobiliät. Wurde ja auch mal Zeit, mit zweiundzwanzig.

Deine Hauptaufgabe besteht darin, über dicken Fässern voller Lackfarbe zu stehen, die du mit einem überdimensionalen Pürierstab aufrührst, damit an der Maschine zwei Meter weiter Proben von den Farben entnommen werden können. Es ist laut hier, der Job ist monoton und überriechend. Zwar kannst du gar nicht riechen, aber dir fällt ein Satz von Jürgen von der Lippe ein: »Es ist nicht so sehr der Geruch, es ist mehr das Brennen in den Augen!«

In manchen Schichten machst du acht Stunden lang nichts anderes, als Lacke aufzurühren. Wenn du dann aus der Firma kommst, bist du ziemlich benommen und bekommst meistens derbe Kopfschmerzen. In der Spätschicht geht es ein bisschen langsamer und abwechslungsreicher zur

Sache. Du hast festgestellt, dass ab neunzehn Uhr, wenn der Rest der Firma sich leert, fast nur noch Pause gemacht wird. In der Nachtschicht ist die Pausenquote noch höher. Günther, Manni und Ali manipulieren ständig die Maschine, um den Schnitt der abgenommenen Farbtöne aufrecht zu halten. Dann sitzen sie stundenlang am Kaffeeautomaten und unterhalten sich über Fußball, Weiber oder Autos.

Gestern Nacht gegen eins hat Ali sich in seinen Golf GTI geschwungen und ist zum Kochlöffel am anderen Ende der Stadt gefahren, um halbe Hähnchen für alle zu holen. Deine Kollegen schauten dich misstrauisch an, als du nichts wolltest.

»Watt is los, Jung, brauchst doch was auf die Rippen!«
»Danke, hab keinen Hunger.«

Eine Portion Fritten hättest du ja genommen, aber dann hätten sie so was gesagt wie »Pommes, das ist doch nichts, warum denn keinen halben Hahn oder 'ne schöne C-Wurst!«, und du wolltest ihnen auf keinen Fall erklären, dass du Vegetarier bist und warum.

Nach dem Essen zogen sie schnell die nächste Rutsche Fässer durch, dann hantierten sie wieder an der Maschine rum und machten eine weitere Pause. Heute ist es genauso. Sie stehen am Kaffeeautomaten, nippen an Alis Selbstgebranntem und rauchen eine Zigarette nach der anderen. Gut, dass du nicht rauchst. Du wärst längst Kettenraucher. Ketten-Pausen-Raucher.

Ali heißt nur mit Spitznamen so. Er ist nicht etwa Türke, sondern ein guter deutscher Malocher. Vielleicht hat sogar er das Schild mit der Aufschrift »Wir wollen keine Döner-Affen!« gemalt, das Manni und du letztens zufällig unter einem herumstehenden Fasswagen entdeckt habt. Zutrauen würdest du es ihm. Ali hat eine Hasenscharte und schmatzt die ganze Zeit. Auch wenn er gar nichts isst. Er redet undeutlich, nasal und hoch. Vielleicht liegt es an all den Lacken, die er seit keine-Ahnung-wann täglich einatmet. Ein offensichtlicher Verlierer, der aber am weitesten das Maul aufreißt, wenn es darum geht, die Frauen aus der Firma zu beurteilen. Die meisten sind »Bratzen«, es sind nur wenige »Granaten« dabei. Günther steigt engagiert ein. Natürlich haben beide voll die Ahnung von Weibern und können auch saugut vögeln. Günther beispielsweise hatte am Wochenende drei verschiedene Frauen, von denen eine direkt mehr von ihm wollte.

»Die war aber schon neununddreißig und hatte zwei Blagen am Hals, da hab ich mir gar nicht erst ihre Telefonnummer geben lassen. Als ich mit ihr fertig war, war die fix und foxi, das sag ich dir. Die konnte am nächsten Tag mit Sicherheit nicht gerade laufen, so dermaßen hab ichs der besorgt!«

Einmal hat er Ramona geknallt, »die heiße Mieze aus der Lohnbuchhaltung«, die bei ihm »Rammel-Mona« heißt. Es war nach einer Betriebsfeier, als sie ihn noch in ihre Wohnung gelotst hat. Plötzlich stand ihr kleiner Sohn im Wohnzimmer, weil er nicht schlafen konnte. Günther wusste erst gar nicht was los war, als Rammel-Mona zu ihrem Sohn sagte: »Sei leise, sonst weckst du Papa auf!«

»Ich dacht ich hör nicht richtig, glaubst dat!«, sagt Günther. »Ich hab meinen Willi verstaut, Jacke an und raus da. Seitdem redet die kein Wort mehr mit mir, die olle Bratze.«

Heute hat er drei Filme voller Fotos seines letzten Ausflugs mit dem Schalke-Fanclub nach Mailand dabei. Ein Foto langweiliger als das andere. Eine Horde debiler Männchen, die mit erhobenem Vereinsschal vor einem italienischen Brunnen posieren. Am liebsten würdest du eins klauen, um es in deinem Fanzine abzudrucken, dessen neue Ausgabe du gerade mit deinem Kumpel Fielmann zusammenbastelst. Günther und Ali finden die Bilder wahnsinnig interessant. Ständig entdecken sie verschwommen im Hintergrund irgendwelche »scharfen Ollen« oder »Granatentorten«.

Manni ist der einzig halbwegs angenehme Mensch in dieser Schicht. Er ist doppelt so alt wie die anderen beiden und sieht aus wie eine gutmütige Version von Charles Bronson, wirkt mit der stattlichen Plauze in seinem Blaumann aber eher wie Samson im Strampelanzug. Er erklärt dir immer genau die Arbeitsvorgänge und was bei welchem zu drückenden Knopf passiert, damit du den Sinn deiner Arbeit erkennst. Es ist nett gemeint, aber den Sinn dieser Scheißmaloche wirst du wohl erst erkennen, wenn du endlich deinen Führerschein in der Tasche hast. Letzte Woche hast du Manni zwei Tage in der Weiterverarbeitung geholfen. Das war vergleichsweise angenehm. Er steht kurz vor der Pensionierung, ist freundlich und lässt dich in Frieden. Du möchtest gar nicht wissen, wie lange er schon hier arbeitet. Ab und zu hat er dir von seinen »Nümmerken« am Strand von El Arenal erzählt, aber er tat es auf lustige Weise, nicht so stupide wie seine Kollegen aus der Lackierei.

Manni macht es als Einziger richtig: Während die anderen sich am Kaffeeautomaten gegenseitig beweisen, was für geile Hengste sie sind, legt er sich in die Lichtkabine und pennt 'ne Runde.

Sobald er sich verduftet hat, beginnen Günther und Ali über Manni herzuziehen. In allen drei Schichten ist dir aufgefallen, dass immer über denjenigen hergezogen wird, der gerade nicht da ist. Jeder gegen jeden. Alle falsch hier.

Diese verfluchten Pausen. Die Zeit vergeht so langsam, wenn man nur herumsitzt. Lieber würdest du die ganze

Nacht durcharbeiten, aber das geht nicht, denn dann
treibst du den Schnitt nach oben und ruinierst ihre genau
berechneten Manipulierungen. Du schnappst dir dein Tagebuch und ein Fanzine und verziehst dich zum dritten Mal
in dieser Stunde aufs Klo, um zu schreiben und zu lesen.
Du bist die studentische Aushilfe, und gegen diese Leute
kommst du dir tatsächlich vor wie der abgehobene Aka-
demiker, der sie alle analysiert. Sogar benebelt und im
Halbschlaf befindest du dich noch auf einem intellektu-
ellem Niveau, das Menschen wie Ali nie in ihrem Leben
erreichen werden.

»Nichts vom Sommer gehabt, do!«

»Dat sag ich dir, aber war doch auch ein grün lackier-
ter Herbst, oder nich!«

Diese Woche musst du noch durchhalten. Danach noch
eine Woche Frühschicht und dann bist du fertig mit dem
Laden. Dann hast du das Geld für den Führerschein zusammen und es ist Schluss mit den Lackaffen.

Die Zeit kriecht elendig langsam vorbei. Du schaust
zu oft auf die Uhr. Das Radioprogramm ist schlimm,
sie spielen immer denselben Mist, jede Nacht, auf allen
Sendern. Gestern Nacht kam ein Song von den Cardigans,
aber gerade als Nina Persson anfangen wollte zu singen,
schmiss Günther neben dir seine Maschine an.

Um halb sechs morgens beginnen Manni, Ali und Günther
ihre Maschinen zu säubern. Du räumst deinen Platz auf,
fährst leere Fasswagen weg und versuchst dabei, dich
nicht zu beeilen. Trotzdem bist du nach zehn Minuten fertig. Du könntest im Stehen einschlafen. Minuten werden
zu Stunden. Du hockst dich auf einen Stapel Europaletten
und denkst an das Wochenende. Schließlich döst du tatsächlich kurz ein. Manni weckt dich. »Hey, Junge! Junge,
komm, is Feierabend!« Du schiebst deine Stempelkarte in
die Stechuhr, setzt dich auf dein Fahrrad und bretterst

die vier Kilometer nach Hause wie ein Wahnsinniger.
Du bist zwar hundemüde, hast aber Jawbreaker auf den
Ohren, auf die du dich die ganze Nacht schon gefreut
hast. »What's the furthest place from here? It hasn't
been my day, for a couple years ...«

Es ist halb sieben morgens, als du zu Hause ankommst
und deine Mitbewohner in der Küche vorfindest. Sie be-
grüßen dich überschwänglich. Stefan ist bekifft, Birte
ist betrunken. Sie kommen gerade aus dem Hyde Park,
der Alternativdisco zwei Städte weiter. Im Kühlschrank
findest du eine halbvolle Flasche Wein. Du gießt dir
ein Glas ein und setzt dich zu ihnen. Schon nach wenigen
Schlucken fängt alles an, sich zu drehen. Muss an der
Übermüdung und an all der Chemie liegen, die du die
ganze Nacht eingeatmet hast. Nach einem weiteren Glas
Wein bist du völlig neben der Spur und verabschiedest
dich ins Bett. Du machst eine Drei-???-Kassette an und
schläfst noch vor Justus Jonas' erstem Satz ein, während
draußen die Frühlingssonne aufgeht. Nicht mehr lange,
und du wirst Auto fahren dürfen.

4.

Heute morgen hat jeder sein eigenes Hilton-eskes Luxusproblem. Die Hälfte hat das Frühstück verpennt, weil die Betten zu
gemütlich waren. Mario hat vergessen, Bier und Wasser mit ins
Hotel zu nehmen und zahlt jetzt die saftigen Preise der Minibar.
Simon hat sich ins Internet eingeloggt, ohne vorher den Preis zu
erfragen – dann hätte er erfahren, dass das hier nicht stündlich
abgerechnet, sondern als Tagespauschale verkauft wird.

»Macht dann zweiundzwanzig Euro fünfzig, bitte.«

Redend und zappend saßen mein Zimmergenosse Kowalski
und ich gestern Nacht auf dem Bett. Wir waren angetrunken

und von der Architektur sexuell aufgeladen. Wenn ich in das Zimmer eines guten Hotels komme, denke ich sofort an Sex. Ich checke die ganze Innenarchitektur auf ihre Fickmöglichkeiten hin ab. Die weißen Bettlaken machen mich an, die ganze anonyme Atmosphäre beflügelt meine Fantasie. Kowalski geht es diesbezüglich ähnlich wie mir, bei einem stabilen Waschbecken in Beckenhöhe kriegt er augenblicklich eine Erektion. Wir blieben immer wieder beim Pay-TV hängen, hauptsächlich, weil einer der Pornodarsteller so einen unglaublich dicken, langen Schwanz hatte, dass wir es gar nicht glauben konnten. Wieder Alfred Hitchcock, wieder MTV, und da war schon wieder der Schwanz, gibts ja gar nicht! Nach den obligatorischen zwei Freiminuten Pay-TV kam nicht etwa eine Sperre oder eine Warnung, nein, es lief einfach weiter.

Wir sitzen schon abfahrbereit in den Sesseln der Lobby, als die Dame an der Rezeption in unsere Richtung ruft: »Da ist noch einmal Pay-TV offen auf der fünf-zwo-drei!« Ein halbes Dutzend Augenpaare blickt höhnisch grinsend in unsere Richtung. Kowalski tut so, als hätte er nichts gehört. Ich wanke zur Rezeption.

»Äh, wirklich auf der fünf-zwo-drei, also, da kann ich mich gar nicht drauf besinnen, wann und wie lange soll denn das gewesen sein?!«

»Doch doch, insgesamt vier Minuten und vierzig Sekunden lang, tja, alles über zwei Minuten ist gebührenpflichtig!«, sagt sie freundlich, aber bestimmt. Ich erspare mir das ganze Prozedere von wegen Frechheit und wusste-ich-nicht und sehe-ich-etwa-so-aus-als-ob, lege leicht errötet fünfzehn Euro auf den Tresen und wünsche einen guten Tag. Habe ich das also auch endlich mal hinter mir.

Aber leider ganz vergessen, einen Bademantel zu ordern und mitgehen zu lassen. Vielleicht beim nächsten Mal.

Nach einer durchgesoffenen Nacht, die um sieben Uhr früh
mit emotions- und pathosgeladenen Gesprächen und mit
ebensolchem Soundtrack aus einem Universum-Kassetten-
rekorder in der Küche deines Nachbarn geendet ist, wachst
du um 13:56 Uhr auf. Dein erster Gedanke beim Blick auf
die LED-Ziffern deines Radioweckers: Mist, in zwei Stunden muss ich ja schon wieder saufen!

Die Hotline hat heute ihren letzten Tag. Sie wird
abgeschafft. Du wirst wie die meisten von der Firma über-
nommen und sollst in irgendeinem anderen Projekt weitermachen. Du bist froh über das Ende, weil du sowieso
viel zu lange da warst. Du hättest den Job schon längst
aufgegeben, wenn er nicht einigermaßen gut bezahlt und
sehr flexibel in der Zeitaufteilung gewesen wäre. Es war
kein Problem, mal zwei oder gar drei Wochen gar nicht
zu kommen und danach umso mehr zu arbeiten, um das Geld
wieder reinzukriegen, also wie gemacht für all die Konzerte und Tourneen. Sowas ist gar nicht so leicht zu
finden. Egal, wie oft du diese Hotline-Arbeit auch ver-
flucht hast, du wärst blöd gewesen, so einen Job aufzugeben.

Aber jetzt ist es vorbei, denn in dem neuen Projekt
wirst du nicht angerufen und um Hilfe bei Problemen mit
der Telefonanlage gebeten, sondern sollst selbst wild-
fremde Menschen anrufen und ihnen irgendwas verticken,
DSL-Anschlüsse oder Versicherungen, und das muss nun
wirklich nicht sein. Du würdest am liebsten sofort kün-
digen, aber dann müsstest du dir was Neues suchen, und
das lohnt sich nicht, weil ihr in sechs Wochen ja schon
wieder auf Tour geht. Du schwörst, dir sofort nach der
Tour was Neues zu suchen, ja wirklich, das nimmst du dir
ganz fest vor, Hand drauf, Alter!

Zum Abschied stiftet die Projekleitung heute fünfhundert Euro, die in einer okayen Kneipe bei dir um die

Ecke versoffen werden sollen. Um sechzehn Uhr geht es
schon los, und du musst dabei sein. Du wirst es hassen,
du hasst es schon im Voraus, aber wenn du da nicht
hingehst, plagst du dich wieder tagelang mit dem Gedanken herum, ein gestörter Typ zu sein, der aus Schiss
vor seinen Arbeitskollegen gekniffen hat. Ein einsamer,
verbitterter Kerl, der sich auf nichts einlässt und
sich dabei wahrscheinlich auch noch für etwas besseres
hält.

Um dir selbst einen letzten Rest Gesellschaftsfähig-
keit zu beweisen, raffst du dich also auf und stehst
nicht mal zweieinhalb Stunden nach dem Aufstehen mit
einem Cocktail in der Hand in der Kneipe.

Du hast diesen Laden noch nie so voll gesehen. Fast
alle sind gekommen. Die meisten drängeln sich um die
Theke. Es dauert ein paar Minuten, bis du den Raum einmal
durchquert hast. Noch nicht ganz siebzehn Uhr, und die
Ersten sind schon am Lallen. Eine Cubra-Libre-Länge
geht noch ganz gut rum. Du führst einige »Und was machst
du jetzt so«-Gespräche, starrst heimlich auf die Stiefel
dieser einen Braut, von der du gerne mal in ihrem Büro
vernascht worden wärst, wie das in Filmen immer so einfach klappt, und hältst dich an deiner Zigarette fest.
Dann gehst du zur Überbrückung aufs Klo. Du hast einen
Rest Speed in der Hosentasche, kannst es dir aber verkneifen, das direkt hier zu verballern. Du weißt, es würde
helfen. Kommunikation wird leichter dadurch. Aber willst
du das überhaupt?

Als nächstes traust du dich an einen stattlichen
Bottich Long Island Ice Tea. 0,6 Liter zusammengeschüt-
tete Alkohol- und Limonadensorten. Neben dir steht dieser Menke, ein recht netter Kerl, von dem du weißt, dass
er Gitarre spielt und eine Band hat, was schon mal ein
paar potenzielle Gesprächsthemen gäbe. Aber er hat dir

den Rücken zugedreht und ist bereits von einer Traube
Leuten umringt, zu denen du dich nicht einfach blöd
dazustellen willst. Also drückst du dich an Call-Agent-
Hintern vorbei und bemerkst aus dem Augenwinkel, wie du
von einem der Projektchefs ins Visier genommen wirst.
Ausgerechnet dieser fiese Typ, bei dessen Anblick du
immer an Kinderpornographie denken musst. Du weißt nicht
mal seinen Namen und willst gerade die Richtung ändern,
aber zu spät, er marschiert bereits auf dich zu und nimmt
dich in Beschlag. Ohne dass du irgendwas zum Gespräch
beigetragen hast, seid ihr nach einer Minute bei seinen
Kegelfahrten angelangt.

»Und nachher, die Familienväter, wollen die immer
alle in' Puff. Zwei sind jetzt nicht mehr dabei. Weggezo-
gen. Musst du neue suchen. Aber genau auswählen, das ist
wichtig. Wenn die nicht dichthalten können, da würd so
manche Ehe in die Brüche gehen. Mein lieber Scholli, das
sag ich dir, a-hahahaha.«

Er stößt dir in die Rippen, er legt seine Hand um
deine Schulter. Panik steigt in dir auf. Du möchtest ihm
am liebsten auf die Schuhe kotzen. Dann bietet er dir
eine Zigarette an, und du Idiot nimmst sie an. Jetzt hat
er sich ein paar weitere Minuten deiner Gesellschaft
gekauft. Du kannst dich auch nicht zur Bar entschul-
digen, weil von den 0,6 Litern Long Island Ice Tea noch
mindestens die Hälfte da ist. Du bist ihm ausgeliefert.
Er nutzt das schamlos aus und ergießt einen weiteren
Schwall Kegelstories über dich. Wie er in Spanien an der
Strandbar mal auf sechs Bayern gestoßen ist und mit
denen gesoffen hat.

»Wenn ich einen zum Saufen gefunden habe, ist mir
alles Drumherum egal. Das wurd sechs Uhr, das wurd
sieben Uhr, das wurd acht Uhr, das wurd neun Uhr. Denk
ich noch, jetzt musst du mal zum Abendessen, aber nee.

Kam ich nachts um halb eins am Hotel an, sitzen die da alle und ziehen eine Fläppe!«

Er macht eine gruselige Grimasse und lacht über seine gekonnte Darstellung einer Fläppe. Er berührt ständig mit seiner Hand deinen Arm. Beim Reden kommt er ganz nah an dein Gesicht. Er ist betrunken, seine Stirn ist schweißnass und seine Aussprache ist feucht.

»Stinksauer waren die. ›Wir ham schon 'ne Vermissten-meldung aufgegeben!‹ Und so.«

»Ist ja wie im Zeltlager!«, hörst du dich sagen.

»Sieben Runden hat mich das gekostet! Aber dann war alles wieder Roger. Nee du, wenn ich einen zum Saufen finde, weißte, das ist egal dann alles. Alles egal dann. Dann ist Partytime!«

Beim letzten Wort schwingt er seine Arme in die Luft und imitiert einen Partytime-kompatiblen Tanz. Deine Zigarette ist bis zur Schrift kurz vorm Filter aufge-raucht, den Rest Long Island Ice Tea schüttest du in dich rein.

»Ich muss mal auf den Boiler.«

»Hahaha, ›Auf den Boiler‹, geiler Spruch!«, brüllt er, auf der Stelle tanzend.

»Ja, sagt man doch so, also dann …«

»Jaja, geh du man, ›auf den Boiler‹, haha, bis gleich!«

Er lacht und winkt ab. Und schnappt sich das nächste Opfer. Du täuscht einen Gang zum Klo an. Unterwegs unter-halten sich ein paar Typen über den Namen deiner Band. Einer weiß nämlich, woher der kommt.

Du sagst, du müsstest mal kurz raus, Kippen holen.

»Da vorne steht doch ein Automat!«, meint einer.

Du antwortest ihm, dass du nur Benson&Hedges Lights rauchst, und die gibts nicht am Automaten, nur am Kiosk gegenüber. Wie schön, ausnahmsweise mal die Wahrheit zu

sagen. Du nimmst deine Jacke und haust ab. Die frische
Luft tut gut. Die paar Meter nach Hause sind intensiv.
Es ist Samstag Nachmittag, halb sechs. Du bist aufge-
kratzt. Restbesoffen und neubesoffen zugleich. In deiner
Küche zündest du dir eine Zigarette an und gießt dir
einen Wodka mit O-Saft ein. In dir brennt ein Feuer, das
dich nicht zur Ruhe kommen lässt. Du kannst jetzt unmöglich aufhören zu trinken. Du hast das Gefühl, jeden
Moment zu implodieren. Schnappst dir das Telefon und
wählst Werners Nummer. Vielleicht kannst du ihn und die
anderen zu einer spontanen Proberaumsession überreden.
Der einzige Weg, diese unmenschliche Energie jetzt in
halbwegs vernünftige Bahnen zu lenken.

Heute habe ich einen eigenen Raum, um mich vor dem Auftritt
warmzusingen. Es ist eine kleine Abstellkammer, höchstens zwei
mal zwei Meter groß. Sie wird normalerweise als Kopierraum
für die angrenzenden Büros dieses Kulturzentrums benutzt. Der
Kopierer steht in der Ecke, drumherum wurden Regale hochge-
zogen, in denen sich Papier stapelt. Es ist eng und kahl, aber einigermaßen ruhig, und das ist das Wichtigste. Außerdem befindet
sich der Backstagraum direkt nebenan, ich kann also schnell Tee
nachholen, wenn meiner alle ist.

Aber vorerst habe ich ja noch meinen ganzen Becher voll.
Mein guter alter ALL-Becher, der sogenannte Bonus Cup, was
der mir schon für treue Dienste geleistet hat. Damals auf dieser
Festivaltour gekauft, als ich die Band so umwerfend fand und
gleich nach ihrem Auftritt zum Merchandisestand gestürzt bin.
Die T-Shirts waren alle bunt und hässlich, aber ich musste unbedingt etwas mitnehmen, und da erblickte ich diesen Becher. Ich
weiß nicht mehr, was er gekostet hat, nur dass ich am nächsten
Tag aufgewacht bin und gedacht habe: Meine Güte, für was für
einen Scheiß hast du denn gestern wieder dein Geld verpulvert!
Der Becher ist groß und rot und hässlich, und wenn man ihn in

der Hand hält, sieht man aus wie einer von den Typen, die mit einem traurigen, alten Lama in der Fußgängerzone stehen und für arme Tiere sammeln.

Aber schon kurz darauf lernte ich meinen Bonusbecher wirklich zu schätzen, denn er fasst einen halben Liter Tee oder Kaffee, der mit Deckel drauf locker zwei oder drei Stunden heiß bleibt. Seit ich angefangen habe, mich vor Auftritten warm zu singen, habe ich ihn immer dabei.

Das Warmsingen ist für mich auch eine Art Meditation, ein Akt, mich vor dem Auftritt noch mal kurz völlig auf mich selbst zu konzentrieren. Das ist für einen schnell überreizten Burschen wie mich manchmal hilfreich, besonders bei großen Konzerten. Oft ist es aber auch nichts weiter als eine weitere nervige Aufgabe, die ich aus Vernunftsgründen hinter mich bringe, meiner Stimme zuliebe, obwohl ich eigentlich lieber die Vorband sehen oder im Internet surfen oder mit meinen Jungs abhängen oder Freunde treffen würde.

Heute ist letzteres der Fall. Torti und Heike betraten den Raum gerade als ich begann, mich umzuziehen (das Bühnenshirt, die Bühnenhose, die Bühnenschuhe, alle mit weißen Salzablagerungen vom Schweiß der letzten Konzerte versehen, die nachts im Hotelzimmer meist noch schnell notdürftig in der Dusche rausgewaschen werden, was an der Ekelhaftigkeit dieser Klamotten aber nicht viel ändert – wir müssen echt mal wieder waschen gehen!) und meine Warmsingutensilien zusammenzupacken: Wasser, Wasserkocher, Bonuscup, Teebeutel, Fenchelhonig, großer Löffel, MD-Player.

Torti nahm mich in den Arm und raunte mir Dinge ins Ohr. »Schön dich zu sehen!« und »Ich hab dich vermisst!« und »Meine Fresse, bist du am Stinken!«; und es klang so ehrlich und zärtlich, dass mein Herz schneller schlug und es jetzt immer noch tut. Die Begrüßung mit Heike war ähnlich herzlich, und dann musste ich auch schon los, schließlich beginnt in einer halben Stunde der Umbau. Außerdem ist meine Stimme seit Tagen etwas angeschlagen und die Monitoranlage hier alles andere als gut, ich muss mich also wirklich gut warm machen heute, um nach dem Konzert nicht heiser zu sein. Also mache ich meine Übungen.

Zwischen meinen La-la-las und Ah-ha-has höre ich nebenan die geilsten Menschen der Welt lachen. Ich bin unkonzentriert. Die Zeit drängt. Ich wäre gern bei ihnen. Ich rattere die Übungen runter. So richtig hundertprozentig aufgewärmt bin ich zwar noch nicht, aber es wird schon funktionieren. Und nach dem Konzert werde ich mich beeilen mit dem Umziehen und Duschen, damit auf jeden Fall noch ein wenig Zeit bleibt, bei meinen Freunden zu sein und mich an ihrer Gegenwart zu erwärmen.

5.

Wenn ich ein Zimmer mit Mario habe, bin ich morgens tendenziell ziemlich entspannt. Er ist ruhig, er raucht nicht, er ist selten volltrunken und er schläft gerne. Kommt ins Zimmer, putzt sich die Zähne und legt sich ins Bett. Er will nicht stundenlang fernsehen oder sich unterhalten, sondern stopft sich die Kopfhörer seines MP3-Players in die Ohren und schlummert leise weg. Er schnarcht nicht, er schnaubt nicht und er wälzt sich nicht herum. Manchmal kommt es mir vor, als würde er nicht mal atmen. Wenn wir morgens nebeneinander wach werden, schütteln wir uns häufig wie Geschäftspartner die Hand und wünschen uns einen »Guten Morgen«. Das ist ein schönes Ritual, bei dem ich für eine Sekunde meinen Körper verlasse, das Ganze von außen betrachten und darüber lachen kann.

Heute haben wir frei stehende Betten, deshalb gibt es keine Handshakes. Er liegt nur in seiner typischen Morgenposition da – Hände hinterm Kopf, Augen an der Decke – und wünscht mir einen guten Morgen. Ich will ihm antworten, aber aus meinem

Mund kommt nur ein piepsiges, leises Krächzen. Scheiße, ich bin heiser.

Es hat sich ja schon vor Tagen angedeutet, und die gestrige Nacht hat mir wohl den Rest gegeben. Die Scheißmonitoranlage. Es gibt Bands, die machen einen Riesenaufstand, wenn nicht alles so ist wie auf dem Technical Rider gefordert. Aber was soll man machen, es war ein kleiner Raum, pickepackevoll mit dreihundert Leuten. Die komplette PA war nicht gut, aber für den Raum ausreichend.

»Vor zwei Wochen hatten wir die Jelly Hansens hier, und die haben sich auch nicht beschwert!«, meinte der lokale Techniker.

Keiner hat nachgefragt, wer zum Teufel die »Jelly Hansens« sein sollen. Vielleicht irgendeine regionale Bluesrocklegende, die halb so laut spielt wie wir und dreimal soviel Gage bekommt, obwohl nur ein Drittel der Zuschauer auftauchen, die aber dafür doppelt soviel Eintritt zahlen und den Hefeweizenverkauf verzwölffachen.

Na jedenfalls, wir sind nicht in der Position, die große Welle zu machen, und wir haben meist auch keine Lust drauf. Es sich schon beim Soundcheck mit dem lokalen Techniker zu verscherzen ist selten eine gute Idee. Also stritten wir uns untereinander um die Lautstärken der Gitarren- und Bassverstärker, und Werner versuchte, etwas leiser zu spielen, was immer nach hinten losgeht, weil er dann automatisch langsamer wird und sich außerdem so sehr auf die Spielweise konzentriert, dass er die einfachsten Drumfills oder Breaks vergisst. Also, Ohren zu und durch.

Ich weiß nur zu gut, dass es keinen Sinn hat, gegen zu wenig Gesang auf dem Monitor anzusingen. Aber das ist Theorie, und die Praxis sieht anders aus. Ich bin kein Techniker, ich bin Autodidakt. Ich spiele nach Gefühl, und wenn ich mich nicht genug höre, brülle ich wider besseres Wissen dagegen an. Den Leuten gefiel es, denn es war wild, roh und intensiv. Mir gefiel es auch.

Was man von den Auswirkungen nicht gerade behaupten kann. Mein Hals ist dick und starr, die Stimmbänder sind zu türklinkenartigen Säulen erstarrt und können nicht schwingen, wie sie sollen. Wenn ich zu sprechen versuche, fühlt sich mein Hals wie eine offene Wunde an, als hätte ich Rasierklingen geschluckt. Kaum ein sauberer Ton kommt noch raus, höhere Tonlagen kippen weg ins Nichts.

Wer nicht laut wird, setzt sich nicht durch. Wer nicht sprechen kann, gehört erst gar nicht dazu. So siehts aus. Beim Frühstück fühle ich mich bereits komplett ausgeschlossen, weil ich mich nicht an der Konversation beteiligen kann. Meine Stimme zu benutzen vermeide ich so gut es geht. Statt nach dem Salzstreuer zu fragen, stehe ich lieber auf und gehe einmal um den Tisch, um ihn mir selbst zu holen. Fragen an mich versuche ich durch Nicken oder Kopfschütteln zu beantworten, und als die anderen anfangen zu diskutieren, warum ein schon hunderte Male gespieltes altes Lied live seit neuestem nicht mehr so richtig gut funktioniert und was man daran ändern könnte, habe ich einige Ideen, behalte sie aber zähneknirschend für mich.

Es ist anstrengend zu reden, und es wird sehr anstrengend werden, heute Abend zu singen. Es wird nicht gut klingen und höchst wahrscheinlich danach noch schlimmer sein.

Ich hätte nach dem Auftritt gestern einen Tee mit Fenchelhonig trinken und ins Bett gehen sollen, aber mein Erlebnishunger war mal wieder größer als meine Professionalität. Es waren zu viele gute Leute da, vor allem natürlich Torti und Heike, die extra einen Babysitter für Lena besorgt und sich seit Wochen auf den Abend mit uns gefreut haben. Und ich erst! Mann, Torti hat wirklich Recht, es ist eine Schande, dass wir so weit auseinander wohnen. Natürlich hatten wir nicht viel Zeit, nur diese eine Nacht, bevor wir uns wieder wochenlang nicht sehen, also mussten die wenigen Stunden optimal ausgenutzt werden. Wir haben geredet, geraucht, getrunken, zum Schluss sogar gesungen. Werner hat seine CD-Mappe aus dem Bus geholt und sehr dilletantisch, aber mit viel Einsatz und guter Songauswahl den DJ gemimt. Die Veranstalterin war dabei, außerdem einige Leute vom Club und Teile der anderen Band, die nicht nur nett, sondern auch trinkfest waren.

Dann kam der Song, der mich um den Verstand brachte: »Do the Right Thing« von Leatherface. Ich erkannte ihn schon an der Rückkopplung, auf Eins hatte ich die Arme in der Luft. Wie lange ich dieses Lied schon nicht mehr gehört hatte. Ich sang den kompletten Text mit, ich glaube bei der Zeile »You can hurt me if you want« habe ich mir sogar theatralisch ans Herz gefasst, und wenn es so war, dann war es alles andere als ironisch gemeint. Meine Stimme war der von Frankie Stubbs so ähnlich wie nie: heiser, fertig, abgefuckt. Und so ging es weiter, bis am Ende die Hälfte des Raums auf dem Boden kniete, um Thin Lizzys »Cowboy Song« auf der Luftgitarre zu begleiten.

Als ich das letzte Mal auf die Uhr geschaut habe, standen wir in der grell beleuchteten Dönerbude nebenan, es war kurz nach vier, und wir nahmen uns in den Arm, Torti, Heike und ich. Draußen warteten Kowalski und die Tourneeleitung im Taxi auf mich. Dann schob mir Torti seine Zunge in den Mund, schließlich auch Heike, und mit einem Falafel stürzte ich zum Taxi, kletterte auf die Rückbank und winkte meinen Freunden hinterher, und ich wurde melancholisch, weil ich es nie fassen kann, dass so viele Menschen so sterbenslangweilig, einfältig und blöde sind, einige wenige dagegen so unfassbar toll. Man ist geneigt zu sagen: Es gibt halt solche und Seuche. Natürlich musste ich meine tiefschürfenden Gedanken noch den anderen beiden mitteilen, und so saßen wir Junkfood essend, Hausbargetränke trinkend und betrunkene Männergespräche führend bei Kowalski und der Tourneeleitung auf dem Zimmer, bis ich mich irgendwann im Morgengrauen mit letzter Kraft in mein Zimmer schleppte.

Alles in allem war es ein wunderbarer, fürchterlicher, kleiner, großer Backstagepartyabend, dessen Rechnung ich jetzt begleichen muss.

Die Heiserkeit greift auf den ganzen Körper über. Sie schwächt meinen gesamten Organismus. Ich klinge abgefuckt und krank. Ich fühle mich alt und behindert. Lieber hätte ich einen lädierten Finger oder einen verstauchten Fuß. Dazu jetzt auch noch Dünnschiss. So eine Scheiße.

Der Teil der Stadt, in dem du wohnst, ist sehr laut. Es gibt viel Verkehrslärm, viele Jugendliche, viele Kneipen, Kinos, Cafés. Pulsierend nennt man das. Du dachtest immer, du wärst ein Typ, dem das gefällt: pulsierendes Leben. Vielleicht stimmt das sogar, schließlich warst du doch so froh, als du endlich hierher gezogen bist, raus aus der Enge der Kleinstadt. Aber insgeheim sehnst du dich fortwährend nach Ruhe, was vielleicht daran liegt, dass du ständig Lärm ausgesetzt bist.

Wenn man von deinem Teil der Stadt in einen bestimmten anderen Teil der Stadt fährt, ist es aber fast wie Urlaub machen. So wie diesen Samstag. Eigentlich wolltest du nur zu einem Café in der Stadt, einen Kaffee und ein Wasser bestellen und dabei lesen. Du findest in der Anonymität der Menschen mehr Ruhe als zu Hause, wo all deine Platten und deine Gitarre und dein Computer stehen. Sie lenken dich ab, rauben dir die Konzentration. Also sitzt du auf deinem Rad und fährst so Richtung Café. Die Sonne scheint, das Fahrrad gleitet leicht über den Asphalt. Du hörst The Cure auf dem MD-Player, und sie singen »I used to sometimes try to catch her«, und du willst noch nicht anhalten, »but never even caught her name«, also machst du einen kleinen Umweg über die Promenade, die den gesamten Stadtkern umringt. Du fühlst dich gut und fährst und fährst und fährst. Die frische Luft gleitet durch dein Haar, unter deinem T-Shirt beginnst du, leicht auf dem Rücken zu schwitzen. Du weißt gar nicht mehr so genau, wo du

bist, als du aus Neugier die von Bäumen und Wiesen
umgebene Promenade verlässt und in das andere Viertel
gelangst.

Alles wirkt ganz anders hier. Du nimmst die Kopfhörer
vom Ohr und bist völlig erschlagen. Alles ist plötzlich
so leicht, so ruhig, so langsam. Vögel zwitschern und
ein kleiner Wind huscht durch die Bäume. Es klingt wie
das Meer. Die Sonne scheint durch die Äste auf das Kopf-
steinpflaster. Die Straßen sind eng, die Häuser sind
hoch und alt. Du kommst dir mit dem Krach aus deinen
Kopfhörern vor wie ein Eindringling. Du stopfst sie in
deine Hosentasche und drehst um.

Zurück auf die Promenade, nur ein kleines Stück.
Ungefähr hundert Meter, dann drehst du erneut um und
nimmst noch mal denselben Weg in das andere Viertel
hinein, diesmal ohne Musik. Erstaunlich, wie heil die
Welt hier wirkt. Die parkenden Autos sehen aus wie zur
Zierde aufgestellt. Hier und da vereinzelte Fußgänger
und Fahrradfahrer. Sie wirken sehr ausgeglichen und
glücklich. Sie haben keine Eile. Sie pfeifen vor sich hin
oder unterhalten sich leise am Wegesrand. Du bist im
Abspann einer ZDF-Familienserie gelandet!

Das Café da vorne sieht einladend aus. Die Bedienung
begrüßt dich freundlich. Ein paar Leute sitzen an den
Tischen um dich herum. Du kennst keinen von ihnen, und
sie beachten dich nicht. Es ist herrlich. Du bestellst
Kaffee und Wasser und sitzt einfach da. Zehn Minuten,
zwanzig Minuten, dreißig Minuten.

Mein Freund Paule hat mir die Gesangsübungen gezeigt. Er kam
vor ein paar Jahren in den Genuss von professionellem Unter-
richt, hatte ungefähr eine Million Gesangstunden, und jede Stunde hat ungefähr eine Million Euro gekostet. Die Plattenfirma
hat gezahlt. Da ich bis vor kurzem keine Plattenfirma hatte, hat

Paule an ein paar Nachmittagen sein Wissen an mich weiter-
gegeben. Außerdem gab er mir ein paar Tipps und Tricks, was
gut für die Stimme ist und was schlecht.

Schlecht ist auf jeden Fall alles, was Spaß macht: Alkohol,
Zigaretten, Singen, Reden, Feiern, die Nacht durchmachen. Er
selbst bindet sich direkt nach dem Konzert einen Schal um, trinkt
einen Schluck Fenchelhonig und macht, dass er ins Bett kommt.
Er schläft auf Tour soviel es geht und trinkt nur vor Offdays
mehr als zwei oder drei Gläschen Wein. Als seine Band erfolg-
reicher wurde, hat er sogar seiner Stimme zuliebe aufgehört zu
rauchen.

Bei mir war es genau andersrum, ich habe mit sechsundzwanzig angefangen. Mit sechsundzwanzig Jahren mit dem Rauchen anzufangen ist nicht das, was man gemeinhin von einer
gefestigten Person erwartet. Mit sechsundzwanzig sollte man
eigentlich drüber hinweg sein. Vielleicht ist das die Kehrseite
von Young until I die?

Ich kann mich noch an die ersten Versuche erinnern, beim
Rauchen geil auszusehen. Wie wärs denn, die Fluppe zwischen
Mittel- und Ringfinger zu halten, habe ich bei Michel Houelle-
becq gesehen! Na ja, ganz lässig, aber zu umständlich. Mit links
vielleicht? Hm, schon besser. Dann die Freude darüber, dass ich
die Lulle in hohem Bogen ein paar Meter weit wegschnippen
konnte. Kurz darauf sah ich Vierzehnjährige an der Bushalte-
stelle rauchen und die Kippen genauso wegschnippen, und fühlte mich ziemlich dämlich. Fuck.

Dann waren die ersten Zigarettenpackungen mit Todes-
drohungen in Umlauf. Auf meiner Ersten stand: »Rauchen schä-
digt die Spermatozoen und schränkt Ihre Fruchtbarkeit ein.«
Ich muss sagen, das saß. Man möchte so was auf einer Familienfeier nicht unbedingt vor sich liegen haben. Seitdem höre ich
jede Woche mit dem Rauchen auf, und fange jede Woche wieder
damit an. Auf Tour ist das Rauchen am schlechtesten für die
Stimme, aber am besten für die Nerven.

Ich könnte eine Tour nicht wie Paule bewältigen. Ich würde mir isoliert vorkommen und sofort in Krankheit und Depressionen verfallen. Es ist ein schmaler Grat zwischen zu viel und zu wenig.

Nach dem Frühstück erteilt die Tourneeleitung mir sofortiges Rede- und Anstrengungsverbot. Guter Nebeneffekt: Ich muss nicht mithelfen, die Backline auszuladen und keine Interviews geben. Schlechter Nebeneffekt: Die anderen fühlen sich dadurch benachteiligt und warten nur darauf, mich bei einer ungesunden Tätigkeit zu erwischen.

»Aha, du kannst also keine Interviews geben, aber der gutaussehenden Blondine da dein ganzes Leben erzählen und stundenlang mit ihr um die Wette quarzen, soso!«

Den nächsten Offday haben wir in drei Tagen. Da muss ich mich kurieren, und bis dahin muss ich so gut es geht durchhalten.

Auf deinem Weg nach Hause fühlst du dich, als hättest du eine Woche Urlaub auf einer einsamen Insel hinter dir. Als hättest du den Frieden gesehen. Du nimmst dir vor, öfter so in deiner Stadt herumzufahren und andere Viertel zu erkunden, ganz entspannt und ruhig und ohne Terror auf den Ohren. Die Vororte. Die Wälder. Die kleinen Bäche und den Kanal. Raus aus der Gegend die man kennt. Was du natürlich nicht machst, weil man Vorsätze dieser Art nun mal nicht umsetzt. Man nimmt sie sich vor, denkt noch ein paar Mal kurz daran, und vergisst sie wieder.

Das war auf jeden Fall das heißeste und anstrengendste Konzert dieser Tour. Ich habe getan, was ich tun konnte, und ich habe den Auftritt überstanden. Song für Song mal besser, mal schlechter, aber nie wirklich gut. Ich bin deprimiert, geschwächt, ausgebrannt, wütend. Es ist frustrierend, wenn man nicht leisten kann, was man leisten will. Wenn man feststellen muss, dass man seiner Aufgabe offenbar nicht gewachsen ist. Der Wille ist da, ich versage trotzdem. Die Leute im Publikum haben gemerkt, dass meine Stimme nicht voll da war, klar haben sie das gemerkt, wie sollte man es nicht merken. Haben gehört, gesehen, gefühlt, dass ich bei jeder Zeile gelitten habe. Dass ich wollte, aber nicht konnte. Ich fühle mich schwach und wertlos. Es kotzt mich an.

Ich würde gern genießen, aber es geht momentan nur noch ums Durchhalten.

6.

»Am 29. November 1984 rief er kurz nach 21.00 Uhr bei ihr an. Sie erklärte ihm, man könne sich am Wochenende nur kurz sehen. Ferner erwähnte sie, ihr Sohn finde ihn für sie zu jung. Aufgrund dieses Gesprächs gewann er zutreffend den Eindruck, sie wolle sich von ihm trennen. Er war überzeugt, sie sei von ihren Mietern, den Eheleuten L., gegen ihn aufgehetzt worden. Bei diesen Überlegungen geriet er derart in Wut, dass er den Plan fasste, das Haus von Frau K. anzuzünden, damit diese mit den Mietern darin umkomme. Noch in derselben Nacht fuhr er von W. (Belgien) nach Bü., dem Wohnort von Frau K. Dort goss er zwischen 1.00 Uhr und 1.30 Uhr vor sämtliche Türen und Fenster des Gebäudes sowie vor das Garagentor Benzin, das er sich unterwegs an einer Tankstelle in E. besorgt hatte. Auch die Rollläden an den Fenstern der Mietwohnung begoss er mit Benzin. Er wollte jegliche Fluchtmöglichkeit für die Hausbewohner vereiteln. Sein Vorhaben scheiterte jedoch. Lediglich einer der Rollläden fing Feuer. Daraufhin versuchte er nach Zerschlagen einer Scheibe neben der Haustüre, diese durch die so

geschaffene Öffnung von innen aufzuschließen. Sein Ziel
war nunmehr, wenigstens Frau K. zu töten. Da auch dieser
Versuch misslang und mit dem alsbaldigen Eintreffen der
Polizei zu rechnen war, fuhr er nach W. zurück. Von dort
rief er in der gleichen Nacht mehrmals Frau K. an, um sie
zu belästigen. Wenn sie sich meldete, legte er den Hörer
auf.

Gegen 6.45 Uhr telefonierte sie ihrerseits mit ihm.
Seine Bitte, sich zu treffen, lehnte sie energisch ab und
wies darauf hin, dass zwischen ihnen alles aus sei. Über
ihr ablehnendes Verhalten war er äußerst erbost und
erklärte ihr, er werde sie umbringen. Da er in Erfahrung
gebracht hatte, dass die Kriminalpolizei zwischen 7.30
Uhr und 8.00 Uhr bei ihr eintreffen werde, entschloss
er sich, sofort zu ihr zu fahren, um sie vorher zu töten.
Er konnte es nicht verwinden, dass seine Geliebte in
Zukunft einem anderen gehören könnte. Um das zu verhindern, wollte er sie lieber umbringen. Darüber hinaus
war er erregt, dass ihn zum wiederholten Male eine Frau
verlassen hatte, mit der er glücklich zu werden gehofft
hatte. Er empfand Hass gegen alle Frauen. Frau K. sollte
mit für das Verhalten dieser Frauen büßen. Kurz vor
8.00 Uhr kam er in Bü. an. Frau K, die nicht mit dem Er-
scheinen des Angeklagten gerechnet hatte, öffnete auf
sein Klingeln die Haustüre. Der Angeklagte stach dann
mit einem Messer immer wieder auf sie ein. Sie blutete
sehr stark und stürzte zu Boden.

Nachdem die Spitze des Messers abgebrochen und sich
zudem die Klinge stark verbogen hatte, ging er dazu
über, sein Opfer mit beiden Händen zu würgen. Er ließ
von Frau K. selbst dann nicht ab, als eine inzwischen
herbeigeeilte Nachbarin ihm zurief, sie werde die Polizei rufen. Vielmehr zog er die nun schon bewusstlose
Frau bis zur Kellertreppe und warf sie diese hinunter.

Da sie noch Lebenszeichen von sich gab, würgte er sie
erneut und sprang mehrmals auf sie, insbesondere auf
ihren Hals und ihr Gesicht. Mit aller Kraft trampelte
er auf ihr herum. Außerdem trat er gegen ihren Ober-
körper und ihr Gesicht. Nach einer kurzen Unterbrechung
trat er aufs Neue gegen Kopf und Hals des Opfers. Um
den Tritten mehr Kraft zu verleihen, hielt er sich am
Geländer fest. Erst als er ein Polizeifahrzeug heran-
nahen hörte, ließ er von dem Opfer ab. Die Gesichtspar-
tien von Frau K. waren völlig zertrümmert, der sonstige
Schädelteil mehrfach gebrochen und im Gehirn zahlreiche
Gefäße zerrissen. Ferner waren Zungenbein und Schild-
knorpelhörner des Kehlkopfes gebrochen. Der Brustkorb
wies Rippenserienbrüche auf. Frau K. starb noch am
Tatort.«

Wir müssen zu einem Musikladen, weil ein Effektgerät im Arsch
ist. Ständig geht irgendwas kaputt. Erst meine Stimme, jetzt
auch noch mein Delay; und dann steht man in Pusemuckl im
Musikhaus Flötigerd und versucht, Ersatz zu bekommen. Aber
den haben sie nicht, denn sie verkaufen hauptsächlich Noten-
bücher und Blockflöten:
    »Aber versuchen Sies mal bei Ferdis Rockhölle am anderen
Ende der Stadt, der müsste Ihnen da weiterhelfen können.«
    Wir sind zwar spät dran, aber morgen ist Sonntag, die nächs-
te Gelegenheit sich drum zu kümmern wäre also übermorgen.
Also auf zu Ferdi. Oh, verfahren, die Wegbeschreibung stimmt
ja hinten und vorne nicht, und überall Einbahnstraßen, also
U-Turn mitten an der Kreuzung und die Autofahrer hupen uns
böse an. Endlich, da links ist es. Kein freier Parkplatz, zwei springen eben raus, die anderen warten am Parkhaus da vorne. Mist,
der Laden ist verschlossen. Ein Schild in der Tür, Ferdis Rock-
hölle öffnet Samstags erst um dreizehn Uhr. Wahrscheinlich weil
Ferdi eine faule Muckersau ist und überdies mittags eine geschla-

gene Stunde braucht, mit seinem fetten Arsch in die Schnür-
lederhose zu kommen.

Eine Rockband erscheint mir manchmal als völlig unzeit-
gemäße Veranstaltung. In Zeiten von Navigationssystemen fürs
Auto und Wireless-LAN-Internetzugang an jeder Ecke wirkt es
geradezu anachronistisch, tonnenweise Equipment durch die
Gegend zu fahren, jeden Tag aus- und wieder einzuladen, auf-
und wieder abzubauen, das Arbeitsgerät vollzuschwitzen und
wieder trocken zu putzen. Man spielt auf Instrumenten, deren
Saiten und Felle sich permanent verstimmen und die allgemein
viel Pflege brauchen. Dann ist da irgendwo ein fieses Brummen
im Gitarrenverstärker, und es dauert ewig, den Fehler zu finden.
Könnte eins der Effektgeräte sein, eins der Kabel, einer der Ton-
abnehmer, die Erdung der Gitarre, die Erdung am Verstärker,
der Verstärker selbst, die Box. Dann hat man nach einer halben
Stunde rumprobieren in allen Kombinationen immer noch keinen Fehler gefunden und stellt fest, dass irgendwas mit dem
Stromkreis auf der Bühne nicht stimmt. Ah geil, jetzt kriege ich
auch noch einen gewischt, wenn ich ans Mikro trete. Ich wollte
eigentlich anders sterben, danke.

Als ob ein normaler Soundcheck nicht schon nervig genug
wäre. Am liebsten würde ich einfach mit Holzlatten auf Steine
kloppen, irgendwas, wofür man keinen Strom und keine Kabel
braucht. Ganze Mülldeponien von gerissenen Gitarrensaiten,
zerbrochenen Sticks, gerissenen Snarefellen, abgewetzten Plek-
tren, halbleeren Batterien, kaputten Verstärkerröhren, durchge-
knallten Glühbirnen und, nicht zu vergessen, KILOmeterweise
verklebtem Gaffatape haben wir schon produziert. Haben Elek-
trobands, die sich mit ein paar Laptops auf die Bühne stellen,
eigentlich auch Probleme dieser Art? Rennen die ständig in
Computerläden, um neue Festplatten zu besorgen, laden sich
horrormäßig teure Software aus dem Internet runter und verballern ihre ganze Gage für Notebook-Akkus und USB-Sticks im
Media Markt?

Der Höhepunkt auf dieser Tour ist bisher das Mikro, das ich gestern Abend zerstört habe. Ich habe so viel geschwitzt und gesabbert, dass es zunehmend mumpfiger und leiser wurde, und dann genau zum letzten Lied wegen Wasserschaden den Geist aufgab. Sepp sagt, so was habe er in seiner langen Techniker-Laufbahn noch nicht erlebt, und bei aller Ekligkeit der Sache bin ich ein bisschen stolz darauf. Das war aber auch eine unmenschliche Hitze. Vielleicht das heißeste Konzert, das wir jemals gespielt haben. Wir alle hatten das Gefühl, jeden Moment umzukippen. Nur dieses Lied noch schaffen, nur noch den einen Refrain. Meine Stimme war schwach, was aber nicht viel Unterschied gemacht hat, denn ich hatte eh nicht genug Luft, um vernünftig zu singen. Und keinen Platz auf der engen Bühne. Auch egal, denn es war zu heiß, um sich zu bewegen. Gestern erschien es mir noch wie die reine Hölle, aber schon heute bemerke ich an mir selbst die Verklärung der Vergangenheit: Wie es von der Decke getropft hat! Wie fertig nachher alle waren, Band UND Publikum! Ein Konzert, an das wir für immer denken werden. Legendär! Umwerfend! So oder so, am Ende war nicht nur das Mikro geflutet, sondern auch mein Fußtreter defekt. Warum, das weiß kein Mensch. Ich sowieso nicht, denn ich bin eine technische Niete und heilfroh, dass wir Dr. Menke dabeihaben, der sich um so was kümmert – wenn er denn kann.

Heute kann er nicht. Wir müssen weiter, können nicht bis dreizehn Uhr auf Ferdi warten. Es muss ohne das Gerät funktionieren.

Während Dr. Menke und ich also unverrichteter Dinge wieder abziehen und zum Bus gehen, denke ich laut darüber nach, dass vielleicht gerade die Ungenauigkeit und das Unprogrammierbare und das Spontanseinmüssen den besonderen Reiz und Erfolg von Rockmusik ausmachen. »Ich will nicht retro-romantisch oder technikfeindlich klingen, aber ich bin mir sicher, dass da was dran ist«, krächze ich.

»Was redest du denn da?«

»Ich hab gesagt, ich will nicht retro oder technikfeindlich klingen, aber da ist doch was dran.«

»Ich hab dich akustisch verstanden, ich weiß nur nicht, was du mir damit sagen willst.«

»Na ja, ohne Unberechenbarkeit kein Abenteuer, oder?!«

»Mag ja sein, aber mir wärs trotzdem lieber, ihr hättet vernünftiges Equipment!«

»Ist klar, mir ja auch. Aber ich meine, so generell – wer will denn schon Bands sehen, die live genauso klingen wie auf CD, das ist nicht interessant, da kann man doch besser zu Hause bleiben. Die besten Konzerte sind doch meistens die, wo etwas völlig Unerwartetes passiert!«

»Also ganz ehrlich, ich könnte darauf auch verzichten!«

»Aber du weißt schon, wie ich das meine, oder?«

»Los steig ein, wenn wir pünktlich ankommen kann ich mir das Delay vorm Soundcheck nochmal angucken.«

Mit meinen Thesen kann Dr. Menke offenbar nicht viel anfangen. Er scheint da eher praktisch veranlagt. Aber dafür wird er ja auch bezahlt.

Es ist heiß hier im Container. Demnächst soll eure Abteilung nach nebenan ins Haupthaus umziehen, aber dort wird momentan noch angebaut, und bis sie damit fertig sind, hockt ihr in diesen kleinen weißen Würfeln vor euren Computern. Zehn Leute pro Raum, die meisten davon Studenten, und alle machen dasselbe: mit einem XML-Programm Gerichtsurteile bearbeiten. Eine monotone Arbeit, bei der dir meist schon nach zwei oder drei Stunden die Augen zufallen. Urteil auf Urteil auf Urteil muss in Form gebracht werden. Die Vorinstanzen verlinken, das Datum überprüfen, das Aktenzeichen aufdröseln, Absätze einfügen, Zitate in die richtigen Tags setzen, das Ganze wieder in die Datenbank hochladen …

Die einzigen Lichtblicke sind die Pausen, in denen du dich aufs Klo verziehst. Unter deinem Pullover schmuggelst du dein Tagebuch oder ein Taschenbuch mit auf die Toilette, wo du auf dem Klodeckel sitzt und liest oder schreibst.

Zurzeit ist es immerhin nicht ganz so langweilig wie sonst, denn seit letzter Woche sind die Strafsachen dran, und da sind ein paar sehr interessante Fälle bei. Eigentlich sollt ihr die Urteile ja nicht durchlesen, sondern nur überfliegen, nach dem vorgegebenen Schema bearbeiten und direkt das nächste machen, denn es gibt einen gewissen Schnitt zu schaffen. Dir ist das egal. Sollte man dich rausschmeißen, weil dein Schnitt zu schlecht ist, suchst du dir eben einen anderen Job. Du wirst dich bestimmt nicht kaputtmachen für diese Firma. Bei besonders guten Urteilen kopierst du den Text heraus, gehst heimlich online und schickst ihn dir selbst als E-Mail. Dabei ist in den letzten Schichten eine schöne Sammlung zusammengekommen. Authentische und derbe Geschichten aus den Tiefen der menschlichen Psyche, geschrieben mit der Korrektheit und Kühle von sachlichem Beamtendeutsch. Da kann Bret Easton Ellis nach Hause gehen.

»Nach den Feststellungen des Landgerichts versetzte der Angeklagte am 9. Dezember 1978 seiner sechs Monate alten Tochter Rebekka mehrere wuchtige Faustschläge auf den Körper und – mit bedingtem Tötungsvorsatz – an den Kopf. Anlass der Tat war, dass der Angeklagte, dem das Kind gleichgültig und lästig geworden war, durch dessen Schreien am ungestörten Genuss eines Fernsehfilms gehindert wurde. Hierdurch geriet er in Ärger und Wut. Nachdem er sich zunächst damit begnügt hatte, seine ursprüngliche Absicht, Rebekka trockenzulegen, aufzugeben und sie in ihren Stubenwagen zurückzuwerfen, reagierte er auf das fortdauernde Schreien des Kindes mit einem Faustschlag auf dessen Gesäß und schließlich, nachdem er zum dritten Mal das Anschauen des Films unterbrochen hatte, mit drei Faustschlägen, die den Kopf trafen. An den Folgen der Misshandlungen starb das Kind am 7. Januar 1979.

Der Angeklagte, der seine damals 16 Jahre alte Frau nach der Geburt zweier gemeinschaftlicher Kinder mit 21 Jahren geheiratet hatte, lebte zur Tatzeit, wenn auch nicht unverschuldet, in unglücklicher Ehe. Er war seiner Frau geistig in hohem Maße unterlegen (UA S. 25). Seine Minderwertigkeitsgefühle reagierte er durch Schläge, mit denen er sich Respekt verschaffen wollte, ab. Die Eheleute gingen schließlich eigene Wege. Trotzdem war der Angeklagte sehr eifersüchtig (UA S. 26). In ihm setzte sich bis zur subjektiven Gewissheit die Vorstellung fest, Rebekka stamme nicht von ihm ab. Die Folge war, dass ihm das Kind gleichgültig wurde und er es bewusst vernachlässigte (UA S. 27). Das alles führte zu wachsenden Spannungen zwischen den Eheleuten. Am Tatabend war die Ehefrau des Angeklagten – was sie sich als »Gegenleistung« für den Besuch eines Fußballspiels durch den Angeklagten ausbedungen hatte – allein in eine Diskothek gefahren (UA S. 32). Kurz danach begann Rebekka, die infolge mangelhafter Pflege im Bereich von Geschlechtsteil und After wund war (UA S. 35), mit dem Weinen und Schreien, das die unmittelbare Ursache für die Wut war, aus der heraus der Angeklagte die Tat beging.«

Wir haben den Metallica-Film »Some Kind of Monster« zwar schon mal alle zusammen im Kino gesehen, aber man kann ihn ruhig ein zweites oder drittes Mal gucken. Ein wirkliches Ungetüm von einem Streifen. Manche Szenen sind so schockierend, so brutal, so aufschlussreich. Als Band einen Film über eine Band zu gucken ist wirklich seltsam. Man entdeckt so viel wieder. Ich finde es beruhigend, dass andere Bands dieselben Probleme haben wie wir, dass sie streiten, sich anzicken, aneinander vorbeireden, schmollen und Tage haben, an denen alles, was sie spielen, scheiße klingt, an denen alles, was sie tun, sinnlos erscheint. Es ist inspirierend, anderen beim Scheitern, Zweifeln und trotzdem Weitermachen zuzusehen.

Im Moment reden hier im Bus alle darüber, was für ein Arschloch Lars Ulrich ist. Ich kann nicht mitreden, weil aus meinem Hals kein Ton kommt, und vielleicht ist das auch gut so, denn ich würde mit Feuer und Flamme Partei für Lars ergreifen, woraufhin umgehend Streit ausbrechen würde, weil ich altes Arschloch mal wieder Sympathie für Arschlöcher habe. Aber merkt hier denn keiner, dass er der einzige ist, der was geschissen kriegt? Ich würde vielleicht nicht unbedingt mit ihm in Urlaub fahren wollen. Auch kann ich es nicht ausstehen, ihm beim Essen zuzusehen (aber das kann ich bei Kowalski auch nicht, der Typ frisst gerade hinter mir Schokolade und schmatzt wie Hölle). Aber wenn es darum geht, mit der Musik voranzukommen, scheint er der einzige zu sein, der nicht nur dasteht und mit den Achseln zuckt, sondern lieber mal den Mund aufmacht und die Dinge auf den Tisch bringt. Manche Bands brauchen offensichtlich solche Typen. Ich finde: Lieber mal unangenehm sein als nur halbgeil abliefern.

Ich muss schon wieder zum Klo. Das dritte Mal heute. Ich tippe der Tourneeleitung auf die Schulter, um ihm das Ich-kann-nicht-sprechen-aber-fahrt-mal-die-nächste-Gelegenheit-rechts-ran-Zeichen zu geben.

»Ayh! Punkt sieben!«, brüllt er.

»Pffft, Punkt neun!«, denke ich zurück.

»Das Landgericht hat den Angeklagten wegen Totschlags zu einer Freiheitsstrafe von zehn Jahren verurteilt. Die Nebenkläger, die mit ihrer Revision die Verletzung förmlichen und sachlichen Rechts rügen, erstreben eine Verurteilung wegen Mordes. Ihr zulässiges Rechtsmittel hat mit der Sachrüge Erfolg.

Nach den Feststellungen des Landgerichts nahm der verheiratete Angeklagte Anfang 1994 eine intime Beziehung mit dem späteren Tatopfer Carmen N. auf. Diese hatte die Erwartung, mit dem Angeklagten eine Familie zu gründen, was ihm auch bewusst war. Obwohl er selbst an seiner Ehe festhalten wollte, offenbarte er dies gegenüber Carmen N. nicht. Für ihn stand der sexuelle Kontakt im Vordergrund. Bei dem Angeklagten besteht eine gravierende Triebabweichung in Form einer sadistischen Neigung. Seine Ehefrau lehnte sadomasochistische Praktiken strikt ab. Auch Carmen N. hatte keine entsprechenden Neigungen, war aber dem Angeklagten zuliebe und in der Hoffnung auf eine gemeinsame Zukunft bereit, die schmerzhaften Sexualpraktiken an sich zu erdulden. Etwa ab Sommer 1994 versuchte der Angeklagte, sich aus der Beziehung mit Carmen N. zurückzuziehen. Er tat dies aber nicht offen, sondern versuchte, das Verhältnis »einschlafen« zu lassen, indem er Carmen N. wiederholt versetzte. Andererseits bestärkte er aber wieder ihre Erwartung auf eine gemeinsame Zukunft, sodass sie seine Absicht zunächst nicht erkannte.

Bedenken kamen Carmen N. am Nachmittag des 9. August 1994. Sie rief den Angeklagten noch am gleichen Abend gegen 23.00 Uhr zu Hause an und forderte ihn zu einem Treffen auf. Der Angeklagte, der im Verlauf des Abends mehrere Flaschen Bier getrunken und eine Blutalkoholkonzentration von 1,29 ‰ hatte, holte sie gegen 23.30 Uhr mit seinem PKW ab und fuhr mit ihr zu einem Waldstück.

Bereits während der Fahrt erklärte er ihr, dass er
die Beziehung beenden wolle. Carmen N. war damit nicht
einverstanden. Als der Angeklagte den PKW auf einem
Waldweg angehalten hatte, verließ sie das Fahrzeug.
Der Angeklagte folgte ihr und es kam zu einer heftigen
Auseinandersetzung, in deren Verlauf Carmen N. ihn
beschimpfte und auch herabsetzende Bemerkungen über
seine Ehefrau machte. Der Angeklagte kehrte mit der
Bemerkung »Leck mich am Arsch« zunächst verärgert
allein zum PKW zurück. Da Carmen N. ihm nicht folgte,
ging er einige Minuten später wieder zu ihr. Als sie sich
unaufgefordert entkleidete und ihre Arme um ihn legte,
stieß er sie brüsk von sich. Auf diese Zurückweisung
begann sie ihn erneut wütend zu beschimpfen, wobei sie
wiederum beleidigende Äußerungen über seine Ehefrau
und auch seine Tochter machte. Außerdem versetzte sie
ihm zwei Ohrfeigen. Sie drohte ihm schließlich an, seine
sexuellen Neigungen zu offenbaren und auch die vom
Angeklagten gefertigten Videoaufnahmen ihrer sadomaso-
chistischen Praktiken herumzuzeigen. Der Angeklagte
entschloss sich nunmehr, Carmen N. zu töten. Maßgebli-
cher Beweggrund hierfür war zum einen, dass eine Offen-
barung aus seiner Sicht zum Scheitern seiner Ehe führen
würde. Darüber hinaus wollte der Angeklagte, der ein
hohes soziales Anerkennungsbedürfnis hat, verhindern,
dass seine sexuellen Neigungen gegenüber Dritten
bekannt werden. Er fürchtete um seine soziale Akzeptanz.
Zusätzlich erregt über das Verhalten von Carmen N.,
was aber für den Tatentschluss nur noch unwesentliche
Bedeutung hatte, stach er dreimal mit einem mitge-
führten Taschenmesser auf sein Opfer ein. Er fügte ihr
jeweils tödliche Verletzungen am Hals und im Brustbe-
reich zu, an denen sie innerhalb kürzester Zeit starb.
Postmortal trennte er ihr sodann die Brüste ab, schnitt

den Venushügel und die rechte große Schamlippe heraus und öffnete ihren Unterbauch. Anschließend versteckte er die Leiche im Wald und nahm die Kleidung der Toten an sich.

Das sachverständig beratene Landgericht nimmt an, dass der Angeklagte (nur) bei der Tötung durch einen Affekt in seiner Steuerungsfähigkeit erheblich eingeschränkt war. Durch die Tötung sei sodann seine sexuelle Devianz durchgebrochen und habe sich in der Verstümmelung der Geschlechtsorgane manifestiert.

Die Kammer meint, der Angeklagte habe nicht aus »sonst niedrigen Beweggründen« im Sinne von § 211 Abs. 2 StGB gehandelt. Dies stützt sie zum einen auf die starke affektive Anspannung des Angeklagten bei der Tatausführung. Zudem sei nicht feststellbar, dass die Tötung allein oder ganz wesentlich dadurch motiviert gewesen sei, einen Störfaktor seiner Ehe zu beseitigen. Allein dieses Motiv wäre aber als niedriger Beweggrund einzuordnen. Der Tatentschluss des Angeklagten beruhe vielmehr auf einem Motivbündel, er habe wesentlich auch zur Wahrung seiner sozialen Akzeptanz gehandelt und teils aus affektiver Erregung heraus.«

Nach einem Arbeitstag mit dieser Ausbeute fällt es dir schwer, deinen Freunden von Tomte zuzustimmen, wenn sie singen: »Für immer die Menschen!«.

Brutaler Mord aufgrund von Eifersucht und Verlustangst um neun Uhr sechzehn. Minderbemittelter Vater schlägt seine sechs Monate alte Tochter tot, weil er nicht in Ruhe fernsehen kann um elf Uhr achtundfünfzig. Sadomasochist tötet seine Geliebte und schneidet ihr mit einem Taschenmesser die Brüste und noch so einiges ab um vierzehn Uhr zwanzig. Ein geeigneter Tag, um jeden restlichen Glauben an das menschliche Geschlecht im

Allgemeinen und das männliche im Besonderen auf dem
Sondermüll zu entsorgen.

Um vierzehn Uhr zweiundvierzig, kurz vor Ende der
Schicht, stößt du aber schließlich noch auf ein Dokument
ganz anderer Art, das dich ein wenig versöhnlich stimmt.

»Am 19. Oktober 1988 beschwerte sich L., der in der JVA B.
eine Freiheitsstrafe von 9 Jahren wegen Raubes verbüßt,
gegenüber dem Anstaltsleiter über die von ihm als enorme
Belästigung empfundene ›Musiküberflutung während der
Zwangsarbeit‹ in der Schneiderei. Mit dem am 11. November 1988 mündlich eröffneten Bescheid wies der Anstaltsleiter die Beschwerde mit der Begründung zurück, dass
die Übertragung von Unterhaltungsmusik dem Wunsch der
in der Schneiderei Beschäftigten entspreche und das
angebotene Musikprogramm unter Abwägung der verschiedenen Interessen nicht zu beanstanden sei.
(…)
Es ist zuzugeben, dass das Ertönen von Schlager-
musik während der gesamten Arbeitszeit eine erhebliche
Belästigung darstellen kann. Schlagermelodien sind
im allgemeinen von geringem musikalischen Wert. Noch
ungeistiger als die Musik sind die Schlagertexte, die
sich vorzugsweise mit den Themenbereichen Liebe, Sehn-
sucht, Abenteuer und Heimweh befassen. Da im Schlager
häufig eine Scheinwelt als Alternative zur real erleb-
baren Welt angeboten wird, kann er vor allem bei Jugendlichen als scheinbare Orientierungshilfe dienen und
in Ausnahmefällen charakterliche Fehlhaltungen hervor-
rufen (Meyers Enzyklopädisches Lexikon, 9. Aufl., Stich-
wort »Schlager«). Diese Gefahr besteht jedoch nicht beim
Antragsteller, der der leichten Unterhaltungsmusik mit
kritischer Distanz gegenüber steht, wie das vorliegende
Verfahren zeigt.«

Es klappt heute etwas besser. Die Stimme ist immer noch angeschlagen, ich treffe aber immerhin die meisten Töne und gebe ein nicht ganz so bemitleidenswertes Bild ab wie gestern. Ich habe die Setlist umgestellt, zwei anstrengende Lieder gegen zwei ältere ausgetauscht, von denen eins Mario singt. Die älteren Lieder sind alle so einfach zu singen, nichts im Vergleich zu den neueren.

Allerdings bin ich noch weit davon entfernt, das Konzert zu genießen, es ist immer noch eine ziemliche physische und psychische Anstrengung. Ich muss mich permanent konzentrieren, die Stimme stabil zu halten und nicht den Gewaltweg zu einem Ton zu wählen. Ich würde mich lieber drauf konzentrieren, Spaß zu haben und zwischen den Liedern gute Sachen zu erzählen. Als wir von der Bühne gehen, bin ich aber dennoch einigermaßen zufrieden. Ich habe es so gut gemacht, wie es ging. Mehr war nicht drin. Ich kann also heute wenigstens mit der Gewissheit zu Bett gehen, alles mir Mögliche gegeben zu haben. Und ins Bett gehe ich auch recht bald, denn wachbleiben bedeutet reden und Alkohol trinken, und reden und Alkohol trinken bedeutet rauchen, und reden, Alkohol trinken und rauchen sind Gift für meinen Körper, diesen Bastard, auf dessen Funktionieren ich so angewiesen bin wie keiner sonst hier.

Würde ich nur Gitarre spielen, wäre mir das alles egal. Aber mein wichtigstes Instrument ist mein Hals, und der ist im Arsch und wartet sehnsüchtig auf die Verschnaufpause. Übermorgen Offday. Bis dahin: durchhalten.

7.

Mit Smilla und mir klappt es immer noch nicht so richtig. Stattdessen blättere ich in ein paar Zeitschriften, die im Bus rumfliegen. Die meisten schreiben ausschließlich genau auf die jeweilige Klientel zugeschnittenes Blabla. Trotzdem habe ich irgendein seltsames Interesse an den Dingern. Ständig stehe ich an Raststätten, Bahnhöfen oder Kiosken vor dem Zeitschriftenregal und würde mir gerne was kaufen. »Ichmusswathaaam« ist der bandinterne Begriff für diesen Zustand diffusen Verlangens. Wenn ich dann mal mit einem Magazin unter dem Arm (oder unter der Jacke) den Laden verlasse, rege ich mich beim Lesen kontinuierlich auf. Die Musikmagazine berichten alle über dieselben Bands, und sie haben alle dasselbe zu diesen Bands zu sagen. Die Bands selbst reden auch immer den gleichen Driss. Die neue Platte ist ihre bisher beste, sie machen eher Bauch- als Kopfmusik ... Scheiße, das sind ja genau die Sätze, die ich im Promo-Marathon letztens auch des Öfteren benutzt habe. Ob das aus meinem Mund genauso abgeschmackt klang?! Aber ich will doch nicht von jedem dahergelaufenen Rhythmusgitarristen die Meinung zu George W. Bush oder zur Plattenindustrie wissen!

Hier haben wir wieder so ein meinungsführendes Blatt. Ich kann mich noch an das Review zu unserer Platte erinnern. Es war ein Witz. Der Rezensent kann die CD unmöglich aufmerksam gehört haben, sonst hätte er uns nicht mit diesen dämlichen Scheißbands verglichen. Dabei war die Besprechung sogar wohlwollend gemeint. Ein ordentlicher Verriss wäre mir lieber gewesen als dieses lahme Gewäsch. Eine Story über uns wollten sie dann aber nicht bringen. Wir seien als Thema für deren Leserschaft »nicht relevant«, hieß es. Wenn ich mir angucke, worüber die sonst so schreiben, könnte man das fast als Kompliment auffassen. Der neueste Tratsch über den englischen Junkie und das koksende Model. Gähn. Ein armer Versager, der mit seiner Band gerade mal zwei bis drei okaye Songs hatte, und selbst die waren schlecht aus den Hits längst vergangener Jahrzehnte zusammengeklaut. Was soll an dem interessant sein? Ich werde diese Gossip-Kultur nie verstehen. Lauwarmes Geschwätz von gierigen Geiern mit zu viel Zeit. Und die Band aus Hamburg hat eine neue Platte, und statt sie einfach gut zu finden, suchen sie in jeder Zeile nach der tieferen Bedeutung, nach politischen Aussagen und Philosophie, als bräuchte Musik diesen Überbau, damit man sie ruhigen Gewissens gut finden darf. Sie deuten herum und drehen und wenden, und natürlich bricht mein altes Trauma wieder auf: Deutsch Leistungskurs, zwölfte Klasse, Thema: Lyrik. Seit damals weiß ich: Songtexte zerstückeln ist wie Witze erklären. Oder Bücher verbrennen.

Was rege ich mich eigentlich so auf, bin ich etwa neidisch?

– Ja, das bin ich!

Ich glaube an meine Musik, denn sie hat Substanz. Sie hat es verdient, dass man sich mit ihr auseinandersetzt, zumindest eher als der Großteil der eindimensionalen Trendscheiße in diesem Heft. Aber andererseits ist das alles auch völlig nebensächlich, solange unsere Konzerte gut und intensiv sind. Scheiß auf die arroganten Nichtskönner in ihren Rock-'n'-Roll-Büros. Die meisten sind ja nur gehetzte Tiere, die selbst gern auf einer Bühne stehen würden. Immer auf der Suche nach dem neusten Trend und Tratsch. Wie anstrengend und ermüdend muss das sein.

Ausgerechnet in einem der nicht unbedingt für journalistische Qualität bekannten Umsonst-Musikblätter stoße ich auf eine interessante Meldung. Dort steht bei den News, dass die Indie-Dame, deren Band ich sehr schätze, jetzt eine Soloplatte rausbringt, und dass diese von den Blues- und Soulplatten beeinflusst ist, die sie als Kind mit ihrer Mutter gehört hat. Das klingt gut. Ich freue mich auf die Platte. Gleichzeitig steigt schon wieder ein bißchen Neid in mir auf, denn so was ist in meiner Biographie unvorstellbar. Bei uns gab es keine gute Musik, schließlich komme ich aus Deutschland, nicht aus England oder Amerika. Ich stelle mir gerade die Zeitungsmeldung dazu vor:

»Auf seiner neuen Platte hat Sascha Senfkissen die musikalischen Einflüsse seiner Kindheit verarbeitet. Er präsentiert uns eine atemberaubende Mixtur aus Marsch- und Volksmusik, gepaart mit der Frivolität des deutschen Schlagers und 100% hirnfreien, chauvinistisch verklemmten Texten. Als Höhepunkt gibt es eine fetzige Coverversion von Roland Kaisers frechem Evergreen ›Es kann der Frömmste nicht in Frieden leben, wenn ihm die schöne Nachbarin gefällt (und ihm das Schicksal vor der eigenen Haustür solche schönen Beine stellt).‹ Dieter Thomas Heck und Bild-Zeitung sagen: Absolut empfehlenswert!«

Ich komme aus einer Wüste. Totales kulturelles Wasteland. Platten, Bücher, Bilder, Kunst, Reisen – nichts davon wurde mir von zu Hause mit auf den Weg gegeben. Stattdessen Aldifraß, Bild-am-Sonntag-Abo, Samstagabend Actionfilme. Alles andere musste ich mir mühsam selbst aneignen. Ich laufe durch die Gegend und suche, probiere aus, picke mir was raus, beschäftige mich damit, verwerfe es entweder wieder oder aber verinnerliche es und suche weiter. Es kommt mir vor, als hätte ich mich kulturell zu einem großen Teil selbst erzogen. Ich glaube nicht mal, dass ich ohne das Auftauchen von Punkrock in meinem Leben und ein paar aneinandergereihten Zufällen jetzt überhaupt hier säße. Ich wäre ohne Punk gewiss kein anderer Mensch, und die Liebe zur Musik hatte ich auch schon lange vorher in mir entdeckt. Aber ob ich so einfach dazu gekommen wäre, selbst Musik zu machen? Ob ich mich überhaupt getraut hätte?

In der Grundschule bist du der einzige Junge der Klasse, der nicht im Fußballverein ist und sich mit den Mädchen besser versteht als mit den Jungs. Ein Außenseiter by choice.

Als du aufs Gymnasium wechselst, siehst du eine Chance für einen konsequenten Neuanfang. Du willst raus aus der einsamen Stubenhocker-Ecke, ein radikaler Imagewechsel muss her. Du probierst es mit der coolen Tour, mit Härte und Arroganz. Schnell musst du jedoch einsehen, dass dir das nicht steht. Niemand fällt darauf

herein. Du bist oft alleine und interessierst dich für
nichts anderes als Musik. Dein gesamtes Taschengeld
wird für Schallplatten ausgegeben, die meisten davon
bestellst du beim »Disc-Center«, einem sehr gut sortier-
ten Versandhandel, der in jedem Katalog eine neue Single
für neunundvierzig Pfennig und eine neue LP für sieben
Mark neunundneunzig anbietet, und der nebenbei einer
ganzen Generation von Popfans mit seiner Lupenschrift
die Augen verdirbt. Du träumst davon, selbst ein Popstar
zu sein. Ein Sänger, der auf Tour geht und seine eigenen
Lieder singt, und dem die Fans zu Füßen liegen. Du probierst es mit Gitarrenunterricht, aber der ist so öde,
dass du keinen einzigen Akkord dabei lernst und schon
nach wenigen Malen nicht mehr hingehst. Dein Musikleh-
rer in der Schule rät dir zu einem anderen Instrument:
dem Saxophon. Du versuchst auch das, aber das Instrument ist ganz und gar uncool. Du ziehst dich immer mehr
in deine eigene Welt zurück, wo du Reportagen über
selbst erfundene Bands entwirfst, in denen meistens du
der Sänger oder Gitarrist oder beides bist. Aus Bravo
und Pop/Rocky paust du Bilder von wilden Bands mit
langen Haaren ab, Guns'n Roses, Bon Jovi, Def Leppard,
Skid Row. Aber insgeheim weißt du ganz genau, dass du
niemals so cool sein wirst wie sie.

Und dann kommt plötzlich Punkrock durch die Tür, und
nichts ist mehr, wie es mal war.

Anfang der Neunziger ist Punk tot, gesellschaftlich
genauso irrelevant wie fünf Jahre davor oder danach, die
Charts kennen noch keine Nirvanas und keine Green Days,
aber für dich ist es die Wende, die dein ganzes Leben
umkrempelt. Punkrock ist die Energie, die dir die Tore
zur Welt öffnet. Eine frische, nach Metropole und Gefahr
schmeckende Brise in der abgestandenen Luft der Klein-
stadt-Adoleszenz. Plötzlich ist es nicht mehr peinlich,

anders zu sein, sondern cool. Dein Leben ist mit einem
Schlag nicht mehr deprimierend und eintönig, sondern
aufregend und gefährlich. Auf einmal ist es möglich,
in einer Band zu spielen, ohne sich vorher durch langweilige Musikschulstunden quälen zu müssen. Als Ingo, der
coolste Punk aus deiner Stadt, der seine Haare trägt wie
Sid Vicious und genau wie sein großes Vorbild ein Schloss
als Kette um den Hals hängen hat, zum zweiten Mal sitzen-
bleibt und in deine Klasse kommt, macht er dir zunächst
etwas Angst, wie er da mies gelaunt mit seinem Sprich-
mich-bloß-nicht-an-Blick vor dem Klassenzimmer auf
dem Boden rumsitzt. Er hat einen Walkman auf, aus dem
laut »Holidays in the Sun« von den Sex Pistols dröhnt.
Du bleibst auf neugieriger Distanz, statt ihn wie
die anderen vermeintlich harten Jungs aus deiner Klasse
übertrieben cool von der Seite anzuquatschen. Schon
bald merkt er, dass du anders bist als sie, und siehe da,
schon bald seid ihr gute Freunde. Ihr sitzt in den meisten Stunden nebeneinander und fahrt jeden Tag zusammen
zur Schule. Du weißt, dass er mit einigen seiner Punk-
Kumpels eine Band hat, und eines Tages fragt er dich auf
dem Rückweg von der Schule, ob du jemanden kennst, der
Bass spielen kann. Deine große Chance witternd, bietest
du dich selbst an. »Ich spiele ein bisschen Gitarre«,
behauptest du, was insofern der Wahrheit entspricht,
dass du eine alte Akustikgitarre mit fünf Saiten zu Hause
stehen hast, auf der du die Strophe von Danzigs »Mother«
spielen kannst. Zwar sind das nur drei Akkorde und du
kannst sie nur auf einer Saite, aber immerhin. Du wirst
zu dem geladen, was die Bands im Metal Hammer eine
»Audition« nennen. Bei deiner ersten Bandprobe in Ingos
Keller drückt man dir einen Bass in die Hand und lacht
dich aus als du fragst, warum der nur vier Saiten hat. Du
dachtest, auch Bässe hätten sechs Saiten. (Kurz darauf

wirst du angewidert feststellen, dass es tatsächlich
Bässe mit mehr als vier Saiten gibt, die meist von ekligen
Althippies gespielt werden, die ihr Instrument direkt
unter dem Kinn tragen und mit den Fingern zupfen.)

Am Schlagzeug sitzt ein komischer Typ mit wilden
Locken. Er heißt Werner. Du hast ihn nie zuvor gesehen
und noch keine Ahnung, was für eine lange gemeinsame
Geschichte vor euch liegt. Der Gitarrist war vorher der
Bassist der Band. Er zeigt dir, was du greifen sollst.
Die Musik macht dich extrem an. Sie ist aggressiv, laut
und schnell. Du hast aber von Anfang an das Gefühl, dass
der Gitarrist dich nicht leiden kann. Du hast Schiss,
dass er dich für einen kleinen Pimpf hält und dafür sorgen wird, dass du nicht in die Band aufgenommen wirst.
Instinktiv spürst du, dass dies deine vielleicht einzige
Chance ist, jemals in eine Band zu kommen. Du hast einen
Fuß in der Tür, und du hast nicht vor, ihn dir dort
wieder raustreten zu lassen. Also lernst du innerhalb
von einer Woche mit Hilfe einer kopierten Tabulatur,
einem Schmierzettel mit den Namen der Griffe, die in den
jeweiligen Songs vorkommen (A, G, E, D, C, einmal sogar
ein Cis) und einer Kassette mit schepperigen Proberaum-
aufnahmen fast zehn Songs. Sie haben Titel wie »Plastik-
welt«, »Nazis raus«, »Wieso ich« und »Weltuntergang«
und sind ganz schön schwer zu spielen, aber du übst Tag
und Nacht wie ein Besessener auf deiner fünfsaitigen
Akustikgitarre. Einen eigenen Bass hast du leider noch
nicht, das soll sich aber bald ändern, denn du bestehst
den Test und wirst in die Band aufgenommen. Für dreihundert Mark kaufst du dir aus dem »Heißen Draht« eine
Rickenbacker-Kopie, die du mit einem Mercedesstern
und einer Hammer-und-Sichel-Plakette beklebst. Nur
kurze Zeit später schreibst du den ersten Song für die
Band.

Es ist nicht nur die erste Band, sondern auch die erste Clique deines Lebens. Du lernst haufenweise coole Typen und Mädchen kennen. Ständig ist irgendwo was los, und Langeweile wird ein Fremdwort für dich. Du bist immer dabei, du gehörst dazu, und das Beste ist, dass du dich nicht mal großartig dafür verändern musst. Du bleibst einfach der komische Typ, der du schon immer warst, und bekommst eine Menge Respekt dafür. Mit dem Respekt kommt das Selbstbewusstsein, und nichts eröffnet mehr Möglichkeiten als Selbstbewusstsein.

Mit fünfzehn schreibst du den Großteil der Lieder und Texte für die Band und kümmerst dich außerdem darum, Auftritte an Land zu ziehen und Bandinfos zu verfassen.

Mit sechzehn gründest du dein eigenes Fanzine und beginnst, Hardcore-Konzerte in eurem Jugendzentrum zu organisieren. Ihr bringt euer erstes Demotape heraus und seid sogar auf einer Compilation vertreten, die als LP erscheint — eine echte Vinyl-Schallplatte! Niemals wirst du den Moment vergessen, als du sie zum ersten Mal in der Hand hältst.

Mit siebzehn wird dir die Band zu langweilig und lahmarschig, die Typen bleiben irgendwie stehen, sie entwickeln sich nicht weiter. Du gründest eine neue, eine eigene Band. In deiner Stadt werdet ihr ausgelacht, denn Punkmusik ist out, und deutschsprachige Texte sind es erst recht. Stattdessen hört man stampfenden Crossover, HipHop gekreuzt mit Heavy Metal, oder sogenannten »Alternative«, oder politisch korrekten Hardcore. Statt also wie die anderen Bands aus eurem Proberaumzentrum alle zwei Monate wieder in eurer Kleinstadt zu spielen, sich im immer gleichen Dunstkreis von den immergleichen Freunden abfeiern zu lassen, spielt ihr das erste Konzert eurer Bandgeschichte in einem kleinen Kaff in Thüringen, sechshundert Kilometer weit weg von zu Hause.

Es kommen zwanzig Punker, von denen keiner jemals von euch gehört hat. Sie setzen sich an die gegenüberliegende Wand und rauchen Joints, während ihr spielt. Am Ende des Konzerts — ihr habt sieben Lieder — sind nur noch zehn Zuschauer im Raum. Aber für dich ist es das Größte, denn ihr habt es geschafft, ihr habt die Grenzen eurer Stadt überwunden — ihr seid auf Tour! Von nun an wird Fahrtwind zum Selbstzweck, und obwohl du weißt, dass du nichts anderes mehr machen willst, als mit deiner Band unterwegs zu sein, ist die Suche hier nicht vorbei — sie fängt gerade erst an.

Ich werde mir die Platte der Dame kaufen, und ich weiß jetzt schon, dass ich sie lieben werde. Sie klingt bestimmt ganz befreit und ausgeglichen und unverkrampft. Ich werde sie beneiden und mich mit ihr freuen, und dann wird sie in Interviews ein paar Namen nennen, Sammy Davis Jr., Ray Charles, Aretha Franklin, die Four Tops und noch ein paar, von denen ich noch nie etwas gehört habe, und auf Flohmärkten oder bei eBay werde ich nach Platten von ihnen suchen und weitersuchen und weitersuchen auf dem großen Berg von Musikgeschichte, der mich beeinflusst, ohne dass ich ihn je gehört habe.

Und hier ist noch so ein Fashionblatt. Ein ganzseitiges Foto von Scarlett Johansson. Mir bleibt fast das Herz stehen. Ich reiße es raus. Muss mir nachher irgendwo Schere und Prittstift besorgen, um es in mein Tagebuch zu kleben. Mein Gott, Scarlett. Warum bist du nie da, wenn ich dich brauche.

Dritte Woche.

1.

Endlich Offday. Er ist dringend nötig, und diesmal wird er nicht durch eine lange Fahrt verhunzt wie vor einer Woche. Wir haben gestern hier eingecheckt und bleiben heute im gleichen Hotel. Das heißt: zum ersten Mal auf dieser Tour kein Auschecken um spätestens elf oder zwölf, das heißt: endlich einmal auspennen. Es lohnt sich sogar, die Klamotten aus der Tasche zu packen und sie in den Kleiderschrank zu räumen. Socken, Unterhosen, T-Shirts, Hosen. Die Schmutzwäsche wird später im Waschsalon gewaschen. Im Badezimmer packe ich meinen Kulturbeutel aus, das Duschzeug in die Dusche und die Zahnbürste in den Becher. Frollein Smilla kommt auf den Nachttisch, auch wenn ich heute wohl kaum eine Seite lesen werde. Aber ich will mich ein bisschen einrichten, für ein kleines Gefühl von Zuhause. Ich habe mir gestern an der Tanke sogar eine Fernsehzeitung geklaut. Eigentlich ist mir ziemlich egal, was läuft, ich will mich nur ein bisschen einlullen lassen. Ein bisschen Ruhe. Ein bisschen auftanken. Ein bisschen ein- und ausatmen.

Die Innenstadt ist gleich um die Ecke. Es gibt den Waschsalon, mehrere Restaurants, ein Kino, jede Menge Läden und einiges an Kultur. Wir sind schließlich in einer der ältesten Städte Deutschlands.

Ich stopfe meine Wäsche in die Trommel der Waschmaschine und lasse mich in einem netten kleinen Oma-Lokal nieder. Es ist zu spät fürs Frühstück, sie haben aber jede Menge leckerer Kleinigkeiten auf der Karte. Ich bestelle Waffeln mit heißen Kirschen und Kaffee. Man behandelt mich ganz normal hier, ist freundlich und oberflächlich, keiner rückt mir zu sehr auf die Pelle. Ich schaffe es sogar, die ersten drei Seiten der Tageszeitung zu lesen.

Der positive Nebeneffekt des Alleinseins ist, dass ich nicht in Versuchung komme, viel zu reden. Der Stimme ging es gestern zwar schon ein bisschen besser, aber sie ist immer noch angeschlagen. Wenn ich die Heiserkeit heute nicht loswerde, werde ich für den Rest der Tour damit zu kämpfen haben. Also, halblang. Und Punkt neun.

Die Kultur muss heute zurückstehen, denn es gibt wichtigeres zu erledigen. Es buchstabiert sich so: K-o-n-s-u-m. Ich verspüre das dringende Bedürfnis, Geld auszugeben. DVDs, CDs, Klamotten, Bücher, Essen. »Wer hart arbeitet, muss sich auch mal was gönnen!«, sagte meine Mutter immer, und natürlich hatte sie Recht mit dem Spruch, auch wenn sie selten mich damit meinte.

Ich brauche eine neue Hose. Meine derzeitige Lieblingsjeans macht es nicht mehr lang. So ist das eben, man hat eine Lieblingshose selten länger als zwei oder drei Monate. Kurz nachdem sie nach langem Tragen endlich zur Lieblingshose geworden ist, fängt sie auch schon an, aus dem Leim zu gehen. Weil ich mich nicht für Mode interessiere und überdies viel zu ungeduldig bin, um lange nach coolen Klamotten zu stöbern, versuche ich in dem Fall meistens, dieselbe Hose noch mal zu kaufen. Oder eine ähnliche. So mache ich es seit Jahren. Wer mir was Ordentliches verbimmelt, wird mich nicht mehr los. Ein guter treuer Kunde alten Schlages. Statt Kultur-Sightseeing heißt mein erster Tempel heute also Hennes und Mauritz. Die Auswahl ist zu groß. Ich arbeite mich schnell durch ein Regal und finde dabei keine Hose, die so ähnlich ist wie meine. Da ich nicht mit leeren Händen gehen kann, kaufe ich eine Unterhose und einen Dreierpack Socken. Mein Museum ist der Buchladen nebenan, wo ich zwei Bücher kaufe, obwohl ich mit Smilla nicht vorankomme und noch ein Weiteres ungelesen im Gepäck habe. Aber sie haben hier eine Special-Edition von Rowohlt, gebundene Ausgaben in verschiedenfarbigen Umschlägen aus Samt mit eingestanzter Schrift in Silber oder Gold. Das eine ist für mich, das andere für Werner, der in ein paar Wochen Geburtstag hat. »Middlesex« von Jeffrey Eugenides. Ein spitzen Buch, und das in dieser Aufmachung, wirklich ein gutes Geschenk. Ich freue mich jetzt schon darauf, es ihm zu überreichen.

Auf dem Weg zurück zum Waschsalon komme ich an einem Tatooladen namens »The Ink Saloon« vorbei. Ich überlege einen kurzen Moment, ob ich reingehen und mir irgendwas tätowieren lassen soll. Ich habe gar kein Motiv, es geht eher um den Akt an sich. Eine neue Tätowierung von der Tour mitzubringen, das hätte was. Im Schaufenster haben sie dieselben Bilder von Tribals und Sternen und brennenden Billardkugeln wie in jedem Tatooladen. Ein schmieriger Typ mit zurückgegelten Haaren, Nasenpiercing und dicken Boots steht in der Tür und raucht eine Selbstgedrehte. Tätowierer oder Kundschaft? Verdammt, die sehen doch heutzutage alle gleich aus. Zum Glück wartet die Wäsche auf mich, um von der Maschine in den Trockner gesteckt zu werden. Das allein hält mich davon ab, mir von einem potenziellen Pfuscher irgendeinen Mist in den Arm hacken zu lassen.

Als ich mit der trockenen Wäsche wieder am Hotel bin, ist es bereits siebzehn Uhr. Ich zeige Kowalski stolz das Buch, das ich für Werner gekauft habe. »Guck doch mal, der schöne Samteinband!«

»Kannste aber nicht gut 'ne Line von ziehen.«

Ernst gemeint oder Scherz? Ich weiß es nicht. Aber ›Kannste nicht gut 'ne Line von ziehen‹ ist ab sofort mein Lieblingskommentar für unglatte oder dreckige Oberflächen jeglicher Art.

Ich sortiere meinen Kram, sehe dabei ein bisschen fern und setze mich anschließend mit meinem Laptop in die Empfangshalle, um E-Mails zu lesen. Auch so ein Gefühl von Zuhause:

Post bekommen und beantworten. Als ich damit fertig bin, ist es fast sieben, und um halb acht haben wir uns verabredet, um irgendwo essen zu gehen.

Für heute muss also nicht nur das Sightseeing abgeblasen werden, sondern auch die Stunde Sport, die ich mir fest vorgenommen hatte. Nicht mal am Offday schaffe ich die wenigen Sachen, die ich machen will. Der Tag auf Tour ist einfach zu kurz. Er bräuchte mindestens acht Stunden mehr: Vier fürs Schlafen oder was man sonst noch Schönes im Bett machen kann, zwei für die jeweilige Stadt, in der man sich befindet und von der man selten mehr als die Autobahnabfahrt, den Konzertladen und den Pennplatz sieht, und zwei weitere als Puffer, um sich nicht bei allem so beeilen zu müssen.

Wir essen bei einem recht feinen Italiener. Die meisten Menschen hier sind schicker gekleidet als wir. Sie reden auch alle viel leiser, vor allem nicht so dreckiges Zeug. Sind die alle komisch, oder sind wir es? Wie lange sind wir eigentlich schon unterwegs? Haben wir uns während der Tour verändert und merken es nicht, weil wir kaum Vergleichsmöglichkeiten haben, weil wir kaum noch auf normale Menschen treffen, sondern die ganze Zeit in einem Sud schwimmen, in dem jeder seine kleine Privatneurose züchtet? Werden Freunde, Freundinnen und Mitbewohner uns noch wiedererkennen, wenn wir nach Hause kommen? Wir bestellen jede Menge Bier und Wein zum Essen und lachen viel. Die meiste Zeit über Werner und Dr. Menke, die nicht mitgekommen sind.

»Warum denn Essen gehen, das ist mir zu teuer, nebenan ist 'ne Pommesbude, da krieg ich für zwei Euro Fritten!«, meinte Werner. Er legte dazu seinen berühmt-berüchtigten Jammerton auf.

Die Tourneeleitung versuchte noch, ihn umzustimmen. »Ach was, ist doch schön, mal gut zu Essen, außerdem kriegst du 'ne Pizza auch für sieben oder acht Euro. Du hast doch noch sieben oder acht Euro, oder?«

»Ja, aber dann noch die Getränke, nee, lass mal, das wird mir zu teuer ... Ich hab 'nen Sixpack in der Badewanne liegen, geht mal ohne mich, ich bleib hier und zieh mir was in der Glotze rein.«

Manche Typen aus meiner Band sind wirklich ziemlich faul und, viel schlimmer: wirklich ziemlich pleite. Die Bandkasse ist ihre soziale Hängematte, und wenn mal privat gezahlt werden soll, klinken sie sich aus. Es ist erschreckend. Wir beschließen, morgen vor der Weiterfahrt mal wieder eine Taschengeldauszahlung vorzunehmen.

Nach dem Essen bleiben wir so lange sitzen und lassen uns kleine Verdauungsschnäpse bringen, dass wir den Film, den wir eigentlich gucken wollten, verpassen. Als wir das Kino erreichen, hat er schon angefangen.

»Aber erst vor zwei Minuten, da könnense ruhig noch rein, ist eh noch nichts passiert, mir könnense glauben, ich hab den schon gesehen.«

Ich denke: Danke, aber wir sehen Filme gerne in voller Länge inklusive Anfang, außerdem werden wir auf keinen Fall hetzen, denn wir haben einen Offday, wir suchen die Entspannung, wir brauchen das Kino als Erlebnis, die Sessel, das Warten auf den Hauptfilm, mit klebrigen Getränken und Popcorn und Süßkram, den man bei der Werbung schon auffuttert, verstehen Sie, wir sind eine Rockband, wir haben heute frei, wir wollen relaxen!, sage aber:

»Äh, danke, nein, dann sechs Karten für den Film, der am spätesten anfängt.«

Wir erwischen einen üblen Ballerfilm mit Zombies, der weder spannend noch gruselig ist, sondern stumpf, öde und vorhersehbar. Aber wir haben die Sessel, die klebrigen Getränke und futtern unseren Süßkram schon bei der Werbung auf. Ich ziehe meine Schuhe aus und penne nach der Hälfte des Films ein.

Als wir kurz nach Mitternacht aus dem Kino wanken, entschließen wir uns, die angedachte Kneipentour abzublasen und stattdessen zum Hotel zu gehen. Wir haben heute genug erlebt. Außerdem geht es morgen in die Schweiz, da ist frühes Aufstehen angesagt.

Es war ein guter Tag, langsam und ruhig. Ein bisschen kurz vielleicht. Aber das ist ja immer so.

Nur ein lärmliebender Alkoholiker kann es in diesem Haus schaffen, ein wenig Schlaf zu finden. »Und wo ist da das Problem für dich!«, grinsen dir deine Freunde süffisant ins Gesicht, wenn du ihnen dein Leid klagst. Sie haben ja keine Ahnung was es heißt, Tag und Nacht von einer Meute umgeben zu sein, die sich aus Haschischrauchern, Haschischverkäufern und entweder Fußballlieder-grölenden oder Bassdrumaufdieeins-vergötternden jungen Menschen zusammensetzt. Die Frau über dir staucht regelmäßig lautstark ihren Sohn zusammen, und wenn sie auf dem Balkon telefoniert, denkst du jedes Mal, das Rote Kreuz sei wieder unterwegs um die Blutspendetermine durchzugeben.

Unter dir scheint sich keine Wohnung, sondern ein Freizeitpark zu befinden. Wenn diese Modekatalog-Lookalikes nur auf ihre elektronische Dartscheibe werfen, kann man noch von Glück reden, denn das macht nicht halb soviel Lärm wie das In-der-Wohnung-Skateboard-fahren, das an Wochenendnächten gerne zelebriert wird. Manchmal schraubt einer von ihnen um drei Uhr nachts am Computer Techno- oder HipHop-Beats zusammen. Dann hörst du ewig lange denselben monotonen Bassloop und glaubst, langsam aber sicher den Verstand zu verlieren.

Du bist umzingelt.

Deine ruhigsten und angenehmsten Nachbarn sind die zahlreichen Punk- und Hardcoremusikanten, interessanterweise die rücksichtsvollsten Menschen hier im Haus. Vielleicht erkennt ihr euch gegenseitig, vielleicht seht

ihr das Leid in des Gegenübers Augen, wenn ihr euch vom
Lärm zusammengefaltet aus den Proberäumen nach Hause
schleppt und euch nichts sehnlicher wünscht, als mit
einem Rotwein in die Badewanne zu steigen und dabei
Deutschlandfunk zu hören.

Du sitzt in deinem Zimmer und denkst dich in Rage.
Es gibt einen Schlag Mensch, der immer sprechen muss.
Dann gibt es die Sorte, die nicht leise sprechen kann,
und somit auch bei tendenzieller Nettigkeit über kurz
oder lang anfängt zu nerven. Diese beiden Eigenarten
vermischen sich auch gerne, und das macht dich dann
wirklich wahnsinnig! Und dann sind da noch – gerade am
Wochenende und gerade in diesem Wrack von einem Miets-
haus – ziemlich viele Zeitgenossen, die spätestens nach
dem Genuss von drei Bieren nicht umhin kommen, alles was
sie tun LAUT zu tun. Jeden Furz kommentieren, jede schon
mal gehörte Textzeile mitgrölen, gegen jedes verfügbare
Möbel poltern und bei jedem schlechten Scherz ohren-
rasselnd loswiehern, obwohl bei der Qualität dieser Witz-
chen schon ein Schmunzeln an Heuchelei grenzen würde.
Aber Lärm scheint bei ihnen Selbstzweck zu sein. Jede
Restintelligenz wird niedergebrüllt, um den reibungs-
losen Ablauf der hirnfreien Freizeitbeschäftigung nicht
zu gefährden. Und da soll dir jetzt bloß keiner mit Wut
kommen, dieser diffusen, alles entschuldigenden Ausrede
des Nichtsaufdiskettekriegenden. Wut geht für dich definitiv anders als »Scheiße, ich hab in mein eigenes Bier
geascht, vielleicht sollte ich alle anderen Flaschen
vom Tisch fegen, dazu ›Ööööööhhhh‹ brüllen, in meinen
Kinnbart sabbern und alles wird wieder gut!«

Du erinnerst dich an die Kindergartengeschichten, von
denen deine Mutter dir des Öfteren erzählt hat. Wie deine
Eltern dich morgens ins Auto tragen und zwingen mussten,
deine Zeit dort zu verbringen, weil du dich so sehr

gesträubt hast. In Ruhe spielen, sich was ausdenken war nicht möglich, weil jeden Morgen aufs Neue eine Schlacht um die Spielsachen ausbrach. Dabei brauchtest du gar nicht viel. Zwei Matchboxautos, und du konntest dich stundenlang beschäftigen. Aber es gab nichts als Neid, Missgunst und Lautstärke. Jeder musste das haben, was der andere gerade hatte, und jeder musste noch lauter auf sein Recht pochen, als es der andere tat. Du verstandest den Sinn dahinter nicht, denn es führte nur dazu, dass keiner das hatte, was er wollte. Als deine Mutter dir erstmals davon erzählt hat, hat es dich auf eine gewisse Art beruhigt. Es gab dir ein Gefühl von Okay-so-bin-ich-anscheinend und Hat-keinen-Zweck-das-zu-ändern und Die-Gene-sind-schuld. Ihre Schilderungen deines Verhaltens im Kindergarten haben dir die Augen geöffnet und eine Menge Dinge erklärt, zum Beispiel die Besuche bei Ikea, die zu den traumatischsten Erinnerungen an deine Kindheit gehören. Du weißt nicht, wie alt du warst, und du weißt nicht, ob ihr mehrmals oder nur ein einziges Mal da wart, aber du kannst dich noch mit fast physischem Schmerz an die großen Gefäße voller bunter Bälle erinnern. Eltern konnten dort für ein stressfreies Einkaufen ihre Kinder abgeben, ein Service des Hauses. In deiner Erinnerung bist du einfach da reingeworfen worden und hast dich ängstlich und verschüchtert in die Bälle sinken lassen, während um dich herum ein wahnsinniger Lärm herrschte, verursacht von spielenden und lachenden und streitenden und bei all dem immer schreienden Kindern. Du hattest Angst vor ihnen, und es gab kein Entrinnen. Du brachst in Panik aus, Minuten vergingen wie Stunden, und du glaubtest, dass deine Eltern dich vergessen hätten und nie wieder abholen würden. Es ist deine erste Erinnerung an die Reizüberflutung, die dich mit zunehmendem Alter immer mehr plagen würde.

Ein Problem mit Kollektiven und großen Gruppen von
Menschen hast du, seit du denken kannst. Vereine waren
dir zuwider. Du hast es immer wieder probiert – im Fußballverein, beim Schwimm- oder Gitarrenunterricht, im
Antifa-Plenum … du konntest einfach nicht. Die Hölle
sind auf jeden Fall die anderen.

Jetzt stolpern in deinem Haus Nacht für Nacht lärmende
Schwachmaten die Treppen rauf und runter. Wenn sie dich
im Hausflur treffen, wollen sie dich einladen auf ihre
Partys. Ihre Spielwiese der Belanglosigkeiten. Ihren als
Abenteuerspielplatz getarnten Friedhof. Auf der Suche
nach Action, Ideen und Adrenalin findest du nur Gegröle,
Gepolter und Gelülle. Alle um dich herum scheinen den
Unterschied nicht mal zu bemerken. Und so sitzt du allein
in deiner Bude und weißt, dass in deinem Kopf gerade
mehr abgeht als auf den Volltrotteltagungen über, unter
und neben dir. Und dann macht es »KNALL!« und du bist
aus der Tür.

Am nächsten Tag hast du ein schlechtes Gewissen.
So ein Pech, dass es gerade den relativ sympathischen
Kumpel deines Kumpels von schräg drüber erwischt hat,
als deine letzte Sicherung durchbrannte. Wahrscheinlich
hättest du ihn auch dazu bringen können, nicht weiter
bei offenem Fenster Deutschpunksongs mitzubrüllen, um
fünf Uhr morgens mit seinen Deutschpunkfreunden, ohne
gleich mit der Kreditkarte seine Wohnungstür zu öffnen,
in sein Zimmer zu stürmen und das Fenster zuzuschmeißen.
Unglücklicherweise hattest du plötzlich einen Teil
seines Fenstergriffes in der Hand. Abgebrochen. Du hast
dich selbst erschrocken und konntest dir nicht erklären,
wo diese Kraft plötzlich herkam.

Jetzt hängt der Haussegen schief und du musst dich
fühlen wie der gewaltbereite Spießer von nebenan, der du
nicht sein willst, wahrscheinlich aber bist.

2.

Die eigentliche Fahrt ist gar nicht so lang, aber da ist ja noch die Grenze, über die jede zweite Rockband die schlimmsten Geschichten zu erzählen weiß. Meist haben sie mit Merchandise zu tun, denn der muss verzollt werden, und die Schweizer Zöllner stehen in dem Ruf, dabei sehr pingelig zu sein. Was ich bestätigen kann.

Vorm Losfahren der alte Trick: Jeder verteilt einen Haufen T-Shirts und CDs auf seine Taschen, das ist dann persönlicher Besitz. Die restlichen Artikel kommen in einen großen Karton mit der Aufschrift: PROMO. Und was dann noch überbleibt, wird gezählt, fein säuberlich in ausgedruckte Bestandslisten eingetragen und in Kisten verpackt.

Natürlich werden wir an der Grenze sofort rausgewunken. Ein Sprinter voller junger Menschen, da muss ja was nicht in Ordnung sein. Ich habe auch schon gehört, dass Bands gar nicht in die Schweiz einreisen durften, weil ihr Gefährt als »zu abgefuckt« eingestuft wurde.

Der Zöllner hat einen buschigen, gar kaiserlichen Schnäuzer und begrüßt uns mit den Worten:

»Grüezi mitenand, händ Si irgendwelchi Neger debi?«

Zu deutsch: »Guten Tag die Herren, haben Sie irgendwelche Neger im Gepäck?«

Ein Witzbold also. Das erlebt man nicht alle Tage, denn die meisten dieser Typen sind mürrisch und wortkarg. Mit jedem Satz und jeder Bewegung verteidigen sie tapfer noch das letzte Beamtenklischee. Auf der Stube knacken sie Haselnüsse mit ihren zusammengekniffenen Rosetten.

»Äh, nein, keine Neger dabei«, antwortet die Tourneeleitung.

»Aha, Si sind sicher Musickär. Wo wänd er dänn ane?«

»Wie bitte?«

»Wo wänd er dänn ane?«

»Äh …«

»Wo Sie hinwollen!«

»Richtung Luzern gehts.«

»Chönnt ich ämal Ihri Personaluswiis gseh?«

Mir fällt ein Satz ein, den ein Freund mir mal einen Abend lang ständig ins Ohr gesungen hat: »Ich so: Er so: Zeig mal Perso.« Was das bedeutet, weiß ich nicht, und ich frage mich, welche nützliche Information in meinem Gedächtnis wohl eliminiert werden musste, damit ich mir diesen Unsinn merken konnte. Ich tagträume und kichere vor mich hin. Erst als Mario laut gähnend auf der Rückbank aufwacht, lande ich wieder im Hier und Jetzt.

Er wirft einen Blick auf den Bart des Zöllners und ruft etwas zu laut: »Geile Bürste!«

Ittitiert reckt der seinen Hals durch das Beifahrerfenster. »Und wie viel sitzed da hine?«

»Hinten sechs, insgesamt acht.«

Nach dem üblichen Prozedere mit den Ausweisen werden wir gefragt, ob wir etwas zu verzollen hätten. Die Tourneeleitung drückt dem jetzt nicht mehr zu Scherzen aufgelegten Zöllner die Merchandiselisten in die Hand. Er wirft einen kurzen Blick darauf und weist uns mit einer herrischen Handbewegung an, auszusteigen und uns ein paar Meter entfernt in Reih und Glied aufzustellen. Zwei Kollegen machen sich daran, den Wagen auseinanderzunehmen. Im Personenteil fangen sie an, wühlen unter den Sitzen und greifen sich scheinbar wahllos Taschen, die sie dann auseinandernehmen. Sepp beobachtet, wie sie das Döschen mit den kleinen weißen Pillen aus seinem Kulturbeutel ziehen und daran rumschnuppern. Wir fragen uns ja schon seit längerem, was für eine Spezialdroge er sich da ständig einpfeift, aber er sagt, das wären nur »Sabbelpillen«, total ungefährlich und keineswegs illegal. Na ja, vielleicht hat er ein schwaches Herz oder so was, ein Wunder wäre das nicht bei den vierzig Wochen Tour, die er sich pro Jahr gibt.

Zwei weitere Zöllner kommen auf uns zu. Sie lassen uns die

Hosentaschen leeren, wühlen in unseren Portemonnaies herum und tasten uns ab.

Ich frage mich, wonach sie suchen. Drogen führt man im Allgemeinen nicht in die Schweiz ein, man versucht eher, sie aus dem Land rauszukriegen. Aber Ausnahmen bestätigen da wohl mal wieder die Regel, und ich bin so eine Ausnahme. Als wir das letzte Mal vor ungefähr zwei Jahren in die Schweiz gefahren sind, hatte ich noch einen kleinen Rest Speed im Gepäck. Höchstens ein halbes Gramm von dieser Schrottdroge, Warenwert nicht mal zehn Euro. Eine absolute Unverschämtheit von mir, deswegen die Weiterfahrt unserer Reisegruppe zu gefährden. Ich hatte ja auch vor, es wegzuschmeißen oder sonstwie auf der Fahrt zu vernichten, aber mir war erst an der Grenze wieder eingefallen, dass sich das Briefchen noch in meinem Portemonnaie befand, und ich wusste nicht, wohin damit. Da sah ich vor mir die kleine Essenskiste liegen, in der sich alles sammelte, was am Buffet abgestaubt und für Autofahrt-geeignet gehalten wurde. Damals war unser Catering Rider noch nicht so ausgereift und dementsprechend die Bunkermentalität weit ausgeprägter als heutzutage, wo es eigentlich jeden Tag mehr zu essen gibt, als acht ausgewachsene Kerle wegarbeiten können. In der so genannten »Stopfkiste« befand sich unter anderem ein französischer Weichkäse mit Blauschimmel, der mir als ein hervorragendes Drogenversteck erschien. Mit meinem Taschenmesser schnitt ich einen Schlitz in den Käse, stopfte das Speedtütchen hinein, verschloss die Packung wieder und warf sie zurück in den Fresskorb. Eins-a-Versteck, dachte ich und wurde trotzdem etwas nervös, als der Zöllner anfing, im Personenraum rumzuschnüffeln. Er beließ es allerdings bei Stichproben und fand nichts, auch meinen Spezialkäse nicht.

Auch heute ziehen die beiden Zöllner nach zwanzig Minuten wieder ab, ohne irgendwas Illegales gefunden oder Drogenhunde herbeigeschafft zu haben. Die beiden Leibesvisitatoren sind in der Zwischenzeit fertig mit uns. Jetzt machen sie sich an den

Kofferraum. Ein herrlicher Anblick, wie ihnen bei der Fülle an Musikequipment die Spucke wegbleibt und man es förmlich in ihren Köpfen rattern sieht:

»Sollen wir das wirklich alles ausladen?!«

»Hm, was mag diese Ampeg-Bassbox wohl wiegen??!!«

Kurz gesagt: Sie entscheiden sich dagegen, lassen es sich aber nicht nehmen, die kompletten T-Shirt-Kisten abzupacken und noch hier und da hinter Gitarrenboxen zu schielen. Die Tourneeleitung muss den beiden mit den Kisten und der Bestandsliste ins Hauptgebäude folgen. Sie bleiben lange weg. Jeder einzelne Artikel wird gezählt, und die Schwyzer Boys lassen sich Zeit damit. Als sie nach über einer halben Stunde zurückkommen, sitzen wir schon wieder im Bus und warten.

Die Tourneeleitung erstattet Bericht. »Der Merch war in Ordnung, die Listen stimmen genau, sie konnten uns nichts anhaben. Ich glaube die waren sauer, dass sie im Wagen nichts gefunden haben und haben deswegen extra langsam gemacht.«

Ich weiß, dass er Recht hat, als wir nach zehn Metern Fahrt schon wieder rausgewunken werden.

»Die Reife sind ja zimli platt. Sie händ sicher Übergwicht. Chömed si mal mit da überä und fahred si uf d'Waag.«

Nach einer guten Stunde am Zoll verbringen wir nun eine weitere damit, unseren Bus wiegen zu lassen. Das Ergebnis: fünfhundert Kilo Übergewicht. Keine Einreise mit nur einem Gramm Übergewicht, lässt man uns wissen.

»Aber was sollen wir machen, wir können doch nicht unsere Boxen hier stehen lassen!«

»Das gaht mich nüt ah«, grient der Beamte. Er muss gerade eine gewaltige Erektion in seiner Hose spüren. Gleich geht er ins Hinterzimmer und wedelt sich entspannt einen von der Palme, weil er es den asozialen Elementen heute mal wieder so richtig gegeben hat.

Wir überlegen hin und her. Sollen wir den Veranstalter anrufen, damit er uns hier abholt? – Nein, geht nicht, er bräuchte mindestens einen Kleinbus, und es ist zu weit, noch über hundertfünfzig Kilometer, wir haben keine Zeit. Also versuchen, einen Teil des Equipments hier irgendwo unterzubringen und über das Zeug der Vorband zu spielen? – Geht auch nicht. Wo denn unterbringen, und was müssten wir alles hier lassen, um den Bus fünfhundert Kilo leichter zu machen! Wahrscheinlich sogar die Gitarrenplektren.

Simon hat die einfachste Idee, die wie so oft die beste ist. »Ihr steigt alle aus, jeder nimmt seine Reisetasche und geht zu Fuß über die Grenze. Ich fahre den Bus rüber. Wenn ihr so fett seid, wie ihr ausseht, kriegen wir damit fünfhundert Kilo zusammen. An der ersten Tankstelle drüben sammel ich euch wieder ein.«

Gesagt, getan. Fünf Minuten später latschen sieben Gestalten mit großen Taschen an dem Grenzhäuschen vorbei. Weitere fünf Minuten später kommt Simon mit dem Bus zur Waage und ist exakt fünfhundertzwölf Kilo leichter als vorher. Keiner fragt, wo denn die restlichen Insassen geblieben sind. Komisches Volk, diese Zöllner. Gerade noch so pingelig, und jetzt?! Vielleicht ist gleich Mittagspause, oder Schichtwechsel.

Wir warten an der Tanke und schlürfen wässrigen Automatenkaffee. Als Simon mit dem Bus um die Ecke biegt, brechen alle in johlenden Applaus aus. Wir steigen ein, fahren weiter und halten uns die Bäuche vor Lachen. Mehr als zwei Stunden haben wir hier verloren. Aber dafür ab jetzt immer eine gute Schweizer Zollstory auf Lager. Ein okayer Deal.

Der Vermieter des Hauses hat beschlossen zu renovieren. Seit Wochen geistern seltsame Gestalten durchs Treppenhaus, klingeln mal hier, mal da, kitten dies und das. Der Vermieter will immer sparen, sparen, sparen. Statt teuren Fachkräften engagiert er polnische Rentner, die alles ein bisschen, aber nichts so richtig können. Du kommst mit den meisten dieser Typen gut aus. Sie klingeln dich morgens aus dem Bett, du lässt sie auf den Balkon und bietest ihnen Kaffee an. Sie nehmen nie welchen. Sie klopfen keine lockeren Sprüche wegen der Tatsache, dass du im Pyjama dastehst. Es ist ihnen egal. Sie wollen nur ihre Arbeit tun und schnell wieder verschwinden. Sie reden nicht viel, sie machen einfach. Sie sind wie du: Kleine Würmer im Überlebenskampf auf einem fremden Planeten.

Später begutachtest du ihr Werk. Man muss kein Handwerker sein, um zu sehen, dass sie alles verhunzt haben. Der Balkon ist schief gefliest. Das Regenwasser läuft in der Mitte zu einer Pfütze zusammen, statt im Ausguss an der Seite abzufließen. Und dann haben sie auch noch vergessen, das Geländer wieder dranzubauen. Ein falscher Schritt und man landet fünf Meter tiefer im Kellereingang.

Eine Woche später bekommt ihr eine neue Balkontür. Sie geht nach innen auf und versperrt den Weg zum Herd.

Nachdem zum wiederholten Male nachts die Scheiben der Haustür eingeschlagen wurden, ließ der Vermieter ein weißes Metallgitter davorschrauben. In der darauffolgenden Nacht hat jemand mit blutroter Farbe die Lettern »JVA 66« auf das Gitter gesprüht (JVA = JustizVollzugs-Anstalt, 66 = die Hausnummer). Wenn du vom Einkaufen nach Hause kommst und die Haustür aufschließt, kommst du dir vor wie ein Aussätziger. Menschen bleiben vor dem Haus stehen und zeigen mit dem Finger darauf. Die Leute in dieser Straße hassen euer Haus. Den Dreck im Flur, den Müll auf dem Bürgersteig, die ein und aus gehenden Betrunkenen, die Nachts lärmend wegrollenden Skateboards.

This system can not be reformed. Man müsste das ganze Pack rausschmeißen, das Haus abreißen und neu aufbauen. Der Vermieter wird nie auf diese Idee kommen, er wird immer nur die hässlichsten Stellen notdürftig reparieren. Eine Wunde verarzten, während schon die nächste aufreißt. Ein ewiger Kreislauf. Gut für dich, denn du möchtest

nicht ausziehen müssen. Man lässt dich hier in Ruhe. Soll
der Schmutz bleiben, sollen die Pfützen bleiben, sollen
die undichten Fenster bleiben. Der Typ mit der Sprühdose
hatte Recht. Die Haustür sieht mit seinem Geschmiere auch
nicht schlimmer aus als ohne. Ist sowieso alles im Arsch,
hat keinen Sinn das zu verstecken. Offensiv vorgetragene
Hässlichkeit besitzt einen höheren ästhetischen Charme
als notdürftig versteckte.

Und wozu brauchst du überhaupt ein Geländer am Balkon!
Jetzt kannst du beim Frühstück die Beine baumeln lassen.
Gefällt dir ganz gut.

Der freie Tag hat meiner Stimme gut getan, sie ist wieder da. Dafür gibt es heute Abend von allem anderen zu wenig: kaum Publikum, kaum Energie, kaum Bock, kaum Leidenschaft. Wenns hochkommt sind hundert Leute im Raum. Sie sind ruhig. Sie lassen einen hässlichen Halbkreis vor der Bühne frei. Niemand klatscht, als wir nach dem Intro auf die Bühne gehen. Wir rattern unser Set runter, und ich werde von Lied zu Lied wütender, wütend auf uns selbst. Hundert Leute ist nicht viel, aber das wussten wir vorher schon. Es ist nun mal ein kleines Land, und wir fangen hier gerade erst an. Sind wir schon so verwöhnt, dass wir uns keine Mühe mehr geben, wenn die Hütte mal nicht voll ist? Das kann doch nicht wahr sein. Am Ende hoffe ich sogar, dass das Publikum keine Zugabe hören will. Will es aber doch. Sie kriegen noch zwei Songs, dann ist der Spuk vorbei.

Nach dem Konzert hängen wir am Merchstand ab. Freundliche Menschen gratulieren uns zu dem Auftritt. Ich bedanke mich artig und denke: Oh Mann, wie würden die abgehen, wenn wir heute wirklich richtig gut gewesen wären. Auch der Veranstalter ist sehr enthusiastisch.

»Knapp hundert Zahlende, das ist super, hätte ich nicht mit gerechnet, schließlich haben die Foo Fighters heute dreißig Kilometer weiter gespielt!«

Das wusste ich nicht. Er sagt, dass er sich freuen würde, wenn wir nächstes Jahr wieder hier spielen würden. Dann kämen mindestens doppelt so viele Leute, vielleicht dreimal so viele. Ich fühle mich schlecht. Wir haben uns dieses Entgegenkommen nicht verdient. Dieser lahme Zock da gerade. Dieser Rentner-Rock. Faul, alt und schwach. Übersättigt, emotionslos. Gerade nach dem freien Tag hätten wir Besseres abliefern müssen.

Wenigstens sind die anderen heute meiner Meinung. Nach einem kurzen Streit über die Ursachen (Mario hatte das Gefühl, Werner würde lahm spielen, Werner wird aufbrausend: »Ach was, jetzt bin ich schuld oder was!«) sagen wir uns, dass es so nicht weiter geht. Keinem steht der Sinn nach feiern. Lieber nüchtern ins Bett und Kräfte sparen.

Im Bett macht es mir immer noch zu schaffen. Ich erinnere mich daran, dass man sich von Zeit zu Zeit selbst daran erinnern muss, wofür man überhaupt unterwegs ist. Oder gegenseitig. Um den Trott zu vermeiden. Die Routine. Die Arschlosigkeit. Am Ball bleiben. Hunger. Wut. Leidenschaft. Solange ich Musik mache, werde ich nie vollständig zur Ruhe kommen. Es gibt keinen Punkt, an dem ich mich zurücklehnen und auf meinen Lorbeeren ausruhen darf. Das funktioniert nicht, zumindest nicht bei der Art von Musik, die wir machen. Ich muss mich selbst im Blick behalten. Ich will kein lahmer alter Sack sein.

3.

Ich breche eine Lanze für das Übers-Wetter-Reden. Ich habe mich schon oft gefragt, warum dieses Gesprächsthema einen so schlechten Ruf hat. Wetter ist doch wichtig! Außerdem kann man sich über wesentlich Oberflächlicheres unterhalten. Über farbige Vinylsingles in limitierten Auflagen zum Beispiel, oder den Garten des Nachbarn, oder den Sinn oder Unsinn von Vegetarismus.

Heute jedenfalls ist das Wetter fantastisch. Die Sonne scheint in Strömen. Sie ergießt sich über die Alpen und taucht alles in ein goldenes Licht. Als wir zum Pinkeln und Rauchen an einem Parkplatz halten, springen alle quiekfidel und ärmelfrei aus dem Bus. An einem Tisch mit zwei Bänken sitzt eine Kleinfamilie mit einem Picknickkorb. Ein kleines Autobahnidyll. Sie schauen sich irritiert um, als Kowalski sich auf den Steintisch neben ihnen wirft und geräuschvoll stöhnend reckt und streckt. Als Werner die Seitentür öffnet, fallen haufenweise Coladosen, Kaffeebecher und Schokoriegelverpackungen aus dem Bus, aber statt sich wie üblich darüber aufzuregen gähnt er zufrieden in die Runde und sagt: »Watt ein Wetterchen.«

Mario packt seine beinahe schon wieder vergessene neue Lache aus. »U – uu – uaa – aah – aaahh – aaaargh!« Ich bin nicht genervt davon.

Beim Pissen schaue ich der Sonne zu, wie sie die entfernten Berge unter sich begräbt, sich in den Gletschern spiegelt, wie es funkelt und blinkt. Und sie reicht noch weiter, bis zu mir und den verwelkenden Blättern am Boden, die jetzt in allen erdenklichen Farben aufblühen. Ich bade mich in ihrem Licht, ich spüre ihre Wärme auf meinem Gesicht und auf meinem Haar. Ich spüre, wie ich mit geschlossenen Augen tief ein- und ausatme und fühle mich wie ein Akku im Ladegerät. Dann spüre ich das Geplätscher auf meinem linken Schuh – ich habe mir auf den Fuß gepinkelt. Na und? Das hier ist ein Naturschauspiel, wer wird denn da zimperlich werden. Nur mal fünf Minuten etwas anderes sehen als schwitzende Männer, saufende Männer, furzende Männer, schlafende Männer.

Jetzt auch mal ergriffene Männer. Bevor wir weiterfahren, stehen alle da, blinzeln in die Ferne und sind viel ruhiger als sonst. Wie von einer tiefen Ehrfurcht der Sonne gegenüber erfasst. Es ist wie Frühling. Es ist wow. Simon räumt vorm Einsteigen sogar unseren Müll von der Straße und trägt ihn zum nächsten Mülleimer. Als wir weiterfahren, sind wir ausgeglichen und freundlich zueinander, bieten uns gegenseitig Chips an und starten sogleich eine rege Unterhaltung über dies und das.

Wenn man draußen oder unterwegs oder draußen und unterwegs ist, kann das Wetter allein darüber entscheiden, ob man sich gut oder schlecht fühlt. Es gibt also überhaupt keinen Grund, einer Bemerkung über die schöne Sonne, den fiesen Regen, die drückende Schwüle oder den herrlichen Schnee irgendeine Form von Belanglosigkeit zu unterstellen.

Der Herbst kracht mit einer Wucht in deinen Alltag, genau wie der Frühling es jedes Jahr tut. Die schlimmsten Monate des Jahres sind für dich Februar und März, sowie August und September. Das sind die Monate, in denen man das bekannte Wetter nicht mehr schätzt, eigentlich nicht einmal mehr wahrnimmt. Wo man abstirbt im ewigen Trott und der Natur gegenüber noch tauber wird, als man es als Stadtkind ohnehin schon ist. Und jetzt kommt der Herbst und ergreift Besitz von deinem Gemütszustand. Du begrüßt ihn wie einen alten Bekannten, auf den man sich freut. Sofort ist diese Vertrautheit da. »Hallo Bruder, lange haben wir uns nicht gesehen. Aber jetzt, wo wir wieder zusammen sind, ist alles wie früher.«

Erleichtert empfängst du den ersten Spätnachmittag, an dem es gießt wie aus Kübeln. Du trägst deine Chucks das ganze Jahr durch, im Herbst und Winter jedoch mit einem zweiten Paar Socken. Du hast dieses zweite Paar noch nicht an, als du auch sonst recht leicht bekleidet, ohne Jacke und ohne Mütze, durch Regenpfützen springend nach Hause läufst. Du hast dich von Mario extra zwei Straßenecken vorher absetzen lassen, unter dem Vorwand, noch dein Fahrrad am Proberaum abholen zu wollen. Du wartest, bis sein Wagen um die Ecke gebogen ist, und machst dich dann zu Fuß auf den Weg nach Hause, damit der Regen dir aufs Gesicht fallen und deine Kleidung durchnässen kann.

Zu Hause steht schon alles bereit.

Du bist gut vorbereitet. Da ist die Tütensuppe, da
ist der Glühwein, da ist der Rum. Auch deine Pudelmütze
und deine Handschuhe hast du wiedergefunden. Glücklich
und durchnässt lässt du dir ein Bad ein. Jetzt kommt der
Frieden. Jetzt kommt das Ausatmen. Bald kommen lange,
dunkle, einsame Winterabende, an denen du zu Hause sitzt,
die Musik und das Wetter auf dich wirken lässt, dich
rausschleichst, um dir zu holen, was du brauchst, und
dich freust, wieder in deinen Schützengraben zurückzu-
kehren. Hier bist du frei und niemals allein.

In der Küche, noch im Bademantel, eine Tasse Glühwein
mit Schuss. Ein Buch von Paul Auster liegt aufgeschlagen
vor dir, der Ghettoblaster spielt Sunny Day Real Estate.
Du wirst von Déjà-vus gejagt. Draußen die schwarze, kalte
Nacht, hier drinnen das kleine Licht – das hast du doch
schon mal genauso erlebt! Du blickst aus deinem Buch
auf, völlig erschlagen von der Intensität des Moments,
und murmelst leise geradezu religiös anmutende Psalme
in den Raum.

»Herzlich willkommen, Sauwetter. Endlich bist du da
und saugst mich auf. Ich kenne dich, und du kennst mich.
Wir gehören zusammen wie Hundescheiße und Stiefelsohle.
Wir stören uns nicht an den Schimpftiraden der Cafés
und Arztpraxen und Kneipen und Kaffeekränzchen dieser
Stadt, in denen sie immer ein Thema brauchen und über
dich schimpfen, weil du so ein roher, unzähmbarer Bursche
bist. Ich mag dich dafür. Du bist der Chef.«

Die Musik klingt ganz anders als noch vor einem Monat,
und auf einmal weißt du genau, was in Jeremy Enigk vor
sich ging, als er mit beschwörender Stimme sang: »All
in time will be, later on we'll try, all we gave to fly,
hollow peaks we've climbed, all these things I've been,
how it feels to be something on.«

Wieder nicht viel mehr als hundert Leute. Hundertdreißig höchstens, in einem Saal, der locker die dreifache Menge fassen würde. Aber die, die da sind, tanzen, singen, applaudieren, lachen bei den Ansagen an den richtigen Stellen, und obviously, they're having a good time, wie der Engländer so schön sagt. Wir appreciaten es. Was für ein Unterschied zu gestern. Diese Lieder, sie klingen so gut. In Momenten wie diesen wird mir klar, dass es geradezu ein Verbrechen ist, sie mit weniger als hundert Prozent darzubieten. Während des dritten Songs tausche ich Blicke mit Werner, Kowalski und Mario aus. Alle lächeln. Wir haben unsere Lektion gelernt. Alles wird gut.

4.

Der Backstagebereich befindet sich im Haus nebenan. Nach dem Soundcheck verlassen Mario und ich den Club, um dort was zu essen. Wir biegen um die Ecke, als plötzlich eine Gestalt vor mir auftaucht und mir mitten in die Fresse haut. Nicht sehr doll, aber auch nicht sanft, und vor allem völlig unvermittelt, ohne jede Vorwarnung. Vor mir steht Maren Müller, ein alter Fan von uns. Früher haben wir oft in dem kleinen Kaff gespielt, aus dem sie ursprünglich kommt. Dann verloren wir uns aus den Augen und hörten ein paar Jahre nichts voneinander. Jetzt steht sie vor mir, back with a bang, im wahrsten Sinne des Wortes. Ihr Schlag sollte offensichtlich eine freundliche, flapsige Begrüßung sein, puh, dafür war es aber ein ganz schön guter Punch! Mario erkennt sie nicht und schaut uns perplex an.

»Hey, Maren Müller, was machst du denn hier, wohnst du jetzt hier?«

Irgendetwas dämmert in ihm, Maren Müller, Maren Müller, wer war denn noch mal Maren Müller …

»Nein!«, murmelt sie, »in Hannover!«

»Ach, immer noch in Hannover. Schön dich zu sehen. Wir wollten gerade was essen gehen, willst du vielleicht mitkommen?«

»Ich bin mit dem Zug hier!«

»Ach so, ja. Kommst du mit was essen?«

»Nein!«, flüstert sie, kommt dabei ganz nah an mich ran und lacht leise in sich hinein. Dann dreht sie sich um und geht.

»Äh, Maren?!«

Sie läuft einfach weg, dreht sich nicht mehr um. Ich habe keine Ahnung, was mit ihr los ist. Ich habe sie seit vier, fünf Jahren nicht gesehen und nie besonders gut gekannt. Eben eine dieser Personen, die man öfter mal auf Konzerten getroffen hat. Ich habe ein ungutes Gefühl im Bauch.

Mit der einen Hand hältst du die Flasche fest, ein Liter 1996er Rheinhessen, lieblich, zwei Mark neunundneunzig bei Aldi. Mit dem Daumen der anderen Hand drückst du so doll du kannst auf den Korken, aber er bewegt sich kein Stück. Vor dir hat Benja es schon erfolglos probiert. Du hast sonst immer einen Korkenzieher bei dir, ausgerechnet heute, zu Stephanussteinigen hast du ihn vergessen. Du könntest es sogar schaffen, die Weinflasche unter der Jacke mit ins Crash zu schmuggeln, oder vielleicht besser Benja, auch sie trägt ihre Winterjacke, und ein hübsches Mädchen wie sie wird nicht so schnell kontrolliert wie du, der als Punker nicht mal sichergehen konnte, dass er überhaupt reingelassen wird.

Normalerweise willst du ja auch gar nicht rein in eure Kleinstadt-Disco, zu den doofen Prolls und den schicken Tussen, aber heute ist 80er-Jahre-Party, und es ist Weihnachten, und alle deine Freunde sind drin, denn es gibt hier nun mal nichts anderes, also, was solls, rein da. Drinnen hast du dann festgestellt, dass du zwar schon ziemlich betrunken, aber noch längst nicht betrunken genug bist, um es dort auszuhalten und hast Benja gefragt, ob sie mit nach unten kommt, den gebunkerten Wein trinken.

Ja, es könnte klappen, ihn gleich mit reinzuschmuggeln, aber erst musst du die Flasche aufkriegen. Das Neonlicht der Weihnachtsdeko beleuchtet einen kleinen Teil des zugigen Gangs zwischen Disco und Straße. Rattenkalt, wirklich. Du probierst es mit einem Schlüssel, aber auch das klappt nicht. Einen Edding müsste man haben, das ist der beste Korkenzieher-Ersatz den es gibt, mit einem Edding klappt es meistens. Du setzt dich auf die Bordsteinkante und tastest die Taschen deines Parkas ab, aber alles was du findest ist ein Kugelschreiber, der genauso wenig hilft wie dein Schlüssel. Als du deinen Walkman in der Tasche fühlst hast du eine Idee.

»Mit 'ner Batterie müsste es gehen!«

Du stehst auf, setzt die Flasche auf dem kalten Boden ab, stellst die Batterie hochkant auf den Korken und stemmst dich mit aller Macht dagegen. Der Nippel des Plus-Endes drückt seine Form in deine Handfläche, aber der Korken bewegt sich immer noch kein Stück.

»Ach komm, lass gut sein!«, bibbert Benja. Sogar wenn sie friert ist sie schön. Du freust dich, sie zu sehen, besonders nach diesem langen Abend bei deinem Vater, an diesem schlimmen verlogenen Fest, vor dem es dich von Jahr zu Jahr mehr ekelt. Du willst die ganze Nacht mit deinem Mädchen feiern, du willst nicht in einer Stunde nach Hause gehen müssen, weil ihr kein Geld mehr habt.

»Nee warte, das ging fast, ich glaub da hat sich was bewegt, ich bräuchte nur etwas mehr Kraft!«, sagst du, und dann hast du die Idee, wegen der du dir noch lange Zeit Vorwürfe machen wirst: »Pass auf, du hältst die Flasche fest, und ich drücke mit dem Fuß, das funktioniert auf jeden Fall!«

Damit die Flasche dabei nicht umfällt, muss Benja sie
mit beiden Händen festhalten. Und Benja hält fest. Und
du drückst. Erst langsam, und dann, als der Korken immer
noch nicht nachgibt, mit einem bisschen mehr Kraft.
Du hörst deine Freundin etwas sagen wie »Ey, ich glaub
das ist nicht so 'ne gute Idee!«, da gibt es einen großen
Knall und die Flasche platzt, sie explodiert förmlich!
Tausende von Scherben fliegen durch die Luft. Instinktiv
hast du dir die Hände vors Gesicht gehalten. Bevor du
richtig verstehst, was gerade passiert ist, hörst du Benja
auch schon schreien.

»Hilfe, ich verblute, Hilfe, Hilfe, ich verblute!«

Als du hochschaust blickst du direkt in ihre schmerz-
verzerrten, weit aufgerissenen Augen. Sie hält ihre
rechte Hand mit der linken fest und schreit in einer Tour.

Du musst irgendetwas sagen. Du weißt, dass Benja ganz
und gar nicht hysterisch ist. Sie ist im Gegenteil sehr
hart im Nehmen, sie dramatisiert nicht, sie schreit nicht
ohne Grund herum. Dennoch fällt dir nichts anderes ein
als: »Ach Quatsch, das ist gar nicht so schlimm.« Das soll
beruhigend wirken, aber wenn du mal ehrlich bist, ist es
doch nur so dahingesagt, oder? Deine erste Reaktion ist
auch nicht etwa, deiner Freundin zu helfen, sondern deine
Batterie zu suchen. War ja schließlich ein Akku, und den
brauchst du für deinen Walkman, du musst ja Musik hören
können.

Der Boden sieht aus wie ein Schlachtfeld. Überall
Scherben, ein Liter Wein, der auf dem Boden festfriert,
und alles voller Blut. Als du den Akku gefunden hast,
ist Benja schon losgerannt Richtung Disco. Du gehst ihr
hinterher und merkst erst jetzt, dass du selbst am Bluten
bist. Deine ganze linke Hand ist rot, es tropft den Arm
runter, auch deine Jacke enthält Blutspritzer. Du fühlst
nichts. Der Typ an der Garderobe kommt mit ein paar

Papiertüchern auf dich zu, aber du lässt ihn links liegen
und bahnst dir einen Weg durch die Menge, über die Tanzfläche, die triefende Hand in der Luft, und mit einem
Grinsen baust du dich vor Moni und Felix auf. »Hier guckt
mal!« Du fühlst dich gut, bist radikal und lebendig, und
Moni und Felix nehmen dich in ihre Mitte und führen dich
zum Klo, wo sie deine Hand unter fließendes Wasser halten.
Das ganze Waschbecken wird mit deinem Blut vollgesaut.
Es ist ein herrlicher Anblick, du musst lachen, und Felix
lacht mit, während Moni Pflaster und Verband organisiert.
Die vorbeikommenden Leute gucken dich entsetzt oder
angewidert an, und du musst immer mehr lachen, haha ihr
Spießer, da guckt ihr, was, und dann zieht Moni dich Richtung Ausgang, obwohl gerade »Never Let me Down Again«
läuft und du lieber tanzen willst. Als du den Notarztbulli
vor der Tür stehen siehst, denkst zum ersten Mal an Benja,
wo sie eigentlich abgeblieben ist und wie es ihr geht.

Erst jetzt realisierst du die Blutlache vorm Eingang
und die Blutspur am Crash vorbei zu dem Gang, wo euch
das kleine Malheur passiert ist, und dann siehst du sie
auf einer Bahre liegen. Tränen laufen ihr aus den Augen,
sie hält sich immer noch die Hand. Ihre Handfläche liegt
praktisch offen, keine Haut mehr vorhanden, die ganze
Innenseite ein einziges fleischiges Loch mit fünf Fingern
dran. Zwei Männer in Kitteln schieben die Bahre hinten in
den Bulli, Moni redet mit ihnen, dann wird an dir gezogen
und schon sitzt auch ihr hinten drin, neben der Bahre, und
wenige Sekunden später schaltet der Fahrer das Blaulicht
ein und fährt los. Blaulicht ja, aber kein Martinshorn.

»Warum denn keine Sirene!«, ruft Moni, und du stimmst
mit ein: »Ja, Sirene! Sirene!« Der Fahrer hat einen ganz
schönen Zahn drauf, und irgendwie findest du das alles
immer noch furchtbar lustig und fragst Moni, die am Fenster sitzt: »Fährt der über Rot?«, und Benja liegt da mit

schmerzverzerrtem Gesicht und will nicht angeschnallt
werden, aber der Krankenhausheini sagt, dass hier sogar
der Beifahrer angeschnallt wird, also sie erst recht, und
sie solle sich beruhigen, es werde schon alles wieder gut,
aber statt ihr beim Beruhigen zu helfen, krakeelst du
in einer Tour »Fährt der über Rot? Fährt der über Rot?«
und hältst das Ganze für eine geile Party, und auch Moni
ist ganz aufgedreht und gut gelaunt und schreit »Ja,
jetzt über Rot, jaaaa!« und ihr jubelt, und dein Mädchen
liegt in der Mitte und sagt nichts und du denkst, dass sie
wahrscheinlich einfach nur nicht betrunken genug ist.

Im Krankenhaus angekommen, wird sie auf der Bahre in
einen Raum gefahren. Sie will gern laufen, aber man sagt
ihr, sie solle besser liegenbleiben. Weiße Kittel, weiße
Wände, Neonlicht. Ein junger Arzt und eine junge Schwester gucken sich Benjas Hand an und machen ein paar Tests,
ob noch alles funktioniert. Benja kann den Zeigefinger
kaum bewegen. Ein Sehnenstrang scheint durch zu sein.
Die Schwester gibt ihr eine örtliche Betäubung, der Arzt
verschwindet nach nebenan, um mit einem Fachmann zu
telefonieren. Es ist zwei Uhr. Der Fachmann verschiebt
die eigentliche Operation auf morgen. Dann wird genäht.
So langsam ist sogar dir der Spaß vergangen. Um Benja zu
beruhigen, bleibst du bei ihr sitzen und schaust in die
klaffende Wunde, die mal die Innenfläche ihrer rechten
Hand war. Du weißt, dass sie weiß, dass du keine Wunden
sehen kannst, und du hoffst, dass es sie beruhigt, wenn
du trotzdem genau hinschaust. Dir wird schlecht. Benja
krümmt sich, sie weint und schreit. Du weißt, wenn dieses
toughe Mädchen so schreit, dann hat sie wirklich Schmerzen. Es dauert. Der Arzt kann kaum nähen, denn es ist
nichts da, nur rohes Fleisch. Nach einer scheinbaren
Ewigkeit wird ihre Hand verbunden, und statt zu jammern
macht sie die Schwester darauf aufmerksam, dass du ja

auch noch behandelt werden musst. Die Schwester nimmt
dir den Verband ab, reinigt die vergleichsweise kleine
Wunde und macht dir einen ordentlichen neuen Verband.
Der Arzt merkt, wie betrunken du bist.

»Haben sie außer Alkohol irgendwelche anderen Drogen
zu sich genommen?«

»Nein!«

»Nichts gespritzt oder gesnieft, gar nichts?«

»Nein Herrgott, sehe ich so aus?!«

»Sind Sie denn noch gegen Tetanus geimpft?«

Du weißt es nicht. Wahrscheinlich nicht, wo du doch
seit jeher versuchst, allem, was mit Spritzen zu tun hat,
aus dem Weg zu gehen.

»Dann machen wir das zur Sicherheit gleich jetzt!«

Du sollst die Hose runterziehen und dich auf eine
Liege legen. Moni sitzt im Gang und lacht. Die Schwester
zieht die Schiebetür vor ihr zu. Du kletterst auf die
Liege und fliegst gleich auf der anderen Seite wieder
runter. Scheiße, bist du breit! Mit der Hose an den Knie-
kehlen rappelst du dich wieder auf und kletterst erneut
auf die Liege. Du kriegst eine Spritze in jede Arschbacke.
Du merkst nichts davon und findest es trotzdem schlimm.

»Was mache ich hier überhaupt, latsch hinter euch her wie so 'n
Teenie, bin ich hier ein Groupie oder was!«

Jetzt also die üblichen Groupiesprüche, die ich so hasse. Jedes
Mal, wenn man als Musiker mit einem weiblichen Wesen in
Kontakt kommt, fällt früher oder später dieses Unwort. Egal, ob
man küsst, flirtet oder sich ganz normal unterhält. Männer benutzen es, um weibliche Musikfans zu diskreditieren, und Frau-
en benutzen es keine-Ahnung-warum. Vielleicht um vermeintlich selbstironisch ihre Unsicherheit zu kaschieren? Ich weiß es
nicht. Ich weiß ohnehin nicht mehr viel, außer dass Maren Müller mir auf die Nerven geht.

»Und morgen ist dann die Nächste dran, du hast doch in jeder Stadt eine sitzen!«

»Maren, halt endlich den Mund! Du kriegst ein Bett zum Pennen, das ist alles. Kein Grund sich aufzuregen!«

Überhaupt sollte sie langsam mal verstanden haben, dass ich keinen Sex mit ihr will. Ganz im Gegenteil versuche ich seit Stunden, sie mir vom Leib zu halten. Werner war es, der ihr einen Pennplatz bei uns angeboten hat, als sie nach dem Konzert plötzlich im Backstageraum stand. Wenn er was getrunken hat, lädt er gerne alle Leute zu irgendwas ein.

»Na klar, kannst du bei uns pennen, wir haben noch genug Betten frei, gar kein Problem!«

Im Prinzip hat er ja Recht, denn obwohl wir nur zu acht sind, hat man uns in diesem Hostel zwei Sechs-Bett-Zimmer gegeben. Kleinere Zimmer waren nicht mehr frei. Wir haben also vier Betten über. Kurz nach seiner Einladung war Werner auch schon verschwunden, ohne Bescheid zu sagen. Sein berühmter »polnischer Abgang«. Seitdem habe ich Maren Müller am Arsch.

Sie hat den ganzen Abend über versucht, mich zu küssen. Ich habe den ganzen Abend über versucht, freundlich und distanziert zu sein. Als ich ihr sagte, dass sie sich bitte keine Hoffnung machen solle, starrte sie mich nur mit irren Augen an und lachte geräuschlos in sich hinein.

Dann ging die eine Hälfte zum Hostel, die andere in den Club, wo noch eine wilde Party im Gange war. Wir standen im Thekenbereich herum, bestellten Cocktails und rauchten um die Wette. Ich wurde von zwei Mädchen aus England angesprochen. Sie waren nett und hübsch, und es machte Spaß, ein bisschen Englisch zu reden. Sie kamen aus Leeds, der Stadt, in der vor ein paar Jahren mal in unseren Tourbus eingebrochen wurde. Zum Glück passierte das, während wir spielten, unser Equipment wurde also nicht gestohlen. Dafür aber drei oder vier Kartons CDs, die kurz darauf zu Schleuderpreisen bei eBay wieder aufgetaucht sind. Außerdem ein paar Taschen mit Klamotten, die wir später fast komplett in einem nahe gelegenen Park wiederfanden. Die Diebe müssen ganz schön enttäuscht gewesen sein, als sie feststellten, dass diese dicken Reisetaschen keinerlei Wertgegenstände oder Geld enthielten, sondern hauptsächlich mit durchgeschwitzten, stinkenden Klamotten gefüllt waren. Tragbare Computer hatte damals zum Glück noch niemand, auch sonst wurde nichts wirklich Wertvolles geklaut. Von mir fehlte beispielsweise gar nichts, Werners größter Verlust war seine OPEL-Gürtelschnalle, die wir immer so ätzend fanden. Nun war sie endlich weg, und den Rest der Tour hatten wir unseren Spaß damit, ihm zum Verlust seiner hässlichen Gürtelschnalle zu gratulieren. Aber nach dem Einbruch mussten wir noch zehn Tage lang mit einem Bus ohne Seitenscheibe durch halb Europa fahren. Durch England und Frankreich nach Spanien und wieder zurück nach Hause, und nirgendwo eine Werkstatt, die uns direkt vor Ort eine neue Scheibe einbauen konnte. Also blieb uns nichts anderes übrig, als den Rest der Tour mit dem Provisorium zu bewältigen, das wir in Leeds zusammengebastelt hatten: Vom Veranstalter bekamen wir eine alte Matratze, die mit Spanngurten von innen am Fenster befestigt wurde. Von außen stopften wir ein paar Handtücher ins Loch, und dann klebten wir mit Hilfe einer halben Rolle Gaffatape ein Dutzend Müllsäcke über die Stelle, wo mal die Scheibe gewesen war. Mehrmals am Tag mussten wir anhalten, um neues Gaffa zu verkleben. Als wir zehn Tage später heimkamen gabs den Anschiss des Jahrhunderts. Die Autovermietung wollte unsere Kaution nicht wieder rausrücken. Nicht nur, dass die Scheibe kaputt war, sie bekamen auch die Rückstände des Klebebandes nicht mehr vom Bus.

Na jedenfalls, ich unterhielt mich mit den beiden englischen Damen über unsere Erfahrungen in ihrer Heimatstadt, als mir plötzlich etwas in die Rippen stach. Erschrocken fuhr ich herum und goss mir dabei die Hälfte meines Cuba Libres auf die Hose. Maren Müller stand ganz dicht hinter mir und hatte ihren Finger in meiner Seite. Ich bat sie ruhig, aber eindringlich, damit aufzuhören. Sie stach wieder zu, mehrmals nacheinander.

»Was soll die Scheiße, hör auf damit, das nervt!«

»Findest du diese Schnepfen etwa interessanter als mich?« Sie bohrte mir ihren Finger in die Rippen und versuchte, ihr Gesicht auf meins zu drücken. Ich stieß ihre Hand weg und ging einen Schritt zurück. Die Engländerinnen verstanden nichts. Sie hielten Maren wahrscheinlich für meine Freundin und das Ganze für einen Beziehungsstreit.

»Hör zu, ich unterhalte mich gerade, lass mich bitte in Ruhe, okay?«

»Du kannst reden, mit wem du willst, aber ich werde dir heute nicht von der Pelle rücken, da kannst du dich drauf verlassen!«

»Maren, ich habs dir schon mal gesagt: Ich will nichts von dir!«

»Ich rücke dir nicht mehr von der Pelle, verstehst du!«

»Meine Güte, lass mich in Ruhe mit deinen albernen Drohungen!«

Ich versuchte, souverän zu wirken, aber mein Hals schnürte sich zu, Beklemmung machte sich breit. Sie war anscheinend eifersüchtig, oder wahnsinnig, oder, die gefährlichste Variante: beides zugleich. Aber obwohl ich sie als penetrant, belästigend und Angst einflößend empfand, fühlte ich mich auf seltsame Art für sie verantwortlich. Die gemeinsame Geschichte? Falsch verstandene Loyalität? Der Versuch zu beweisen, was für ein netter Kerl ich im Grunde meines Herzens doch bin? Was auch immer es war, ich habe es nicht übers Herz gebracht, sie wieder auszuladen.

Und jetzt läuft sie neben mir her, schweigt den Rest des Weges.

Eure Klamotten liegen noch in der Disco. Ihr latscht vom Krankenhaus zurück. Moni und du seid sehr albern. Benja ist sehr still. Am Crash angekommen sucht und findet sie

ihren Schlüssel in den Scherben. Moni und du begutachtet
derweil begeistert die Blutspur, die zehn Meter weit vom
Gang bis vor die Tür der Disco führt. Drinnen gibt es ein
großes Hallo, die Geschichte hat sich schon rumgesprochen
und ihr habt viel zu erzählen. Du prahlst damit, wie du
von der Liege runtergefallen bist, denn du findest, das
ist eine coole Story, du bist schließlich bekannt als
ständig betrunkener Hansdampf in allen Gassen, ein guter
Ruf, den es zu untermauern lohnt. Felix kommt mit drei
Gläsern Sekt wieder. Benja ist alles andere als nach
feiern zumute. Sie will nach Hause, ins Bett. Du musst
aber unbedingt noch dableiben, du kannst jetzt auf keinen
Fall schon gehen. Du gibst ihr deinen Haustürschlüssel
und versprichst, dass du gleich nachkommst. Dann wird
gesoffen. Und getanzt. Werner ist auch da und leiht dir
zwanzig Mark, die du in Wein umsetzt. Du singst all die
Lieder deiner Jugend mit, dass Liebe ein Schlachtfeld
ist, dass du gerade eben heute Nacht in den Armen deiner
Liebsten gestorben bist und all der Kram, und nicht
mal bei »Dancing With Myself« merkst du, wie lächerlich
und daneben es ist, diese Zeilen zu grölen, während das
Mädchen, das du angeblich liebst, alleine bei dir im Bett
liegt und höllische Schmerzen durchleidet. Such a shame.

Um fünf Uhr gehen die Lichter an. Du hast noch nicht
genug und überredest drei ehemalige Schulkameraden, mit
zu dir zu kommen. Du lockst sie mit der Flasche Whiskey,
die noch in deinem Kühlschrank liegt. Es ist knapp unter
Null. Du klingelst, Benja macht auf und geht wieder ins
Bett. Ihr anderen setzt euch in den schäbigen Verschlag
von der Größe einer Abstellkammer, der dir und deinem
Mitbewohner als Wohnzimmer dient. Ihr sauft Whiskey.
Stefan Richter geht in die Küche und frisst das von Benja
mitgebrachte vegetarische Soja-Gyros direkt aus der
Pfanne. Du kannst kaum noch stehen und verabschiedest

dich ins Bett. »Ihr könnt aber ruhig noch hier bleiben, wenn ihr wollt!« Wollen sie nicht, und hauen unter lautem Treppenhausgepolter wieder ab.

Du legst dich zu Benja ins Bett. Sie sagt, sie hätte noch nicht geschlafen. Du denkst, dass du jetzt erst mal eine Weile nicht Gitarre spielen kannst. Sie sagt, sie hätte noch nicht geschlafen, weil sie solche Schmerzen hat. Du denkst, dass du dafür aber für immer eine echt geile Story zu erzählen hast. Explodierende Weinflasche, schon verrückt. Sie sagt nichts mehr. Du pennst ein.

Nach fünfzehn schweigsamen Minuten, die mir wie fünfzehn Stunden vorkommen, sind wir endlich am Hostel. Wir sind zu dritt auf unserem Zimmer, die Tourneeleitung, Kowalski und ich. Plus Maren Müller. Wir liegen auf unseren Betten und rauchen und labern Scheiße. Wir sollten schlafen, sind aber zu aufgedreht. Wir lachen über den beklopptesten Mist. Ich bin froh, dass die beiden anderen da sind und die Unterhaltung schmeißen. Froh, dass ich nicht mit dieser Frau alleine sein muss. Sie sitzt an die Wand gelehnt auf ihrem Etagenbett und hört uns schweigend zu. Plötzlich steht sie auf und schiebt mir ein Bild zu.

»Oh, für mich?«

»Ja«, flüstert sie, als sie sich wieder aufs Bett setzt. Ihre Augen funkeln mich eindringlich an. Das Bild zeigt ein gebrochenes Herz mit einem Nagel drin. Im Hintergrund sprießen Tränen und Messer in einer wilden Fontäne gen Himmel. Hintendrauf stehen ihr Name und zwei Initialen.

»Wer ist ›Fr. Dr. K.‹?«, frage ich.

»Frau Doktor Koch, meine Anstaltsmutti! Habe ich vor drei Jahren in der Klapse gemalt, für dich!«

»Ach so.«

Ich sollte sie jetzt fragen, ob sie beruflich oder als Patientin in der Psychiatrie war, und wenn letzteres: Wie lange, und wies ihr geht, und warum sie ein Bild für mich gemalt hat, vor drei

Jahren, als wir uns seit mindestens zwei Jahren nicht gesehen hatten, und was eigentlich mit ihr los ist, was sie für ein Problem hat, und überhaupt. Aber ich will dieses Fass nicht aufmachen, ich kann mich nicht darauf einlassen, jedes kleinste Zeichen von mir würde sie nur falsch verstehen. Eine Zwickmühle. Die verzweifelte Suche nach einem schmalen Grat, den es vielleicht gar nicht gibt. In meinem Kopf dreht sich alles.

»Schön, vielen Dank«, sage ich etwas unbeholfen, lege das Bild zur Seite und gähne. »Ich bin saumüde«, lüge ich, »ich muss pennen.« Innerlich bin ich auf hundertachtzig, aber Schlaf ist der letzte Notausgang, der mir jetzt noch bleibt. Die Unterhaltung der anderen ist deutlich ruhiger geworden, nicht mehr lange und auch ihnen werden die Augen zufallen. Ich muss ihnen unbedingt zuvorkommen, sonst sind Maren und ich die letzten, die wach sind, dann hat sie mich für sich alleine, das darf nicht passieren. Ich habe gerade die Augen geschlossen, um das Einschlafen vorzutäuschen, da landet irgendetwas auf meinem Bett. Ich öffne die Augen und sehe eine Puppe. Es ist ein mit roter Farbe beschmiertes nacktes Viech mit abstehenden Haaren, dem ein Bein ausgerissen wurde. Maren Müller sitzt auf dem Bett gegenüber und starrt mich an.

»Was soll das, warum zeigst du mir so einen Scheiß!«

Sie starrt mich nur an und grinst. »Das ist ein Geschenk für dich. Ich hab noch mehr. Glaubst du etwa, mein Rucksack ist voller Anziehsachen?!«

»Maren, ich will das nicht haben, nichts davon, hier, pack das wieder ein!«

Ich schleudere die ekelhafte Puppe mit spitzen Fingern zurück auf ihr Bett und drücke mein Gesicht ins Kopfkissen. Ich versuche, jede amateurpsychologische Deutung zu verdrängen und bete, dass sie heute Nacht in ihrem Bett bleibt und nicht auf die Idee kommt, sich irgendwann zu mir rüberzuschleichen, um mich zu vergewaltigen oder zu erdrosseln.

5.

Sie konnte sich beherrschen, ich habe ein paar Stunden ungestörten Schlaf bekommen. Aber beim Frühstück geht es weiter.
Als ich runterkomme, Maren Müller hinter mir, sitzen meine
Bandkollegen an einem großen Tisch, an dem kein Platz mehr
frei ist. Ich muss mich wohl oder übel mit Maren Müller alleine
an den Nebentisch setzen. Sie weiß, dass wir direkt nach dem
Frühstück weiterfahren und gibt sich jetzt keine Mühe mehr,
sich zurückzuhalten.

– »Meinst du etwa, das wird nie was mit uns? Das kann ich
nicht akzeptieren, meine Gefühle können mich doch nicht so
täuschen!«

– »Sag mir, bin ich paranoid? Gehöre ich in eine geschlossene
Anstalt?«

– »Aber deine Texte, sie sprechen zu mir, ich habe das Gefühl
du hast sie für mich geschrieben, sag mir, dass du sie für mich
geschrieben hast!«

– »Ich würde gleich gerne bei euch mitfahren, du könntest
mich dann in den nächsten Tagen mal richtig kennenlernen!«

– »Doch, ich werde bei euch mitfahren!«

– »Mir egal, ich fahr mit!«

Ich antworte kurz und knapp.

– »Ja, du täuschst dich da ganz extrem.«

– »Ich weiß nicht, ob du paranoid bist. Ich kenne dich doch
gar nicht.«

–»Nein, ich habe ganz sicher noch nie einen Song für dich
geschrieben!«

– »Du kannst nicht bei uns mitfahren, wir haben auch gar
keinen Platz mehr frei.«

– »Maren, ich will nicht, dass du bei uns mitfährst!«

– »Du fährst auf gar keinen Fall mit!«

Nach dem Frühstück gehen wir zum Bus. Maren Müller hinterher. Sie steigt einfach ein und setzt sich auf die Rückbank.

»Maren, du fährst nicht mit!«

Trotzig krallt sie sich am Sitz fest und blickt geistesabwesend aus dem Fenster. Die Tourneeleitung und ich müssen laut werden. »Das läuft nicht, raus hier!«

»Da müsst ihr mich schon richtig anschreien, mit alle Mann!«, faucht sie.

»Los, raus jetzt!«

»Haha, da müsst ihr mich schon schlagen! Schlagt ihr mich gleich?« Mit wahnsinnigen Augen lacht sie einem nach dem anderen ins Gesicht. Dann wendet sie sich an Sepp, der noch nie in seinem Leben ein Wort mit ihr gewechselt hat. »Na, wie siehts aus, haust du mir gleich in die Fresse, hä?«

Irritiert blickt Sepp mich an. Seine Augen sagen: »Was schleppst du hier für eine Terrorbraut an, schaff mir die vom Leib, die ist doch verhaltens!« (»Verhaltens« ist da, wo Sepp herkommt, angeblich die gängige Bezeichnung für irre, wahnsinnig, verhaltensgestört.)

»Niemand wird hier geschlagen, aber das läuft nicht, raus jetzt!« Die Tourneeleitung greift ihren Arm, widerwillig lässt sie sich aus dem Bus ziehen.

Werner kommt als Letzter aus dem Hostel. Maren Müller rennt ihm entgegen und ruft: »Ich will mit, kann ich bei euch mitfahren!«

Er hat von all dem Aufruhr nichts mitbekommen und ist freundlich wie eh und je. »Ja mach doch«, pfeift er gutgelaunt, »steig ein, ein Platz ist ja noch frei!«

Ich könnte ihm den Hals umdrehen für seine unverbindliche Freundlichkeit. Maren verspürt Aufwind und unternimmt einen letzten Anlauf. Mit einem schnellen Sprung hechtet sie in den Bus, aber die Tourneeleitung steht in der Tür, zieht sie rückwärts raus, schiebt die Tür zu und verschwindet mit ihr um die Ecke. Er ist ein guter Typ, ich weiß, er wird sie nicht zusammenschlagen. Ich bin dankbar, dass er das übernimmt. Bei mir würde es in einem Desaster enden, denn ich weiß nicht mehr ein noch aus. Alle Fingernägel sind bis aufs letzte abgekaut. Meine Nerven gehen in Rente.

Ich lasse mich in meinen Sitz fallen. Bin wütend, besorgt, traurig und verwirrt, alles zugleich. Ich hasse und bemitleide sie. Hoffentlich fahren wir bald los. Jetzt hilft nur aggressive Musik. Ich krame meinen Minidiscplayer aus der Tasche und ärgere mich, dass ich die Neurosis-MD nicht dabei habe. »Souls at Zero«. Mein Gott. Die Tourneeleitung steigt ein, wir fahren los. Ich gebe den anderen einen Kurzabriss dessen, was in den letzten zwölf Stunden passiert ist. Dabei weiß ich das selbst nicht so genau.

Ich brauche dringend Ruhe, um mich zu sammeln, aufzuräumen und zu ordnen. Die Platte defragmentieren. Einmal runterund sauber wieder hochfahren. Ein freier Tag wäre gut, aber der ist noch ein paar Tage hin.

The show must go on. Nützt ja alles nichts. Oder, wie Sepp seit Tagen unentwegt sagt: Scheiß die Wand an.

An einem der letzten warmen Tage des Jahres sitzt du beim Frühstück auf dem Balkon. Alleine, so wie es dir am besten gefällt. Du musst erst um sechzehn Uhr zur Arbeit und schläfst deswegen zu lange. Die Hälfte des Tages ist schon rum, als du aufstehst. Du fühlst dich erschlagen, geplättet, entkräftet wenn du zu lange schläfst. Mehr als acht Stunden machen dich schwach. Du schälst dich aus dem Bett, du schälst dich aus deinem Pyjama, du schleppst dich ins Bad, dann in die Küche. Der Kühlschrank hat kein Frühstück für dich parat. Rein in die Jeans und zum Bäcker.

»Zwei Mohnbrötchen, und zwei Eier«, sagst du zu der jungen, verschüchterten, kleinen, irgendwie gestörten Frau hinterm Tresen.

»Ein Euro achtzehn«, piepst sie zurück. Sie wohnt noch bei ihrer Mutter und hat jeden morgen Bammel vor der

Arbeit. Merkt, wie man über sie tuschelt, tut aber so, als kriege sie nichts mit. Stellt sich blöd. Ihre Taubheit ist ihr Panzer. Das alles kannst du aus ihrer Stimme lesen, da kennst du dich aus.

Während die Eier kochen, bemerkst du, dass die Kaffeedose leer ist. Du klingelst bei den Nachbarn und fragst nach etwas Kaffee.

»Habt ihr noch …?«

»Guck mal in der Küche.« Du kennst diese Küche. Hängst oft hier rum. Deine Nachbarn spielen in einer Punkband. Du schätzt sie und sie schätzen dich. Du füllst ein paar Löffel Kaffeepulver in eine Filtertüte. Auf dem Küchentisch liegt eine Packung Zigaretten. Seit du dir das Rauchen abgewöhnen willst, kaufst du dir keine eigenen Zigaretten mehr, du schnorrst nur noch von anderen. Das wirkt meistens, denn du hasst es, zu schnorren. Es ist niemand in der Küche. Die Schachtel ist noch halbvoll. Du klaust dir eine und gehst wieder rüber.

Mitte September, einer der letzten warmen Tage des Jahres. Du sitzt auf dem Balkon, mit Brötchen, Eiern, Kaffee und einer Zigarette. Der Wind bläst dir zwei oder drei Mal den Deckel der Margarinepackung vom Tisch. Du hebst ihn auf, schnippst die verdreckten Margarinebrocken vom Balkon und setzt dich wieder. Das Gewäsch im Radio ist angenehm belanglos. Hintergrundgedudel, das sich mit dem Wind zu einem entspannenden Brei vermischt. »The tide is high but I'm holding on …« Atomic Kitten covern Blondie. Du summst leise mit. Sie haben es nicht geschafft, diese feine Melodie zu zerstören. Das ist nicht selbstverständlich, schließlich schafft zum Beispiel Nena es sogar alleine, ihre eigenen alten Songs zu entwürdigen.

Alles ist gut, bis der Radiosprecher die neue Limp-Bizkit-Single ankündigt. Er sagt, dies wäre ihre erste

Platte seit drei Jahren. Du starrst einen Moment un-
gläubig aufs Radio — drei Jahre?! Du dachtest, vor drei
Jahren hätten Nirvana ihre letzte LP veröffentlicht.
Ach nee, das war ja vor zehn Jahren.

Es zieht einfach so vorbei. Bands gehen, neue Bands
kommen. Megastars im Fernsehen sind seit geraumer Zeit
jünger als du. Sie sind reich, sexy und selbstbewusst.
Das irritiert dich. Wenn du ausgehst, sind da Partybie-
nen, denen gegenüber du dir vorkommst wie ein kleiner
Junge, obwohl du fünf oder sechs Jahre älter bist als
sie. Es ist verblüffend. Es zieht einfach alles so
vorbei.

Du verfolgst kleine Etappen. Jede Treppenstufe ein
Sieg, und die meisten dieser Treppenstufen haben mit
Musik zu tun. Warten auf die neue Platte von diesen oder
jenen. Warten auf die nächste Probe, um den neuen Song
fertigzustellen, der seit Tagen in deinem Kopf rumgeis-
tert. Warten auf die nächste Tour. Die Zeit vergeht,
und für dich bleibt immer alles gleich. Manchmal fühlst
du dich wie ein Lahmer mit Krückstock, der sich auf
der Autobahn von Begrenzungspfahl zu Begrenzungspfahl
schleppt, während schnittige Sportwagen mit lautem
Getöse an ihm vorbeizischen. Seit Jahren schipperst du
konstant durch die Meerenge von Wedernoch und Sowohl-
alsauch. Wer kein Ziel hat, wird niemals ankommen.
Er wird immer nur versuchen, nicht unterzugehen. Aber
survival never goes out of style.

Ein kleiner zeitloser Moment auf dem Balkon, an einem
der letzten warmen Tage des Jahres hätte dich retten
können für heute. Es hat alles so friedlich angefangen,
aber das Radio hat ihn zerstört. Deine Gedanken haben
ihn zerstört. Und ausgerechnet Limp Bizkit haben die
Lawine ins Rollen gebracht. Du bist nirgendwo sicher.
Die Armeen des Terrors haben sich in deinem Kopf einge-

nistet. Sie warten nur auf Impulse von außen, um unbarmherzig loszuschlagen und alles zu verwüsten. Der Tag ist gelaufen.

Dieses Zimmer hat eine Dusche, bei der das warme Wasser nach fünf Minuten aufgebraucht ist, ein Klo, bei dem man schief sitzen muss, weil die Beine nicht zwischen Toilette und gegenüberliegender Wand passen, und einen Schwarzweißfernseher mit briefmarkengroßem Bildschirm, bei dem zu allem Überfluss vier von zehn Programmen nicht funktionieren. Die schäbigen Bilder an der Wand sehen aus wie 1985er-Plattencover von CC Catch, die Wände haben die Farbe von Gemüsebrühe. Die größte Frechheit ist aber, dass uns dieser Verschlag als Vier-Bett-Zimmer angedreht wurde. In der Mitte steht ein Doppelbett, neben dem zwei Zustellbetten aufgebaut sind. Diese haben die Ästhetik und Qualität von Feldbetten aus dem Ersten Weltkrieg. Ich setze mich behutsam auf meins, und sogleich bricht ein Scharnier durch. Kowalskis Bett kracht beim ersten Kontakt mit seinem Körper komplett in sich zusammen. Fassungslos schauen wir uns an und beginnen dann wie auf ein geheimes Zeichen, unsere Betten in die Ecken zu treten. Es ist ein gutes Gefühl, etwas zu zerstören. Ich habe noch nie einen Fernseher aus einem Hotelfenster geworfen, aber ich kann mir vorstellen, wie viel Spaß das macht. Krach bumm päng. Fünf Minuten Rockstargefühl, als ich das Bett in seine Einzelteile zerlege. Zur Feier des Tags reiße ich auch gleich die hässlichen Bilder von der Wand und zerkloppe sie auf dem traurigen Müllhaufen in der Ecke, der einmal ein Schlafgemach darstellen sollte.

Danach ist Schluss mit Rockstargefühl. Stattdessen beginnt eine ganz und gar unglamouröse Nacht auf dem Fußboden. Wir versuchen laut fluchend, es uns dort so bequem wie irgend möglich zu machen. Mario und Werner schauen uns amüsiert dabei zu. Sie haben die vergleichsweise guten Betten erwischt. Auch diese sind von niederster Qualität, schmal und mit schlechten

Matratzen ausgestattet. Aber wenigstens tragen sie das Gewicht eines erwachsenen Menschen. Die beiden lachen uns aus.

»Ähä-ä-hä-ä-hä!«, äfft Kowalski sie nach. Das spornt sie nur noch mehr an. Diese Arschlöcher kringeln sich vor Lachen in ihren bourgeoisen Gemächern. Halten sich wohl für was Besseres.

»Haltet eure dämlichen Fressen, ich will pennen!«, fauche ich zu ihnen rüber.

»Oh, da ist aber jemand aggro, schlecht geschissen oder was?!«

»Ach, leck mich …«

Ich stecke mir die Stöpsel ins Ohr, sage Sheryl guten Tag und dem Rest der Welt gute Nacht. Dann stürze ich ruckartig in einen unruhigen Schlaf.

Es sind so acht bis neun an der Zahl, und ich glaube es sind Skinheads. Auf jeden Fall haben sie kahlrasierte Schädel und eine offensive, brutale Ausstrahlung. Es ist dunkel. Es ist Nacht. Es ist draußen. Ein weitläufiger, verlassener Strand. Sie sitzen im Kreis um etwas herum. Ein Feuer, ein Schrein, ein Altar, ich weiß nicht, was es ist. Es zieht sie in ihren Bann. Sie sind ganz konzentriert. Manche haben ein höhnisches Grinsen auf den Gesichtern, sind aber keinesfalls belustigt. Ernst wirken sie, sehr ernst und konzentriert. Ich sitze außerhalb, ein paar Meter entfernt. Getarnt hinter einem Busch oder einem Schlüsselloch. Ich glaube, sie können mich nicht sehen. Ich glaube, sie nehmen mich nicht wahr. Ich glaube, sie interessieren sich nicht für mich. Sie haben etwas vor. Sie sind auf einer geheimen Mission, einer Art Messe vielleicht. Meditation, Voodoo oder so was. Mein Blick fällt genau auf den Anführer. Er sitzt im Kreise der anderen, wirkt aber etwas größer, als throne er über seiner Gruppe. Er erinnert mich an irgendwen. Dieses Gesicht … – Das ist doch Ingo! Mein altes Punkidol, das mich in meine allererste Band gebracht hat. Später dann einer meiner besten Freunde. Ist lange her, hab ihn lange nicht gesehen. Die anderen kenne ich nicht, sie kommen mir nicht bekannt vor. Sie sitzen in einem Kreis, wie um ein Lager-

feuer. Einige sehe ich nur von hinten. Sie sehen alle gleich aus, ich kann sie nicht auseinanderhalten. Bis auf den Anführer, der ist größer, erhabener.

Bei ihm registriere ich auch zuerst, dass er seinen Schwanz in der Hand hat. Ja, jetzt sehe ich es genau, sie alle haben ihre Pimmel in der Hand. Sie reiben sie hin und her, auf und ab, sich in der Bewegung steigernd, aber ganz ohne Hast. Sitarmusik liegt in der Luft, aber es ist still. Man kann die Musik nicht hören, aber ich weiß genau, dass sie da ist. Spirituelle Klänge, mit den Ohren nicht wahrnehmbar. Alles ist ganz ruhig, keine Hektik. Sehr bedacht, fast religiös. Wie eine Ansammlung obszöner Mönche mit geheimem Spezialauftrag zelebrieren sie ihr heiliges Ritual, reiben ihre Schwänze auf und ab. Ihre Köpfe kahlgeschoren, ihre Blicke streng und ihre Pimmel monströs, alle. Alle weiß, keine Adern, kein Blut, nur dicke, weiße, lange Stäbe. Alle gleich. Es ist wie onanieren, nur anders. Ernsthafter. Ruhiger. Entspannter. Seelenloser. Es steckt ein geheimnisvoller, wichtiger Auftrag dahinter. Ihre Pimmel sind lang und dick und weiß, wie metallene Baseballschläger mit Plastiküberzug. Sie starren immer noch in die Mitte und verziehen keine Miene. Der Anführer, mein Freund von damals, er sagt etwas. Mit einem Nicken stimmen alle ein.

Schließlich fängt er an, sich zu ergießen. Ich habe jetzt keinen Zweifel mehr, das ist Ingo. Ich wusste es doch, er ist ein Anführer. Er ist untergetaucht mit einem geheimen Auftrag. Die Techno- und Drogenszene, sie war nur Tarnung, damals als er mich allein gelassen hat mit meinen Platten und Überzeugungen und Ideen, und jetzt sitzt er da mit seinen Jüngern und seinem riesigen Ding in der Hand, aus dem Samen spritzt, mit großem Druck elegante Schleifen ziehend. Nach und nach kommt es allen von ihnen, es sprudelt so lebendig aus ihnen heraus, dass ich auf meinem Ehrenplatz erschaudere. Sie können mich nicht sehen, sie wollen mich nicht sehen. Ich bin nicht wichtig für sie. Sie sind auf einer Mission, selbst wenn ich eingreifen wollte, ich könnte sie doch nicht stoppen.

Ihr Erguss ist phänomenal. Literweise spritzen sie ihren Samen in die Luft, verschießen ihn in die Mitte auf den Altar. Ist ja gar kein

*Altar, ist ein Feuer! Es lodert und flackert in ihrer Mitte mit hohen
Flammen. Was für Flammen! Sie erlöschen nicht etwa, nein, sie schlagen höher und höher. Diese wahnsinnigen Kreaturen schleudern ihren
Saft darüber, weiß wie Milch und dick wie Leim, aus vollen Strahlen,
die sich kreuzen, manche gehen höher, dann wieder tiefer, wie Raketen,
ein spermatöses Feuerwerk, es scheint überhaupt nicht mehr aufzuhören. Fasziniert schaue ich diesem gespenstischen Treiben zu. Ich habe
eine Gänsehaut, ich friere. Sie sind alle überzeugt von ihrem Treiben,
sie wissen genau, was sie tun, sie verfolgen ihren geheimen Auftrag,
nichts kann sie stoppen. Die Mönche, ja es sind Mönche, böse, ruhige,
geheimnisvolle Skinheadmönche aus der Hölle, sie wirken so zufrieden
und gelassen, sie johlen nicht, keine plötzlichen Bewegungen, sie bleiben ruhig, elegant, geschmeidig. Alles läuft nach Plan, sie haben keine
Hast, sie haben keine Angst. Machtlos, verängstigt blicke ich auf ihre
Schwänze, auf ihr Sperma, auf den Saft, der aus ihnen rausschießt, sie
wirken so zufrieden und sicher, alles wie dahingeschmiert, alles läuft
nach Plan, alles läuft nach Plan ...*

Ein Auto parkt unter unserem Fenster, der Motor geht aus.
Ich höre gedämpfte Musik, die bald darauf verstummt. Zwei
Türen werden geöffnet und wieder zugeschlagen. Die Schritte
entfernen sich. Weit weg bellt ein Hund. Die MD ist einmal ganz
durchgelaufen, einen der Kopfhörer habe ich noch im Ohr. Mein
rechter Arm tut weh und mein Rücken ist ganz steif. Ich nehme
den Kopfhörer aus dem Ohr und wälze mich auf die andere
Seite.

*Ich kann die Mönche jetzt nur noch schwach sehen. Ich glaube, sie
haben meine kurzzeitige Ablenkung genutzt, um sich aus dem Staub zu
machen. Damit ich sie und ihre krankhaften Ideen und Bestimmungen
nicht weiter verfolgen kann. Ich sehe noch das Feuer, aber wie durch
einen Schleier. Sie haben meine Augen mit ihrem Sperma verschmiert,
um mich zu blenden. Ich bin machtlos und klein. Ich schwitze.*

6.

Die Routine des Tagesablaufs wird heute radikal unterbrochen, denn wir spielen auf einem Festival. Eine Indoor-Veranstaltung mit insgesamt sieben Bands in einer riesigen Halle. Wir sind die erste und unbekannteste davon, müssen um siebzehn Uhr auf die Bühne und haben genau dreißig Minuten für unser Set.

Festivals sind eine ambivalente Sache. Einerseits trifft man viele Leute, lernt neue Leute kennen, und man selbst wird von vielen Leuten kennen gelernt, nicht zuletzt von denjenigen vor der Bühne, die noch nie von uns gehört haben und die wir vielleicht für unsere Musik gewinnen können. Andererseits sind Festivals nervig. Die Zuspitzung in die extreme »Hektik« und »Langeweile« ist noch ausgeprägter als bei Clubshows. Der Zeitplan ist strikt, die Bands werden nacheinander abgefertigt, alles muss genau funktionieren. Wir haben keinen Soundcheck, innerhalb weniger Minuten müssen alle Signale da sein, und Sepp muss während des ersten Songs den Sound zusammenschrauben. Nach dem Auftritt muss innerhalb von fünf Minuten die Bühne für die nächste Band leergeräumt sein.

Zunächst einmal ist alles purer Stress. Der Headliner ist zu spät angekommen, der Soundcheck hat sich verzögert, das heißt, wir haben nur fünfzehn statt dreißig Minuten, um unsere gesamte Backline aufzubauen. Außerdem teilt uns der Bühnenmanager unwirsch mit, dass wir keinen Drumriser bekommen. Als einzige Band.

»Das Schlagzeug wird vor dem Drumriser der zweiten Band aufgebaut, auf dem Boden. Ach ja, das mit eurem Backdrop wird auch nichts.«

»Wieso das denn, da sind doch Traversen. Kabelbinder haben wir selbst dabei«, protestiert Dr. Menke.

»Nix da. In einer halben Stunde gehen die Türen auf, und wir haben hier noch andere Sachen zu tun. Keine Diskussion.«

Wir als kleine Pissband sollen wohl froh sein, überhaupt mitspielen zu dürfen. Dieses Stage-Manager-Arschloch kotzt mich an. Den anderen geht es genauso. Der positive Nebeneffekt: Gegenwind schweißt die Band zusammen. Seitdem wir einen kleinen Apparat um uns haben mit Plattenfirma, Manager, Tourmanager, Mischer, Backliner und Merchandiser, ist alles etwas unübersichtlicher geworden. Wir sind nicht mehr die vier Jungs aus der Kleinstadt, die unbekümmert in ihren Opel Ascona steigen und zu einem Auftritt fahren. Aber in Situationen wie dieser erkenne ich, dass das alte »Wir-gegen-den-Rest-der-Welt«-Ding noch funktioniert. Es fühlt sich gut an.

»Ach, scheiß auf den Scheiß-Riser, wir blasen die alle weg!«, sagt Werner, und alle wissen, dass er Recht hat. Vorletzten Sommer haben wir um zehn Uhr morgens als erste Band auf einem Festival gespielt. Als wir anfingen, hatten die Ordner die Tore des Geländes noch nicht geöffnet, weil sie dachten, das sei noch der Soundcheck. Wir mussten also vor exakt null Zuschauern anfangen. Es war erniedrigend und grotesk, aber die Stimmung in der Band war dieselbe: »Scheiß drauf, wir stellen uns jetzt auf die Bühne und spielen fünfundzwanzig Minuten lang die Musik, die wir lieben, los gehts!« Wir fingen an zu spielen, und geübt im Galgenhumor grinsten wir uns dabei unentwegt gegenseitig zu. Gegen Mitte des ersten Liedes stand plötzlich der Chefredakteur eines Musikmagazins alleine vor der Bühne. Ein absurdes Bild – vor uns das riesige Areal mit noch verschlossenen Getränke-, Würstchen- und Merchandisebuden, und auf dem ganzen Platz kein Mensch, außer einer einsamen Seele direkt vor der Bühne, die Mut machend mit dem Fuß wippte. Zur gleichen Zeit öffneten die Ordner nach Protest der davor stehenden Leute endlich die Tore. Die meisten hatten sich extra für unseren Auftritt in ihrem Zelt den Wecker gestellt und rüttelten nun an den Gittern, einige drohten den Ordern angeblich sogar Prügel an, sollten diese nicht augenblicklich die Leute reinlassen. Am Ende des ersten Songs sahen wir schließlich ein paar hundert Leute am anderen Ende des Platzes auftauchen, die in einem Affentempo auf die

Bühne zugerannt kamen. Ich habe mich noch nie so sehr über den Anblick von zwei- oder dreihundert Leuten gefreut. Es war ein umwerfender Augenblick, den wir alle nie vergessen werden.

Seitdem sind wir hart im Nehmen. Wir fühlen uns zwar unfair behandelt, aber das kann uns nicht aus der Bahn werfen. Wir nehmen uns vor, so gut und hart zu spielen, wie wir nur können.

Um viertel vor fünf ist noch niemand in der Halle, dann werden die Türen geöffnet, und als wir eine Viertelstunde später loslegen, stehen bereits mehrere tausend Menschen vor uns. Während eine Radiomoderatorin das Publikum begrüßt, trinken wir neben der Bühne unseren Gleich-gehts-los-Schnaps und fühlen uns wie eine paramilitärische Elite-Einheit. Die Speerspitze. Search, seek and destroy. Keine Gefangenen machen. Kein Krieg ohne Kollateralschäden. Spiel, Satz und Sieg. Die Setlist ist eng. Ich habe es geschafft, neun Songs darin unterzubringen. Wir müssen sie alle hintereinander wegknallen, kein großes Gelaber, keine langen Ansagen, keine Pausen. Die Zeit vergeht wie im Flug, gerade erst angefangen, und schon ist es wieder vorbei. Blitzkrieg. Ich mag solche Auftritte von Zeit zu Zeit, sie sind eine Herausforderung und halten eine Band wach. Außerdem können wir all die Energie, mit der wir sonst achtzig oder neunzig Minuten auskommen müssen, in dreißig Minuten stecken. Das Set ist energetisch und tight, dem Publikum, das zum Großteil noch nie von uns gehört hat, scheint es zu gefallen. Nach dem ersten Song gibt es verhaltenen Applaus, am Ende des Sets verabschiedet man uns mit frenetischem Beifall. Ich habe eine Gänsehaut. Mission erfüllt.

Nach dem Konzert geht es durch weitläufige Flure in den Backstageraum. Als ich geduscht und mich umgezogen habe, werfe ich einen Blick auf mein Handy – es ist noch nicht mal achtzehn Uhr. Unsere Arbeit ist getan, und nun gibt es jede Menge Zeit zu füllen. Ich könnte mir die anderen Bands angucken, aber die meisten davon interessieren mich nicht.

Also sitze ich mit den Kameraden aus meiner Kompanie herum und fange an zu trinken. Die anderen steigen ein. Wir alle wissen, dass wir es damit jetzt nicht gleich übertreiben sollten, schließlich wird es ein langer Abend. Aber kaum jemand hält sich daran. Was soll man hier denn auch sonst tun. Ich treffe Leute von Musikmagazinen, gebe ein Interview, schaue mir zwei Songs einer Band an, fülle meinen Becher auf, besuche Simon am Merchandisestand, rede mit Leuten, die sich selbst als »Fans« bezeichnen, schreibe ein paar Autogramme auf Eintrittskarten, setze mich wieder in unseren Backstagekellerraum, gucke mir wieder eine Band an, gehe wieder Backstage.

Seit nicht weniger als zwölf Stunden seid ihr jetzt durchgehend nass. Ihr seid im Schlamm gekrochen, um hunderte von kleinen, ineinandergesteckten Platten aus Hartplastik auseinanderzunehmen, auf Paletten zu stapeln, festzubinden und mit dem Gabelstapler auf Anhänger zu laden. Eine dreckige und ungesunde Arbeit. Fliesenlegen kann kaum rückenschädigender sein. Das Wetter gibt es sozusagen noch on top.

Der Chef hier, ein kleiner alter Mann namens Hartmut, der den ganzen Tag regengeschützt auf seinem Stapler hockt, hat behauptet, dass die US Army dieselben Platten für ihre Hubschrauberlandeplätze benutzt, aber Lars sagt, dass das gar nicht stimmt, weil die Helikopter so gebaut sind, dass sie überall landen können. Du glaubst Lars, einfach weil er ein guter Typ und außerdem heimlicher Militärexperte ist. Wenn man ihm so zuhört, gelangt man schnell zu der Einsicht, dass an ihm ein spitzen Feldherr verloren gegangen ist.

Nach den Platten kam die darunter liegende feuerfeste Stoffplane, vollgesogen mit Wasser und Matsch, die mit stumpfen Cuttern in Streifen von vierzig oder fünfzig Metern geschnitten und dann aufgerollt wurde. Damit seid

ihr jetzt fertig und stellt fest, dass ihr die Rollen
nicht abtransportieren könnt – ihr könnt sie nicht heben,
nicht mal zu fünft oder zu sechst. Sie sind zu schwer
von all der Gülle, und man kann sie ohnehin kaum greifen,
weil man ständig abrutscht. Sie sind dreckig, zerschnit-
ten, durchlöchert, man kann sie nicht mehr benutzen.
Du bist dir sicher, dass, wer auch immer auf die Idee
gekommen ist, diese gammeligen Lappen mit verladen zu
lassen, wahrscheinlich ein großer Freund von Sadismus
und Schikane ist.

Angefangen hat das alles heute Morgen um halb sechs,
als der Wecker ging. Du hast, wenn überhaupt, einen komplett anderen Rhythmus. Du bist es nicht gewohnt, vor
frühestens ein Uhr nachts ins Bett zu gehen und hast dementsprechend wenig geschlafen. Aber, wie ihr Malocher
sagt: Nutzt ja alles nix. Aufstehen, duschen, frühstücken,
und um halb sieben standen auch schon Lars und Andi vor
dem Haus. Müde und frierend klettertet ihr in Lars' Golf,
damit ihr pünktlich um acht im Sauerland sein konntet.
Wie absurd, einen Ein-Tages-Job in hundertfünfzig Kilometern Entfernung anzunehmen. Aber es sollte zweihundert
Euro pauschal geben, schwarz. »Und wenn man sich ranhält
ist das Ganze in acht Stunden zu schaffen«, meinten Lars
und Andi, die letzte Woche schon da waren, um den ganzen
Scheiß aufzubauen. Der ganze Scheiß, das ist ein mehrere
tausend Quadratmeter großer Parcours. Eine Bikermesse
hat hier stattgefunden. In deiner Naivität dachtest du an
echte Biker, an Motoren, Lärm und fiese Typen, aber nein,
es ging um Fahrräder, um Mountainbikes, BMX und was es da
sonst noch so gibt, du bist ja nicht so drin in der Trend-
sportszene.

Zweihundert Euro an einem Tag, das klang verlockend,
immerhin fast deine gesamte Monatsmiete, dafür kann man
schon mal einen Tag schuften gehen, dachtest du, so

schlimm wirds schon nicht werden. Lars und Andi würden dabei sein, unter Umständen hättet ihr sogar richtig Spaß, nur nicht vergessen, die Sonnencreme einzupacken. Jetzt mitten im Juni einen ganzen Tag draußen arbeiten, da kann man sich als Kalkleiste wie du eine bist schon mal einen deftigen Sonnenbrand wegholen.

Von wegen Sonnencreme. Der Regen begann zwanzig Kilometer vorm Ziel. Von einem Moment auf den anderen goss es wie aus Eimern, innerhalb weniger Minuten gab es riesige Pfützen an den Straßenrändern.

»Das geht jetzt bestimmt den ganzen Tag so weiter!«, sagte Andi, er meinte das ironisch, aber dir schwante bereits Böses, und deine schlimmsten Befürchtungen wurden sogar noch übertroffen: Es regnete, und regnete, und regnete, und regnete. Stundenlang. Erst am frühen Nachmittag klarte es etwas auf, aber da wart ihr schon seit Stunden nass, und der kühle Wind zog erbarmungslos über die weite, freie Fläche, auf der am Wochenende die Messe stattgefunden hatte. Du hattest an die Sonnencreme gedacht, Andi und Lars waren schlauer und hatten zusätzlich noch Regenjacken im Gepäck. Ein paar der örtlichen Jugendarbeitslosen, die auch mithalfen, versuchten im nahe gelegenen Dorf ein paar billige Regencapes zu kaufen. Stattdessen kamen sie mit einem dicken Bündel blauer Müllsäcke zurück. Ein Loch für den Kopf, je eins für die Arme, fertig ist der Prototyp des modernen Lumpenproletariats. Im wahrsten Sinne des Wortes. Als du deinen Müllsack anhattest, warst du schon nass bis auf die Haut.

Dann ging es los, es gab keine Zeit zu verlieren, schließlich wurdet ihr nicht stundenweise bezahlt, sondern pauschal, und dass das Ganze mehr als nur ein kurzer Schauer war, stand ohnehin außer Frage.

Die erste Zeit sah es ganz gut aus. Es war zwar idiotische Arbeit, aber ihr kamt ziemlich flott voran. Dann

kam der Mittag, den ihr bei Kaffee und Fritten in einer
Pommesbude verbracht habt. Und wenn man erst mal raus
ist, wenn man erst mal im Warmen sitzt, die Glieder
sich entspannen, dann ist es schwer, sich wieder aufzu-
raffen. Nach der Mittagspause schien die Zeit nicht zu
vergehen. Besonders nicht, als ihr gegen siebzehn Uhr auf
den zweiten LKW warten musstet. »Nur Geduld Jungs, der
müsste jeden Moment hier sein, hat sich nur ein bisschen
verfahren …«

Eine Stunde habt ihr gewartet, frierend, nass und
müde. Man hätte ja schon mal die Paletten an die Straße
fahren können, um vorwärts zu kommen oder um überhaupt
irgendwas zu tun, aber es gab nur einen Stapler, und
der war gerade irgendwo anders im Einsatz. Innerlich
schütteltest du den Kopf. Bei der Hälfte der etlichen
Nebenjobs, die du in deinem Leben gemacht hast, wurde
ein Großteil von Zeit, Energie und Arbeitskraft einer
planlosen Organisation geopfert. Was dir ja im Prinzip
egal ist, wenn du in der Zeit Kaffee trinken kannst und
auch noch dafür bezahlt wirst.

Aber jetzt ist es zwanzig Uhr und du stehst kurz
vor Mord. Die Blödheit eurer Kollegen macht es nicht
besser. Ihr habt versucht, größtenteils zu dritt zu
arbeiten, Lars, Andi und du, aber das war nicht immer
möglich, und auch eure Kollegen hatten sich nach der
Mittagspause verändert. Sie waren plötzlich nicht mehr
wortkarg und fleißig, sondern begannen Witze zu reißen,
erst miteinander, dann übereinander. Dann fingen sie
an zu streiten, saßen immer öfter herum und rauchten
Zigaretten, und du dachtest daran, den ganzen Laden
zu übernehmen, diese faulen Tölpel zu feuern und die
Typen von der Organisation gleich dazu. Aber dann fiel
dir ein, dass du so einen miesen Job überhaupt nicht
haben willst, dass es dir schon reicht, ständig Gitar-

renboxen und Schlagzeugkoffer durch die Gegend zu
hieven.

Während ihr herumsteht und ketterauchend auf eine
Entscheidung wegen der Stoffplanen wartet, kommt ihr
nicht drum herum, euch die Konversation der Nachwuchs-
proleten anzuhören.

Nachwuchsprolet eins: »Ein Kollege von mir, der hatte
letztens 'nen Unfall mitm Motorrad, volle Kanne hinten
auf 'n LKW geheizt, boah ey, der konnt Wochen nicht
laufen, beide Beine in Gips!«

Nachwuchsprolet zwei: »Echt, überlebt oder watt,
krass!«

Nachwuchsprolet eins: »Ja watt glaubst du watt der
'ne Schmerzen hatte, Alter, im Tank von der Maschine
war sogar 'n Abdruck von seinen Eiern, so krass wurden
die da reingedrückt!«

Alle Anwesenden greifen sich an den Sack und machen
eine schmerzhafte Mimik.

Nachwuchsprolet drei: »Scheiße ey, die Familien-
juwelen zerquetschen, datt wärs noch, düdüdüdü ...«
– er imitiert mit hoher Stimme einen Mann ohne Eier –
»da würde ich eher ne Hand für hergeben, als wie wenn
ich keinen mehr hochkriegen würde ey, hehe.«

Nachwuchsprolet zwei: »Ja, nie wieder 'ne Olle knal-
len, wa, na dann aber gute Nacht ey, aber hier, aber
hallo!«

Alle lachen und versuchen dabei, möglichst abgeklärt,
hart und männlich zu klingen.

Sogar der Typ, der euch eingestellt hat, verdreht genervt die Augen. Er heißt Dirk, aber ihr nennt ihn schon
den ganzen Tag Maik, du weißt gar nicht mehr, warum. Es
kommt dir vor, als wärst du schon seit einer Woche hier.
Dirk alias Maik nimmt Lars, Andi und dich zur Seite, lobt
eure gute Arbeit und fragt, ob ihr nicht in zwei Wochen

mithelfen wollt bei der MTV Campus Invasion, Absperrungen auf- und abbauen, Dixieklos aufstellen, ein bisschen beim Bühnenaufbau mithelfen. Das sei auch immer ganz easy da, meist würden sie alle zusammen zelten und nach der Arbeit so richtig einen drauf machen. Ja genau, denkst du, nach Feierabend noch mit den Trotteln saufen gehen, spitzen Vorstellung, und dass du bei der MTV Campus Invasion auf der Bühne stehen solltest, statt davor im Dreck rumzukriechen, aber deine Band wurde leider nicht gefragt, denn MTV interessiert sich einen Scheiß für euch oder für gute Musik im Allgemeinen. Lars und Andi denken offenbar ähnlich und lehnen dankend ab, ohne alle Brücken abzureißen. »Da haben wir leider keine Zeit, nächstes mal vielleicht«, denn man weiß ja nie, vielleicht kann man so einen Job ja noch mal brauchen.

Während die letzte Band des Festivals spielt, finden sich unten im VIP-Partyraum die ersten Gäste ein. Musiker, Presse, Mitarbeiter und Gästelisteninhaber jeglicher Art. Der DJ gibt sich Mühe, aber die Party kommt nicht richtig in Schwung. Alle sitzen an Tischen, stehen an der Bar, niemand tanzt oder lacht. Es scheint, als wäre die hier versammelte VIP-Bagage zu cool, sich mal so richtig gehen zu lassen und einfach Spaß zu haben. »Profisaufen« nennen wir diese im Musikbusiness weit verbreitete Unsitte. Eigentlich säße man ja lieber daheim vorm Fernseher, aber man muss ja noch den treffen und von jenem gesehen werden und dies und das abklären, und das alles geht am besten mit einem hochprozentigen Mixgetränk in der Hand. Ich möchte gar nicht wissen, wie viel Prozent aller Deals und Abkommen und Mauscheleien in dieser Szene mit besoffenem Kopf oder unter Drogeneinfluss eingetütet werden. Und wenns mal gerade nichts zum Eintüten gibt, unterhält man sich eben über den Wechsel von dem und dem von da nach dort. Oder über Vielfliegermeilen.

Als ich den Raum betrete, kommen mir Sepp, Werner und Kowalski entgegen. Sie sind voll.

»Sepp will uns seine besten Moves zeigen!«, lallt Kowalski mit glänzenden Augen. Schon seit längerem prahlt Sepp damit, ein hervorragender Tänzer zu sein. Sein Spezialgebiet sei der Breakdance, sagt er, aber bisher hat er uns diese tollkühne Behauptung nie bewiesen. Das soll sich während der nächsten Stunde ändern. Der DJ versucht mit einem wilden Stilmix rauszufinden, womit er die Leute kriegen kann. Bisher hat er sich an den Gästen die Zähne ausgebissen. Als wir reinkommen, kommt er auf uns zu und fragt uns, was wir gerne hören würden.

»Ach, scheißegal«, antwortet Werner, »mach mal ein paar Klassiker!«

Diese Aussage ist nicht besonders präzise, also versucht der DJ es mit ein paar Punkrock-Klassikern. Dead Kennedys, Buzzcocks, The Undertones ...– das passt. Sepp gibt zu den unsterblichen Akkorden von »Teenage Kicks« vorsichtig seine ersten Tricks zum Besten. Wir stehen mit einem halben Dutzend Leuten drum herum und geben ihm Props. Jetzt zieht er sich an einem imaginären Seil einmal durch den Raum. Sieht hervorragend aus! Wir applaudieren lautstark. Der Kreis wird größer, immer mehr Menschen wollen wissen, was da los ist. Ich räume ein paar Tische zur Seite, damit wir einen eigenen Dancefloor haben. Der DJ passt seine Musik unseren Moves an. Als er erst »My Sharona« und dann »Sabotage« von den Beastie Boys auflegt, gibt es kein Halten mehr. Sepp springt in die Mitte und beweist uns eindrucksvoll, dass seine Prahlerei nicht aus leeren Worthülsen bestand, sondern wirklich was auf den Hacken hat. Diese Redewendung darf man an dieser Stelle durchaus wörtlich nehmen! Er legt einen Eins-a-Dilettanten-Breakdance aufs Parkett, lacht sich dabei tot, verliert die Balance und legt sich lang, rappelt sich wieder auf und räumt mit einem spitzen Schlenker das Feld. Werner legt nach. Er kann zwar überhaupt nicht Breakdancen, wälzt sich aber furchtlos auf dem Boden und schafft, wild mit den Armen rudernd, ein paar famose Drehungen auf dem Rücken. Dann ist Kowalski dran. Er leitet mit seinem berühmten Moonwalk ein und bittet dann Sepp hinzu. Gemeinsam präsentieren sie ein spitzen Freestyle-Disco-Duett. Ich will auch mitmachen, kann aber überhaupt nicht tanzen und springe deswegen kopfüber ins Geschehen, um mich die nächste Minute ausschließlich per Kopsibolter über die Tanzfläche zu bewegen. Um uns rum stehen jetzt Dutzende von Menschen, einige haben Digitalkameras und Fotoapparate, manche knipsen mit ihren Handys. Es wird gelacht und mit Bier gespritzt, der Wodka-Red-Bull fließt in Strömen. Die Stimmung ist auf einmal sehr ausgelassen. Nur am Rand stehen ein paar Gestalten und schütteln missmutig die Köpfe, andere verlassen den Raum, weil ihnen das alles viel zu albern und peinlich ist.

Der DJ hingegen ist begeistert. Engagiert wühlt er in seinem CD-Koffer nach den richtigen Songs, um die Party in Gang zu halten. Er hat ein gutes Händchen. Als Run DMC und MC Hammer ertönen, ist die Party auf dem Siedepunkt. Wir sind inzwischen klatschnass von Bier und Schweiß. Aschenbecher fliegen durch die Luft. Der Boden sieht aus wie Sau. Kannste nicht gut 'ne Line von ziehen. Kowalski und ich fangen an, uns innig zu küssen und durch die Haare zu fahren. Die hübsche Bedienung an der Theke wendet sich angewidert ab. Ihre ebenso hübsche Kollegin scheint dagegen fasziniert: Wow, zwei knutschende Männer! Kurz darauf sehe ich Kowalski in der Ecke stehen. Die Thekenfrau wirft ihm heiße Blicke zu. Sie kann nicht sehen, was ich sehe: In seiner Schwanzspitze steckt eine brennende Fluppe. Er ist sternhagelvoll und findet das lustig. Ich auch.

Ich bekomme einen Schluckauf. »Aufschluck« hat mein kleiner Bruder früher immer gesagt. Ein schönes Wort für einen schlimmen Zustand. Es ist mir peinlich. Niemand kann einen Menschen mit Aufschluck ernst nehmen, er wirkt lächerlich und jämmerlich.

Das Timing der Tourneeleitung ist perfekt. Um kurz vor zwei kommt Fielmann in den Raum und verkündet, dass der Sprinter in fünfzehn Minuten Richtung Hotel abfährt. Wer noch hier bleiben will, soll sich später ein Taxi nehmen. Anders als sonst, wo bei allen die Angst umgeht, irgendetwas verpassen zu können, weiß offenbar jeder, dass die Fete jetzt nicht mehr zu steigern ist. Auf dem Höhepunkt der Party verlassen wir schlagartig den Ort des Geschehens und fahren betrunken und glücklich zum Hotel, wo auf Kowalskis und Werners Zimmer ein letzter Absacker getrunken wird, bevor wir nach einem langen Tag alle in unsere Betten fallen.

»Mannmannmann, scheiß die Wand an«, sagt Sepp zu mir, bevor wir einschlafen.

Zwei Wochen später hast du deinen Lohn immer noch nicht bekommen. Lars sagt, er sei auch schon sauer, und dass er sich drum kümmern würde. Eine weitere Woche später kommt das Geld: hundertzwanzig Euro. Du fragst Lars was mit dem Rest ist, er antwortet: Es gibt keinen Rest. Hundertzwanzig statt zweihundert, da habe es wohl ein Missverständnis gegeben. Ihr könnt nichts machen, es gibt ja keinen Vertrag. Lars sagt, du sollst dich nicht so aufregen, schließlich seiest du nur um achtzig Euro geprellt worden, er und Andi dagegen um jeweils das Doppelte.

7.

Mit leerem Blick und gekreuzten Beinen lehne ich an der Wand neben dem Kicker und schaue den anderen beim Spielen zu. Ich interessiere mich nicht für Fußball, und auch wenn alle immer sagen, das eine hätte mit dem anderen nichts zu tun – ich interessiere mich ebensowenig fürs Kickern. Auch nicht für Tanzen oder Kartenkloppen. Das ist schade, denn mit Kickern, Tanzen oder Kartenkloppen kann man prima all die Zeit füllen, die man in Konzertsälen, Backstageräumen, Kneipen oder auf Aftershowparties verbringt.

Die letzte Nacht sitzt mir noch in den Knochen. Das war auch eine Sause, scheiß die Wand an. (Mist, ich denke ja schon wie Sepp redet.) Ein Abend, der mir noch lange in Erinnerung bleiben wird. Eigentlich wollten wir heute Simons Abschied feiern, der uns am morgigen Offday verlässt. Aber die Party kommt nicht so recht in Gang. Der Versuch betrunken zu werden scheitert bei mir kläglich. Ich schaffe es nicht, mehr zu trinken. Ich drehe den Satz in meinem Kopf herum. Was habe ich denn damit nun gemeint – »Ich schaffe es nicht, mehr zu trinken«, oder »Ich schaffe es nicht mehr, zu trinken«?! Vielleicht beides. Wodka-O, Wein, Cuba Libre – Ich kann es alles nicht mehr sehen. Habe schon zuviel davon in mich reingetan. Wie das wohl ist, wenn man nur Bier trinkt, dann muss man ja noch mehr in sich reinschütten. Ich habe das nie verstanden; ist man nicht schon längst satt, bevor der Rausch sich einstellen und ausbreiten kann? Ich probiere es mit Wodka-Lemon, das ist mal was anderes als der ständige O-Saft. Schmeckt geht so.

Die Bardame sieht wahnsinnig gut aus. Ich kippe mein Getränk direkt am Tresen. Ab und zu blickt sie zu mir rüber. Ob sie flirten will? Ich weiß es nicht. Ich bin so schlecht darin. Es ist mir zu anstrengend und zu peinlich. Diese »Du und ich, wir wollen zusammen in die Kiste, aber wir tun noch eine Weile so, als würden unsere Blicke sich nur zufällig begegnen«-Balzrituale törnen mich ab. Wie schön wäre es, wenn sie jetzt einfach zu mir kommen, meine Hände nehmen und mich zu sich nach Hause führen würde. Es ist nicht mal in erster Linie Sex, nach dem ich mich sehne, sondern Nähe. Körperwärme. Ein Arsch zum Dranliegen.

Ich sollte einfach schlafen gehen. Das wäre auch gar kein Problem, der Pennplatz ist schließlich im Haus nebenan. Wenn da nur nicht diese Angst wäre, die Angst, etwas zu verpassen. Ich dachte immer, dass das mit zunehmendem Alter irgendwann mal aufhört, aber bisher tut sich da nichts. Im Gegenteil, ich habe das Gefühl, dass es eher noch ausgeprägter wird. Es könnte ja was passieren, hier spielt die Musik, hier ist die Nacht, hier ist das Leben. Die Chancen, dass in dieser Bar noch was Aufregendes passiert, sind natürlich ziemlich gering, aber diese Erkenntnis bringt mir nichts, was zählt ist die theoretische Möglichkeit. Ich könnte es nicht ertragen, morgen beim Frühstück zu erfahren, dass ich etwas verpasst habe. »… und dann ist der Barkeeper auf einem ganz kleinen Fahrrad auf dem Tresen auf und ab gefahren und hat dabei auf jedem seiner zwölf Finger ein Pinnchen Tequila balanciert!«

Ich muss also warten und mich irgendwie beschäftigen. Zum Glück habe ich eine rege Phantasie, die mir dabei hilft.

Die Gang, die da zu zehnt zwei viel kleinere und schwächere Jungs terrorisiert, zuckt vor Schreck zusammen, als ich brülle, dass sie sofort damit aufhören sollen. Der größte von ihnen, offensichtlich ihr Anführer, lässt von den Jungs ab. Er trägt einen Ziegenbart und eine Lederjacke Marke »NPD-Vorstandsmitglied«, auf der mit Sicherheitsnadeln ein Phil-Collins-Rückenaufnäher befestigt wurde. Er ist durch und durch böse.

»Hast du ein Problem, oder was!«, ruft er, während er mit schnellen Schritten auf mich zukommt. Seine rechte Hand holt aus, um mir einen Baseballschläger über den Kopf zu ziehen.

Doch bevor es dazu kommt, breche ich ihm mit einem gezielten Schlag die Nase. Der Typ heult auf, hält sich mit beiden Händen den Zinken und wird mit einem eleganten Tritt von mir in den Graben befördert. Seinen Kumpels ergeht es ähnlich, einer nach dem anderen wird von meinen präzisen, harten Schlägen sprichwörtlich aus der Bahn geworfen. Plötzlich aber gibt es einen dumpfen Knall auf meinen Hinterkopf, und von einer Sekunde auf die andere sinke ich zu Boden. Neun der Schläger habe ich umgehauen, der zehnte aber hat sich unbemerkt von hinten angeschlichen, um mich mit einem aus Tschechien

*eingeschmuggelten Totschläger niederzustrecken. Ich knie am Boden,
das Blut strömt mir aus dem Schädel. Ein großer gelber Vollmond
beleuchtet die Szenerie. Der hinterhältige Angreifer hat die Flucht
ergriffen. Die beiden geretteten Jungs eilen mir zur Hilfe. Mit letzter
Kraft flüstere ich ihnen die letzten Worte meines Lebens zu: »Sagt
Benja, dass es mir leid tut«, dann falle ich vornüber.*

*Sie rollen mich auf den Rücken, können aber nur noch meinen Tod
feststellen. Sie beschließen, sich zu meinem Andenken mein Konterfei
auf den Arm tätowieren zu lassen und meinen Mörder solange zu jagen,
bis er ausgelöscht und mein Tod gesühnt ist. Bei meinem Begräbnis wird
ordentlich geheult, aber hallo. Aus dem Himmel ertönt eine traurige
Melodie. Jede Menge Geigen. Sogar Benja ist gekommen. Mit Tränen in
den Augen bereut sie, mir nie eine zweite Chance gegeben zu haben.*

Es gibt nur die, die für und die, die gegen dich sind.
Es gibt schwarz und es gibt weiß und nichts dazwischen.
Klare Fronten. Alles ist ein Kampf, du musst dich durch-
setzen, um nicht unterzugehen. Die animalischen Instinkte
schärfen. Überall musst du wachsam sein. Andere schlagen,
um nicht selbst geschlagen zu werden. Darwins Lehre auf
fünfhundert Quadratmetern Innenstadtbereich. Welcome
to the Kleinstadt-Jungle. Eine harte Schale als Schutzschild, Angriff als beste Verteidigung. Arroganz ist
keine negative Charaktereigenschaft, sondern ein klarer
Vorteil im täglichen Überlebenskampf. Skepsis, Vor-
urteile, ständige Alarmbereitschaft. Es ist nicht die
Bronx oder South Central L.A., sondern eine westfälische
Kleinstadt, aber es liegt ein permanenter Hauch von
Gewalt in der Luft. Überall Unzufriedenheit und aufge-
staute Aggressionen, die in Verbindung mit Alkohol
offen zu Tage treten. Du selbst bist da keine Ausnahme.
Du bist beileibe kein Brechmann und kannst auch keinen
Kampfsport, hast dafür aber Mumm und nimmst es mit
jedem auf, der meint, dich ansaugen zu müssen.

Ständig gibt es Schlägereien mit besoffenen Prolls, darunter Rekruten der zahlreichen Bundeswehrstützpunkte in der Umgebung. Dazu eine bizarre Mischung aus rechtsradikalen Skinheads, Türkengangstern und Asselpunkern. Ein paar Kämpfe verlierst du, ein paar gewinnst du, und oft kommt es gar nicht erst dazu, weil dein Widerpart in letzter Sekunde kneift. Dein aggressives Auftreten irritiert sie. – »Warum hat diese kleine, schmächtige Punksau so eine große Schnauze, da muss es doch einen Haken geben, Karate, Kickboxen oder eine fiese Waffe in der Jackentasche!« Dieses einschüchternde Auftreten baust du kontinuierlich aus. In Bruchteilen von Sekunden kannst du ein wahnsinniges Funkeln in deine Augen legen. Es gibt kein besseres Gefühl, als das Gegenüber so auszuschalten. Du bist mutig und stark, du stellst etwas dar, man überlegt lieber zweimal, ob man sich mit einem wie dir anlegen will. Und natürlich bist du ganz anders als die üblichen Schlägertypen, anders als die Prolls und Machos, schließlich bist du auf der Seite der Guten, auf der Seite des Widerstandes gegen eine hässliche, brutale Welt, die dich zerstören will!

Eine Zeit lang gibt es regelmäßig Ärger mit Faschos, die sich vermehrt in der Innenstadt zeigen. Zeitgleich fangen in Ostdeutschland die ersten Nazis an, ganze Dörfer und Stadtteile systematisch von Obdachlosen, Linken und Ausländern zu säubern und »National befreite Zonen« einzurichten. Das gilt es in deiner Stadt zu verhindern. Als du einmal nachts mit Freunden von einer Party kommst, stehen zwei der einschlägig bekannten Naziskins auf dem Marktplatz. Du kannst auf keinen Fall zulassen, dass diese Arschlöcher sich unverhüllt und ungestraft in der Innenstadt aufhalten. Du hältst an und steigst vom Fahrrad, klappst den Fahrradständer aus und stellst es ordentlich zur Seite. Als du dich umdrehst,

kommt eine der beiden Glatzen bereits auf dich zugestürmt
und schießt dir aus einem Meter Entfernung mit einer
Gasknarre ins Gesicht. Im sicheren Glauben, dass es nur
eine Schreckschuss-Patrone war, läufst du genau in die
Gaswolke, um ihm aufs Maul zu hauen. Es knockt dich total
aus. Noch stundenlang hast du kleine Gaskrümel in den
Augen, die zerplatzen, wenn du dir die Augen reibst oder
wäschst.

Ein paar Wochen später triffst du den Typen wieder,
als er mit anderen Faschos in einem Auto vor eurem Jugendzentrum hält. Du rennst zum Auto, reißt die Tür auf
und versuchst, ihn von der Rückbank zu ziehen. Eine
völlige Kamikaze-Aktion, aber so was kann halt passieren,
denn man darf nicht lange nachdenken, nicht zögern, man
muss handeln, bevor das Hirn sich einmischt, bevor Angst
und Vernunft alles kaputtmachen. Bevor du dir den Burschen greifen kannst, ist der Chefnazi, um den sich wie
um alle Beteiligten wilde Mythen und Gerüchte ranken,
schon vom Beifahrersitz gesprungen. Er packt dich am
Kragen und zimmert dir so dermaßen eine, dass du einen
Meter weit durch die Luft fliegst und von einem parkenden
Auto wieder abprallst. Du landest auf allen vieren und
kniest im wahrsten Sinne des Wortes vor dem Chefnazi
nieder. Ein Bekannter, der auch immer im Jugendzentrum
abhängt und allein deswegen deiner Meinung nach irgendwie links sein muss, kommt heraus gerannt. Aber statt
dir zu helfen schreit er nur: »Seid ihr bescheuert, mein
Wagen!« Es ist offenbar sein Auto, gegen das du geknallt
bist. Der Seitenspiegel ist etwas verbogen. »Unity«
hattest du dir anders vorgestellt.

Auf der Herbstkirmes schneidet dir jemand mit einem
zerbrochenen Bierglas ins linke Handgelenk. Die hässliche
Narbe wäre vielleicht Jahre später nicht mehr sichtbar,
wenn die Wunde nicht eine Woche später wieder aufplatzen

würde, als du im Schulsport, beim Basketball, den Ball
baggerst. Das Blut spritzt wie wild durch die Gegend,
sogar in deinem Gesicht kleben Blutspritzer. Du findest
das ziemlich cool, denn es gibt dir vor den Idioten aus
deiner Klasse einen gefährlichen Touch. Du bist ein
harter Punk, mit dem nicht zu spaßen ist. Keines von den
zahmen Weicheiern, die es schon für rebellisch halten,
auf dem Schulhof mal einen Feuerwerkskörper hochgehen
zu lassen. Außerdem hast du erst kürzlich gelesen, dass
Frauen Narben bei Männern sexy finden.

Einem betrunkenen Familienvater mit buschigem
Schnurrbart schlägst du am Rande des Rosenmontagszuges
ohne Vorwarnung seine eigene dampfende Pizza ins Gesicht, weil du mitbekommen hast, wie der Mann seinen
Saufkumples ankündigte, Benja, die ein paar Meter weiter steht, gleich »mal so richtig einen zu verpöhlen«.
Einen anderen, Typ Maurerlehrling, strangulierst du
hinterrücks mit seinem eigenen Schal, nachdem er sich
über deine Frisur lustig gemacht hat.

Es gibt Dutzende solcher Vorfälle, die meisten davon
vergisst du umgehend. Es ist Alltag. Die Anlässe zur
Prügelei sind oft so nichtig, dass du dich schon fünf
Minuten später nicht mehr erinnern kannst, wie das
Ganze eigentlich angefangen hat.

Zu Anfang findest du diese Situationen sehr aufregend und cool. Du kommst dir vor wie einer von den Kids
aus dem Film »Outsiders«, die »Greasers«. Das waren
junge, sensible Typen, die überall fertig gemacht wurden
und sich aggressiv und selbstbewusst gegen die privi-
legierten »Socks« zur Wehr setzten. Eigentlich schrieben
sie lieber Gedichte oder retteten Kinder aus brennenden
Häusern, aber die Gesellschaft war so schlecht, dass
sie sich ständig schlagen mussten, um nicht unterzugehen.
Eine romantische Vorstellung, die eine starke Anzie-

hungskraft auf dich ausübt. Irgendwann aber verliert die ständige Gewalt ihren Reiz. Es ist nicht mehr das aufregende Gruppending, sondern reine Tyrannei.

Zum Schluss gibt es fast jedes zweite Wochenende eine Schlägerei, weil man überall provoziert, beleidigt oder angerempelt wird. Ständig brechen alte Fehden wieder auf, es scheint, als hätte jeder mit jedem noch eine Rechnung zu begleichen. Alles wird immer komplizierter. Der eigentlich sympathische neue Bekannte entpuppt sich auf einmal als guter Kumpel vom Erzfeind. Irgendwer ist immer der oder die Ex von irgendwem anders. Zu Karneval, an Kirmes-Wochenenden oder bei der einmal im Jahr stattfindenden Straßenparty ist es besonders schlimm. Du fühlst dich mehr und mehr wie ein gehetztes Tier und stellst fest, dass ein solches Klima als Dauerzustand einen total verkorkst. Man altert sehr schnell, wird verbiestert und verbohrt, verbittert und müde.

Und dann das Diskutieren. Ständig hast du während einer Auseinandersetzung ein halbes Dutzend Streitschlichtexperten um dich rum, die den wilden Max raushängen lassen, nur um anschließend wieder stundenlang rumzudiskutieren, wer angefangen hat und warum, und sowieso und überhaupt, und die Ausländer, aber nicht alle, und Hey-komm-ihr-gebt-euch-jetzt-die-Hand und Lass-uns-zusammen-einen-Trinken-gehen und das ganze öde Zeltfestritual. Es ist nie anders gewesen und wird auch nie anders sein, nicht in Käffern wie diesem. Du hast zu viele Jahre hier verbracht. Du musst weg, raus hier. Am besten dahin, wo es keine Menschen gibt, oder wo es so viele gibt, dass du einfach in ihnen versinken kannst, ohne weiter beachtet zu werden.

Der Höhe- und Wendepunkt deiner Gewaltgeilheit ist die Schlägerei mit Benjas neuem Freund. Du suhlst dich gerade in heftigen emotionalen Schmerzen, die aus weit

mehr als verletzter Eitelkeit und pubertärem Selbstmitleid bestehen. Du bist seit Tagen durchgehend betrunken,
als du die beiden auf einer Party im Jugendzentrum
triffst. Es ist ein Schock, du hast sie noch nie zusammen
gesehen. Augenzeugen berichten, dass du sogleich auf ihn
losgegangen bist. Du musst ihnen glauben, denn du selbst
kannst dich am Tag darauf wieder einmal nicht erinnern,
wie es angefangen hat. Wahrscheinlich legt der bloße
Anblick der beiden einen Schalter in dir um, dieser Typ
ist schließlich dafür verantwortlich, dass du zum ersten
Mal in deinem Leben das Wort »Herzschmerz« richtig
verstehst — ununterbrochen ist da dieser Stich, es fühlt
sich an, als wöge dein Herz hundert Kilo. Und Benja, die
guckt dich ja mit dem Arsch nicht mehr an, seit sie sich
mit diesem Schnösel eingelassen hat. Ihr wälzt euch
auf dem dreckigen Boden des Juzes, bis du ihm deine Weinflasche über den Kopf schlägst. Das ist nicht gerade
eine Tat, mit der du dich rühmen möchtest. Zum Glück
passiert ihm dabei nichts Ernsthaftes, du dagegen hast
dir mit dieser Aktion so einiges versaut. Nicht nur,
dass Benja und du eine Menge gemeinsame Freunde haben,
die jetzt endgültig auf die Seite des frisch verliebten
Pärchens wechseln, statt weiter den trauernden Kaputt-
nik zu bedauern, nein, auch Benja redet fortan kein Wort
mehr mit dir.

   Als du mit zweiundzwanzig endlich in die Studenten-
stadt fünfzig Kilometer weiter ziehst, musst du dich
lange daran gewöhnen, dass die Leute überwiegend ausgeglichen und freundlich sind. Sogar die alten Schachteln
beim Bäcker sind nicht mürrisch und wortkarg, sondern
nett und zuvorkommend. Du bist das nicht gewohnt und
rechnest bei jeder Freundlichkeit damit, von hinten ein
Messer in den Rücken gebohrt zu bekommen. Und manchmal
versuchst du, dir einzureden, dass diese Provinzjugend

vielleicht auch für irgendwas gut war. Ein gutes Training für die Instinkte, für die Furchtlosigkeit, für das ganze Leben! Du bist froh, wenn du diese alten Geschichten für einen Moment genießen kannst, bevor die Reflexion wieder alles kaputt macht und dein Verstand dir sagt, dass es eigentlich nur Zeit- und Energieverschwendung war; dumm, primitiv und provinziell.

Endlich läutet der Wirt zur letzten Runde. Seine hübsche Kollegin sammelt Biergläser ein. Gleich wird das Licht angehen, die letzten Gäste werden den Laden verlassen, und ich kann beruhigt ins Bett gehen, ohne das Gefühl, irgendetwas verpasst zu haben. Von ein paar Stunden Schlaf mal abgesehen.

Ich suche meine Jacke. Die Bardame setzt sich derweil in meinen Kopf und galoppiert auf meinen Gedanken mit mir nach Hause.

Vierte Woche.

1.

Simon verlässt uns heute. Auf dem Weg nach Hause, wo wir den letzten freien Tag dieser Tour verbringen werden, setzen wir ihn an einem Bahnhof ab, von dem aus er die letzten Kilometer zu seiner Freundin mit der Bahn fährt. Es ist nicht gelogen, wenn ich sage, dass ich ein bisschen traurig bin. Keiner von uns kannte den Typ vor dieser Tour besonders gut, weil er für unseren kurzfristig verhinderten Merchmann Danny eingesprungen ist.

Es ist wirklich seltsam. Drei Wochen lang haben wir rund um die Uhr aufeinandergehangen, jetzt steigt er aus, und wir werden uns wochen- oder monatelang nicht sehen. Es ist schwer, sich das bewusst zu machen, aber so ist es eben. Einer steigt aus, die anderen fahren weiter, und irgendwann trifft man sich irgendwo wieder. Sepp wohnt dreihundert Kilometer entfernt von mir. Ich fühle mich ihm sehr verbunden, er ist definitiv einer der besten Typen, die ich kenne. Aber habe ich ihn jemals außerhalb einer Tour getroffen? Ich überlege, nein, habe ich nicht! Irre. Das muss man sich mal vorstellen! Dr. Menke wohnt zwar in meiner Stadt, aber ich sehe ihn nie irgendwo. Wir waren mal Arbeitskollegen, hatten zu der Zeit aber nichts miteinander zu tun. Er war nett, aber eben von meiner Arbeit, deshalb bin ich ihm aus dem Weg gegangen wie allen anderen dort. Wir haben schon komische Beziehungen zueinander. Wir sind ja nicht einfach eine Band und ihre Crew, die getrennt reisen, anonym, jeder mit eigenem Backstageraum und so was. Wir sitzen täglich zusammen in diesem Sprinter, wir arbeiten zusammen, wir leben zusammen, wir atmen uns gegenseitig ein. Also müssen wir versuchen, miteinander klarzukommen und an einem Strang zu ziehen. Schön, dass es mit Simon so gut geklappt hat. Ich habe ihn in mein Herz geschlossen und werde seine beruhigende, unaufgeregte Art vermissen.

Wir sind knapp dran, er muss seinen Zug kriegen. Was mir sehr gelegen kommt, denn ich hasse lange Abschiedsszenarien. »Abschied ist ein scharfes Schwert«, sang Roger Whittaker einst auf einer LP, die ich meiner Mutter zu Weihnachten geschenkt habe. Abschied ist ein spitzer Dolch, ist mir darauf Jahre später als Korrektur und Songtext eingefallen.

Etwas in mir freut sich auch, denn ab morgen ist für Simon Danny dabei, um uns für die letzte Woche zu begleiten. Es ist schade, dass wir den einen gegen den anderen tauschen müssen. Die beiden kennen sich noch nicht, und ich würde sie gerne miteinander bekannt machen und dafür beten, dass sie sich verstehen, denn es zerreißt einem das Herz, wenn zwei Leute, die man beide mag, sich gegenseitig nicht leiden können. Aber die beiden würden gut miteinander klarkommen, da bin ich mir sicher. Also lasse ich das Glas heute mal halb voll statt halb leer sein und freue mich auf den einen, statt dem anderen nachzutrauern.

Erst mal geht es jetzt nach Hause. In meine eigene Wohnung! Der Ort, wo ich soviel Zeit mit mir selbst verbracht und soviel intensives mit mir selbst erlebt habe. Alleine diese Trilliarden einsamer Abende in der Küche. Irgendwie surreal, dort diesen Tag zu verbringen. Ich kann mich dran erinnern, wie es ist, dort zu sitzen, aber es kommt mir vor wie aus einem anderen, einem früheren Leben.

Die einzig interessante Nachricht an diesem öden Freitag Mitte September ist der Tod von Johnny Cash. Draußen ist es nass und dunkel, du sitzt am Küchentisch vor einer Suppe und bemerkst, dass du tatsächlich aufrichtig betrübt bist. Du denkst: Irgendwas fehlt ab jetzt. Was irgendwie Blödsinn ist, denn alles geht weiter und für dich ändert sich nichts. Du kannst es dir nur so erklären: Cash wollte in der Woche drauf anfangen, mit Rick Rubin Songs für ein neues Album aufzunehmen, und das hättest du gerne gehört. Die letzten beiden Teile seiner American Recordings waren für dich die besten Johnny-Cash-Aufnahmen überhaupt. Seine Stimme war so anders. Dieser Mann war fertig. So kann man nicht einfach so klingen, selbst wenn man sich Mühe gibt. So hat auch Johnny Cash vorher nicht geklungen. Bei seinen Versionen von »One« oder »Bridge Over Troubled Water« bekommst du jedes Mal eine Gänsehaut. Ein bescheuertes Wort übrigens. Auf Flaxdeutsch heißt es »Putenpelle« und auf thüringisch noch bescheuerter: »Erpeldress«.

Aber eigentlich ist sein Tod eine Erleichterung. Nur wenige Monate vorher war seine Frau June Carter Cash gestorben. Du siehst sie immer vor dir, wie sie in dem Video zu »Hurt« so unheimlich gütig aussehend hinter ihrem Mann steht. Man leidet mit ihnen und wünscht ihnen Glück. Auf dass sie beide gleichzeitig und nichtsahnend im Schlaf von einem Hurrikan niedergestreckt werden. Du konntest den Gedanken nicht ertragen, dass sie tot war und Johnny allein. Du hast gehofft, dass auch er bald sterben würde.

Du kannst dich noch daran erinnern, wie du im Proberaum mal von der neuen Platte von »Johannes Bargeld« gesprochen hast. Du hattest dir diesen Wortwitz zu Hause schon ausgedacht und dich den ganzen Tag darauf gefreut, ihn abends endlich so spontan wirkend wie möglich aus dem Ärmel zu schütteln.

»Die neue Johannes Bargeld ist sooo super!«

Alle haben erst doof geguckt, dann geschmunzelt und schließlich laut gelacht! Du warst sehr stolz. Einen guten Witz zu landen, kann einem den Tag retten. Du findest,

dass Johnny Cash eigentlich allein deswegen ein Teil
deiner persönlichen Biographie ist. Außerdem: Es gibt ja
nicht viele alte Menschen, zu denen man bewundernd auf-
schauen kann. In Deutschland natürlich schon gar nicht.
»Mein Opa war erst in der NSDAP, dann Postbeamter, und
was hat deiner so cooles vollbracht?«

Jetzt ist es also wieder einer weniger.

Du sitzt am Küchentisch vor deiner Suppe, denkst nach
und liest dabei. Du liest mechanisch vor dich hin und
achtest nicht mehr auf Worte, Sätze und Handlung, weil
du ständig June Carter Cashs Antlitz vor Augen hast.
Du liest gerne beim Essen, merkst aber oft nach einigen
Seiten, dass du überall bist, nur nicht in dem Buch,
das vor dir liegt. Während du noch so drüber nachdenkst,
klingelt das Telefon. Scheiß Telefon. Beim Essen telefonieren nervt. Telefonieren nervt generell. Man muss
unaufhörlich plappern. Es gibt keine Pausen, und Schweigen wird peinlich. Schweigen, peinlich. Wie grotesk.

Na immerhin, es ist Jule. Sie ist ganz lebendig, quiekfidel und gut gelaunt. Sie denkt gerade mit Sicherheit an
was anderes als den Tod und erzählt dir eine Geschichte,
bei der sie sich mit vergnügtem Kichern ständig selbst
unterbricht. Die Geschichte ist angeblich wahr und einem
Vater ihrer Freundin passiert. Sie geht so: Der Vater hat
sich ein neues Auto gekauft. Einen schönen großen BMW.

»So 'nen richtig dicken, weißte.«

Aha, ja. Sie muss jetzt schon lachen. Also …

Mit diesem neuen Auto ist die Familie in einen Erleb-
nispark gefahren. Ein Elefant stand am Wegesrand und
hat seinen Rüssel in das offene Auto gesteckt.

»Total süüüüß!«, zitiert Jule ihre Freundin. »Die haben den dann so gestreichelt und so, aber als der Elefant
plötzlich anfing zu trompeten, hat die Mutter sich auf
dem Beifahrersitz so erschrocken, dass sie in Panik den

elektrischen Fensterheber betätigt und damit den Rüssel
des Elefanten eingeklemmt hat, hahaha. Der Elefant hat
sich dann auch erschrocken und in Panik eine dicke Beule
in den Kotflügel des neuen BMW getreten. Da war der Tag
natürlich gelaufen, den Safariparkausflug haben sie abgebrochen und der Vater hat sich betrunken.«

»Zu Hause, oder was?« Eine völlig egale Frage, aber
du musstest mal wieder was sagen.

»Wie? Ach so, was weiß ich, zu Hause oder in der Kneipe
oder so.« Ob er als Höhepunkt auf die Ledergarnitur
gereihert oder seine Ehefrau vermöbelt hat, fragst du
nicht. Jule gluckst und wiehert in einer Tour. Du findest
sie niedlich, weil sie so viel Spaß hat. Andererseits
steht dein Essen vor dir und wird kälter und kälter.
Du schiebst dir heimlich einen Löffel in den Mund und
spornst sie an, weiterzumachen.

»Aha aha, und dann?«

»Als er am nächsten Morgen mit dem zerbeulten BMW zur
Arbeit fuhr, bremste das Auto vor ihm plötzlich scharf ab.
Der Vater meiner Freundin war trotz dickem Schädel geistesgegenwärtig genug, dem Wagen vor ihm noch geschickt
auszuweichen. Der Typ hinter ihm allerdings war nicht
so aufmerksam und ist volle Kanne in den Kofferraum des
neuen BMW gekracht.«

Jule erzählt dir nicht, ob irgendwem was passiert
ist, und du fragst nicht danach. Also ist wahrscheinlich
nichts Schlimmes passiert. Aber ständig kichert sie und
betont, dass diese Geschichte echt wahr ist!

»Ey, das ist echt wahr, das musst du mir glauben!«

Als nächstes kommen die Bullen und nehmen das Ganze
auf. Kein Problem für den Vater ihrer Freundin, schließlich ist er ja nicht Schuld. Aber dann fragt der Bulle ihn,
wo denn diese Beule im Kotflügel herkommt. Als der Vater
wahrheitsgemäß antwortet, da habe ein Elefant reinge-

treten, guckt der Polizist ihn nur ganz seltsam an, beugt
sich vor und schnuppert an Papas Schnapsfahne. Dann geht
er zum Wagen, holt den Promillometer und lässt pusten.

Jule kriegt jetzt kaum noch Luft. Du weißt, wie die
Geschichte weitergeht: Papa muss alles bezahlen und
den Führerschein abgeben. Unfall unter Alkoholeinfluss,
das ist niemals gut, ob selbst verschuldet oder nicht.
Du weißt Bescheid. Du kannst die Worte »Verkehr« und
»Polizei« nicht mehr in einem Satz unterbringen, ohne
in Schweiß auszubrechen.

Das war also Jules lustige Freitagabendgeschichte.
Sie macht auf dich ein bisschen den Anschein, eine dieser
Stories zu sein, die in jeder Stadt angeblich irgendwem
passiert sind. So wie es in jeder Stadt angeblich ein
armes Mädchen gibt, das von seinen Eltern »Rosa Schlüp-
fer« getauft wurde. Aber im Prinzip ist es ja auch egal,
ob die Geschichte stimmt oder nicht. Jule jedenfalls wird
sich eine Menge Freunde machen, wenn sie heute Nacht
ausgeht und mit einer Traube Leuten an der Bar steht oder
vor der Disco und etwas zu erzählen hat. Es ist immer
praktisch, eine solche Story auf Lager zu haben. Als Zeichen deiner Anerkennung kicherst du ein bisschen mit. Du
bewunderst sie dafür, dass sie ausgerechnet dich angerufen hat. Du gibst mürrische Kommentare ab, lachst an den
falschen Stellen und schreist nie schrille »Neiiiin!«s
in den Hörer, wenn sie zur Pointe ansetzt. Trotzdem hat
sie einen Mordsspaß, dir das Ganze zu erzählen. Dann legt
sie recht schnell auf. Vermutlich muss sie noch ein paar
andere Leute anrufen.

Du denkst jetzt nicht mehr an Johnny Cash, sondern
an einen Winterabend vor ein oder zwei Jahren, als Mario
auf dem Rückweg von der Probe beim McDrive hielt, um
den Alfred-E.-Neumann-Lookalike am Schalter zu fragen:

»Habt ihr auch Dosenfraß?«

Du hast dich auf dem Rücksitz geduckt, weil du so laut lachen musstest und dir blöd vorkamst. Von Zeit zu Zeit denkst du daran, und jedes Mal musst du erneut loslachen. Es erfasst dich in unvorbereiteten Momenten. Manchmal passiert es dir im Supermarkt vor dem Dosenfraß-Regal. Dann willst du schnell damit aufhören und musst noch mehr lachen. So wie jetzt. Du lachst laut, ganz allein in deiner Küche, und lachst und lachst, und als du dich wieder eingekriegt hast, ist deine Suppe längst kalt und es ist dir auch egal. Machst du dir eben einen Glühwein warm. Mit Rum.

»Like a whirlwind, in a thorn tree.«

Zwanzig Stunden zu Hause sind zu viel, um einfach nur abzuhängen oder im Bett zu liegen, und zu wenig, um irgendwas zu schaffen, zum Beispiel jemanden zu besuchen oder irgendwas zu erledigen. Ich schaue die Post durch, aber ich habe keine Lust, sie zu öffnen. Ich checke meine E-Mails. Im Posteingang vier neue Mails von Maren Müller, lange Aneinanderreihungen von wirren Sätzen und Songzitaten. Ich habe die düstere Ahnung, jetzt meinen ersten Stalker zu haben. Sowas gehört in ARTE-Reportagen, nicht in mein Leben.

Ich wasche zwei Maschinen dreckige Wäsche. Ich gehe einkaufen und finde mich dabei im Supermarkt kaum zurecht. Wo hatten sie noch mal die Fertignudelgerichte? Gott, seit Jahren kaufe ich hier ein, aber nun kommt es mir vor, als wäre ich monatelang nicht hier gewesen. Der Weg zum Supermarkt und zurück ist seltsam. Fremd und vertraut zugleich. Ich fühle mich wie in einem Kokon. Wie in einen Wattebausch verpackt. Völlig taub. Wie nach einer langen, ausufernden Nacht, nach der einem die Drogen noch tagelang in den Knochen stecken. Und genau so ist es ja irgendwie auch.

Ich hänge die Wäsche auf. Ich setze mich vor den Computer. Keine neuen Mails. Ich sitze herum und weiß nicht, was ich tun soll. Ich rede mit meinem Teddybären. Seit Tagen freue ich mich auf mein Zimmer, aufs Alleinsein, auf Ruhe. Und nun? Nach zwei Stunden fällt mir schon die Decke auf den Kopf. Ich überlege, ob ich irgendwen anrufen soll, um mich irgendwo zu verabreden. Aber ich weiß nicht, wen.

Wenn ich ehrlich bin: Ich traue mich nicht. Ich würde meinem Gegenüber doch nur auf den Sack gehen. Ich bin gar nicht hier, ich bin auf Tour. Ich existiere in einer Blase und hab mit allem, was hier passiert, nichts zu tun. Wir hätten zu wenig Zeit zu reden und zu viel Zeit, uns anzuschweigen. Fielmann ruft an (heute ist frei, da wird er mit seinem richtigen Namen angesprochen). Es ergeht ihm ähnlich wie mir. Wir verabreden uns zum Kino, und es endet damit, dass ich mit Fielmann, Mario und Annette, Werner und Sonja, Sepp und Kowalski ins Kino gehe. Es ist so bescheuert – da haben wir mal einen Tag frei voneinander, und was machen wir? Quetschen uns nebeneinander in Kinositze und reden den gleichen Mist wie im Bussitz auf der Autobahn. Sepp sagt seit Tagen nichts anderes als »Mannmannmann, scheiß die Wand an.« Unterwegs kam mir das ganz natürlich vor, ich bemerke erst jetzt in der ungewohnten heimatlichen Umgebung, wie absurd es ist, ständig diesen Satz zu sagen. Ich frage mich, was Annette und Sonja wohl von ihren Freunden denken. Wahrscheinlich halten sie uns alle für total verhaltens. Ach nee, das ist ja auch so 'n Wort, das es hier gar nicht gibt.

Nach dem Film treffe ich im Foyer auf meinen alten Bekannten Felix. Während die anderen sich nach Hause verabschieden, stehe ich noch eine Weile mit Felix und seiner Freundin vorm Kino. Felix und ich waren mal ganz gut befreundet, wir haben sogar mal ein paar Monate zusammen gearbeitet. In den letzten Jahren haben wir uns ein wenig aus den Augen verloren. Er wohnt immer noch in der Kleinstadt, in der wir beide aufgewachsen sind und bestätigt mir das Gerücht, dass mein früherer bester Freund Ingo mittlerweile aktiv in der rechten Szene mitmischt. Genau der Ingo, der mich vor meinem halben Leben in meine erste Band geholt hat. Später im Techno- und Drogensumpf versackt. Jetzt offenbar Neonazi mit neuer Rechts-Rockband.

»Dick ist er geworden und trägt immer einen langen Ledermantel. Wie in ›Romper Stomper‹«, lacht Felix. Mir bleibt das Lachen im Halse stecken. Ich habe schon davon gehört, wollte es aber nicht wahrhaben. Wäre ich jetzt da wo ich bin, wenn ich ihn nie getroffen hätte?

Außerdem erzählt Felix mir das Neueste von unserem ehemaligen russischen Arbeitskollegen Joseph. Joseph hat sich vor einem halben Jahr im Keller erhängt. Hat eine Frau und zwei Kinder im Kindergartenalter hinterlassen. Er war ein Jahr jünger als ich. Ich bin immer gut mit ihm ausgekommen. Im Lager habe ich ihn bei der Nachtschicht mal hinter einem Stapel Kartons beim Rauchen eines Joints überrascht und spontan mitgekifft. Jetzt ist er tot. Seine Mutter hat ihn von der Decke geholt. »Wenn Sie zehn Minuten eher gekommen wären, wäre er noch am Leben gewesen«, hat irgendein Arschloch von Notarzt zu der Frau gesagt, die sich seitdem in psychiatrischer Behandlung befindet.

»Ach, und du hattest doch auch Herrn Sievers im Sport? Den haben sie letztens tot aus seiner Wohnung geholt. Der lag da schon zwei Wochen lang am Verwesen. Der war Alki, weißte ja.«

Als Felix von seinem neuen Job in der Forensik erzählt, wo er zwei alte Bekannte aus der Punkszene unserer Heimatstadt als Insassen wiedergetroffen hat, höre ich schon nicht mehr richtig zu. Bevor er von den neuesten Hochzeiten und Scheidungen anfangen kann, erzähle ich ihm, daß wir eigentlich gerade auf Tour sind, und nur den heutigen Offday hier verbracht haben.

»Ach, echt?«

»Ja. Morgen früh gehts weiter.«

»Und, wie läufts so, irgendwas Besonderes passiert?«

»Läuft gut. Aber was Besonderes, nee, eigentlich nicht. Ich bin nur wahnsinnig müde. Muss jetzt mal schnell in die Heia.«

»Alles klar, lass uns mal wieder treffen wenn du wieder da bist!«

»Auf jeden Fall, und euch noch einen schönen Abend.«

In meinem Bett fällt mir das Einschlafen schwer. Ich kann es kaum erwarten, morgen weiterzufahren.

2.

Wir treffen uns vormittags am Proberaum, weil wir noch neues Merchandise einpacken müssen. Bei der Gelegenheit wird auch mal der Bus aufgeräumt. Unglaublich, was sich da alles unter den Sitzen ansammelt. Neben Verpackungsmüll vor allem Zeitschriften, Stifte, Batterien und die Federn aus Kowalskis Kopfkissen, die er beim Tüppeln verloren hat. Tüppeln ist der Fachbegriff für das Zerdrücken der Federn in einem Kopfkissen. Kowalski macht es den ganzen Tag, er sagt, es entspanne ihn. Jedem seine eigene kleine Privatmacke, ich als Neurosenkavalier mit mehr Bisswunden als Fingernägeln habe sowieso kein Recht, mich darüber lustig zu machen.

Alle erzählen sich davon, wie sie den Tag zu Hause und den Abend nach dem Kinobesuch verbracht haben. Ich war offenbar nicht der einzige, der mit der Situation überfordert war. Das beruhigt mich. Danny kommt auf dem Fahrrad angefahren. Er strahlt übers ganze Gesicht, als er von seinem Rad springt. Mein Herz strahlt auch, als ich ihn strahlen sehe. Er sieht viel frischer aus als wir, hat eine hervorragende Laune mitgebracht und stürzt sich gleich in das Tourvergnügen. Noch bevor wir auf der Autobahn sind, haben Sepp und er ein Bier am Hals und stecken in einer wilden Fußballdiskussion. Ich interessiere mich kein Stück für Fußball, aber es ist eine Wonne, den beiden zuzuhören. Wie sie streiten und Argumente austauschen. Die Leidenschaft in ihren Stimmen. Auch die anderen beginnen, sich lebhaft zu unterhalten. Frischer Wind an Bord. Es geht weiter. Die letzten fünf Tage, der Showdown. Ab jetzt nur noch volle Kraft voraus, das schwöre ich mir selbst.

Ihr geht diesen Weg nach jeder Probe, also bis zu drei oder vier Mal pro Woche. Neben dem Proberaum befindet sich ein Partybunker namens »Bananenreiferei«, den Kowalski in einem Anflug von Prollgenialität irgendwann mal in »Witwentrösterei« umbenannt hat. Du hast diesen Schuppen noch nie betreten, aber jedes zweite Mal, wenn ihr nach der Probe dort vorbeikommt, ist dort ordentlich was los. Die Kids hängen vor dem Laden rum und fallen durch sehr jugendliches Alter und extreme Betrunkenheit auf. Teenagerprobleme, Beziehungsstress, Tränen, Gegröle und jede Menge Scherben. So auch an diesem Halloween-Abend. Halloween, denkst du, so ein Schrott. Nur ein Anlass mehr, sich dicht zu saufen. Als gäbe es dafür nicht Anlässe genug.

Ein Typ steht mit seinem Schwanz in der Hand auf dem dunklen Schotterweg und pinkelt in ein Schlagloch. Du denkst dir nichts dabei, als Kowalski das mit einem kumpelhaften »Ey, du Sau!« kommentiert. Lass doch die Vierzehnjährigen in Ruhe, denkst du, obwohl du weißt, dass der Satz von ihm eher respektvoll als böse gemeint ist.

Der Typ sieht das anders und ist außerdem gar nicht vierzehn, sondern mindestens achtzehn und russischer Herkunft. Er springt sofort darauf an – »Was willst du, du Hurensohn!« Wahrscheinlich hat er den ganzen Abend auf die Gelegenheit gewartet, die sich ihm hier bietet. Laut fluchend kommt er hinter euch her, ein Rudel Freunde im Schlepptau. Er tritt in dein Fahrrad und beschimpft dich. Du sagst ihm, dass er dich in Ruhe lassen soll. Du hast keinen Bock auf Ärger, du willst nur weiter. Die Zeiten, als du keiner Schlägerei aus dem Weg gegangen bist, sind lange vorbei. Und wieso haben es solche Typen eigentlich immer auf dich abgesehen, du hast doch gar nichts gesagt!

Er lässt nicht locker. Tritt noch mal in dein Fahrrad.
Damit er nicht genau in die Speichen tritt, hebst du es
hoch und drehst es in der Luft zur Seite. Sein Fuß steckt
aber schon in den Speichen, bei der Drehung wird der
Schuh vom Fuß gezogen, der Typ stürzt zu Boden, sein
Schuh landet neben ihm, genau in einer Pfütze. Da kannst
du nun wirklich nichts für, was aber egal ist, denn jetzt
gibt es kein Halten mehr. Die erste Kopfnuss ballert
schon ganz gut rein, du hast sie nicht mal kommen sehen.
Werner und Kowalski stehen daneben und versuchen, den
Russen mit Worten zu beschwichtigen. Natürlich geht
sofort das wilde Diskutieren los. Mann, weiter, einfach
weiter, denkst du und schiebst dein Fahrrad Richtung
Straße. Der Typ schreit hinter dir her. Obwohl du alles
andere als Ärger willst, schaffst du es wieder einmal
nicht, deine Klappe zu halten.

»Mein Gott, verpiss dich endlich!«

Der Typ drückt seinem Kumpel die Jacke in die Hand,
krempelt sich die Ärmel hoch und läuft im Stechschritt
hinter euch her.

»Du Spast, komm her, ich mach dich platt!«

Er scheint ständig zu verwechseln, wer was gesagt hat,
denn diesmal geht er auf Kowalski los und zerrt an dessen Jacke. Als Werner ihn losreißen will, kriegt er einen
Schwinger verpasst. Schade, dass Werner so ein friedvol-
ler Mensch ist. Mit seinen Kraft-statt-Technik-Schlag-
zeugermuckis könnte er bestimmt so manchen ungespitzt
in den Boden rammen. Ihr habt mal zusammen in einer kleinen Firma im Lager gearbeitet, und bei einer Betriebs-
party wurde eine Armdrück-Olympiade initiiert. Du selbst
hattest keine Schnitte, aber Werner hat sie alle besiegt,
sogar den bulligen Lagerchef, der beim Armdrücken noch
nie verloren hatte. Aber keine Frage, auch der Russe hier
ist stark, und noch dazu ist er wild, gefährlich, das ist

nicht nur Getue. Der will es wirklich wissen, das hast du sofort gemerkt.

Ihr habt es schon fast bis zur Hauptstraße geschafft, da kommt die letzte Attacke. Ein weiterer Tritt in dein Rad, und als du dich bückst, um das Schutzblech gerade zu biegen, haut diese Drecksau dir von unten genau in die Fresse. Seine Gang wartet einen Meter hinter ihm. Du taumelst zurück, siehst Sterne, alles wird schwarz. Du merkst, wie du dich nicht mehr halten kannst und hintenüber kippst. Es gibt großes Geschrei, das du nur am Rande wahrnimmst. Du schlägst die Augen auf und siehst alles leicht verschwommen. Schwankend richtest du dich auf, betastest deine Nase und siehst die rote Soße an deinen Fingern. Das hat gesessen. Du musst sagen, dass du solche Kraft schon irgendwie bewunderst. Dieser Punch, beneidenswert!

Die Suppe läuft in dicken Bahnen dein Gesicht entlang, tropft auf deine Klamotten und deine Schuhe. Nirgendwo ein Gegenstand, den du ihm über den Kopf ziehen könntest. Du willst nach Hause. Du kannst deine Nase nicht fühlen. Bestimmt gebrochen. Hey, das wäre Weltpremiere. Du hast in deinem Leben ja schon eine Menge aufs Maul bekommen, aber deine Nase hat komischerweise noch niemand gebrochen. Wie sich später herausstellt auch diesmal nicht. Du blutest zwar aus beiden Nasenlöchern und dem Mund, aber es ist nichts gebrochen, nur ein bisschen was geplatzt.

Der Typ ist jetzt offenbar zufrieden und lässt von dir ab. Vielleicht ist es ihm hier an der großen Straße auch einfach nur zu riskant.

In dieser Stadt hast du gerade zum dritten Mal aufs Maul bekommen. Das ist ein okayer Schnitt für drei Jahre. Das Flair hier ist eben ein anderes. Uni statt Bundeswehr, das macht schon mal einiges aus. Bezeichnend auch die Anlässe: das erste Mal war Silvester, das zweite Mal

erster Mai und jetzt eben Halloween. Alles Tage, an denen
die Jungs vom Land in die Stadt kommen und mal so richtig was erleben wollen. Na, da freust du dich doch schon
auf den Rosenmontag!

Einerseits bist du froh, dass die Zeiten der ständigen
Schlägereien vorbei sind. Andererseits vermisst du aber
auch die Furchtlosigkeit, die du damals besessen hast.
Du hast ein Stück Mumm verloren. Vielleicht solltest du
mal anfangen, Sport zu machen. Es ist ein besseres Gefühl,
mit dem Wissen durch die Straßen zu laufen, es mit jedem
aufnehmen zu können. Wenigstens hat Kowalski nichts ab-
bekommen. Seit drei Jahren rennt der jetzt ohne Kranken-
versicherung durch die Gegend und hat eine große Fresse.
Früher oder später wird das noch mal in die Hose gehen.

Zu Hause stürmst du in dein Zimmer und machst mit der
Digitalkamera ein paar Fotos, weil du das Gefühl hast,
ziemlich cool auszusehen. Die Faszination von Gewalt,
sie schlummert immer noch irgendwo in dir. Du greifst dir
eine Flasche Weißwein aus dem Kühlschrank und klingelst
bei den Nachbarn, denn du willst nicht, dass deine neue
Mitbewohnerin dich in diesem Zustand sieht. Sie ist
letzte Woche erst eingezogen und sehr studentisch. Sie
wäre bestimmt schockiert und würde dir allerhand Fragen
stellen, die du jetzt nicht beantworten möchtest. Nebenan
wirst du von deinen Freunden mit Waschlappen, Weinglas,
Zigaretten und ein bisschen Bewunderung versorgt. Das
tut gut.

Lars sagt: »Alkohol verdünnt aber das Blut!«

Kowalski sagt: »Und Zigaretten machen das Blut dick.
Passt also wieder.«

Ihr sitzt in der Küche, schüttet Getränke in euch rein
und versucht, nicht allzu viel über die Schlägerei zu
reden. Was natürlich nicht gelingt. Kowalski meint, dass
ihr noch ausgehen müsst.

»Mit der Visage?!«

»Klar Mann, da stehen die Bräute drauf!«

Von wegen, denkst du. Die eine Hälfte deiner Ober-
lippe ist total angeschwollen. Das sieht nicht cool nach
Schlägerei, sondern einfach nur deformiert aus. Aber
wenn er meint. Du gehst also mit in diesen Saufschuppen
und spielst Luftgitarre zu Black Sabbath. Stunden später
gehst du mit der Gewissheit, mal wieder Recht gehabt zu
haben, brautlos nach Hause.

Um Werner zu ärgern, wurde sein Hotelzimmer heute mal
wieder zum Partyzimmer auserkoren. Meistens fragt Kowalski
ihn, ob sie ein Zimmer zusammen nehmen. Er willigt immer
ein, schiebt aber gleich darauf Sätze wie »Aber bei uns ist nicht
das Partyzimmer!«, oder »Bei mir wird nicht gefickt!« hinterher.
Als wir ihm eröffnen, dass bei ihm und Kowalski heute nach dem
Konzert noch einer gehoben wird, regt er sich zunächst tierisch
auf. Auf dem Weg zum Hotel findet er sich dann offenbar damit
ab, und schließlich schleppt er nach Kowalskis Aufforderung
ohne zu murren eine Kiste Bier auf ihr gemeinsames Zimmer.

Der Fernseher läuft, alle trinken Bier oder Wodka und reden
dummes Zeug. Es ist eine billige, kleine Pension in einem ruhigen Vorort der Stadt. Wir scheinen die einzigen Gäste hier zu
sein. Ich gehe zum Fenster und öffne es. Wir sind direkt unterm
Dach. Ich steige auf den kleinen Tisch, dann auf den Fenster-
sims, und schon bin ich draußen. Es ist kühl. Knapp einen Meter
über und zwei Meter rechts von mir befindet sich der Schornstein. Ich gehe wieder rein, hole meine Jacke und meine Zigaretten, und klettere zurück aufs Dach. Bis zum Schornstein. Dort
setze ich mich hin und genieße die frische, klare Luft der Nacht,
den Ausblick, die Mischung aus totaler Ruhe und dem Stim-
mengewirr meiner Freunde. Der Mond ist auch da. Ich mag den
Mond. Ich mag es, alleine zu sein, an einem Ort, von dem ich
vor fünf Minuten noch nicht wusste, dass ich da sein würde. Ich

zünde mir eine Zigarette an und denke über den Abend nach. Das war ein cooles Konzert vorhin.

Dabei hatte ich gar nicht damit gerechnet. Ich war trotz, vielleicht auch gerade wegen des Offdays ziemlich müde, habe nach dem Soundcheck nur rumgehangen, nicht viel gegessen, nichts getrunken, mich durch die Stimmübungen gequält und bin nach dem Intro-und-Jägermeister-Ritual ohne irgendwelche Erwartungen auf die Bühne gegangen. Spätestens beim dritten oder vierten Lied war alles geil. Der Sound auf der Bühne war gut, die Lieder versetzten mich in Ekstase, und meine Stimme war voll da. Die Menschen im Publikum verschmolzen in meiner Wahrnehmung zu einer einzigen anonymen Masse. Ich mag es, wenn das passiert, denn dann bin ich von nichts abgelenkt. Ich spiele dann nicht für einzelne, sondern nur für mich, für uns, und das Publikum gehört dazu. In Momenten wie diesen ist irgendeine Art von Magie im Spiel. Als Mario in der Zugabe eine Saite riss, habe ich spontan ein altes Lied angespielt, nach dem die ganze Zeit gerufen wurde. Werner ist darauf eingestiegen, dann auch Kowalski, es klang super, und ohne Pause, nur durch Blickkontakt, ging es in das nächste Lied auf der Setlist über. Kurz darauf riss auch mir eine Saite, aber das war nicht schlimm, sondern gab der Sache nur noch mehr Reiz und Spontaneität. Dr. Menke und ich schafften den Gitarrenwechsel, ohne dass ich zu singen aufhören musste. Ich blieb am Mikro und reichte ihm während des Singens meine Gitarre. Er nahm sie, gab mir die Ersatzgitarre und stöpselte sie ein. Das ganze dauerte nur wenige Sekunden, zum nächsten Refrain war ich wieder da. Ich lachte ins Publikum, und das Publikum lachte zurück. Nach dem Auftritt erzählte ich Mario, Kowalski und Werner, wie geil ich das Konzert gefunden hatte, aber sie zuckten nur mit den Achseln und meinten, jaja, es wäre schon ein okayer Auftritt gewesen, aber doch nichts Besonderes. Seltsam, wie unterschiedlich man so ein Erlebnis empfinden kann. Vielleicht war es ja alles nur in mir drin? Na, wenn schon. Es sind die Momente, die zählen. Dafür sind wir ja hier.

Schließlich verkündete Danny auf der Fahrt zum Hotel noch stolz, dass er heute, an seinem ersten Abend, den bisherigen Tourrekord am Merchstand aufgestellt hätte. Dutzende von T-Shirts, ziemlich viele CDs, und Buttons in dreistelliger Höhe. Das ist cool. So langsam ist abzusehen, dass die Tour auch finanziell ein Erfolg wird.

Kowalski kommt ans Fenster und blickt zu mir hoch. »Oller, watussu da?«

»Sitzen. Entspannen. Rauchen.«

»Fall da bloß nicht runter!«

»Keine Sorge.«

Er stellt sich auf das kleine Tischchen, holt seinen Schwanz raus und pisst in hohem Bogen aus dem Fenster. Er gibt sich Mühe, es bis über die Dachrinne zu schaffen. Als es gelingt, schaut er mich grinsend an. Ich grinse zurück.

»Schöner Strahl!«, rufe ich ihm zu. Er nickt stolz und winkt mir mit seinem Schwanz. Ich fasse mir an den Kopf und denke, dass der Typ echt einen Schaden hat. Letzten Sommer hat er im Bus ständig irgendwem sein Genital von hinten auf die Schulter gelegt. Das ist sicherlich nicht jedermanns Sache, und sogar ich habe ihn irgendwann entnervt gebeten, diesen Scheiß endlich sein zu lassen. Aber wenn ich jetzt daran denke, muss ich laut lachen. Es ist wunderbar, dass man sich als Rockband wie ein Haufen Fünfjähriger verhalten kann. Fünf ist mein favourite Alter. Viele halten das zwar für albern und infantil, aber was solls, wir sind Bunken vom Land, wo man sich in der Adoleszenz mit dem Nachnamen anredet und beim Pinkeln den Strahl kreuzt, wir sind hier unter uns und können machen, was wir wollen. Jetzt hier draußen wird mir wieder bewusst, wie gut ich es eigentlich habe. Ich sitze dienstagnachts auf einem Hausdach in einer fremden Stadt. Ich bin ganz für mich, habe aber meine Freunde in der Nähe. Ich bin unterwegs, um die Lieder zu spielen, die ich liebe. Ich werde dafür bezahlt, Dinge von mir zu geben, die mir wichtig sind. Ich gehöre niemandem, niemand kann mir erzählen, was ich tun und lassen soll. Und in all den Häusern da unten gehen in wenigen Stunden die Lichter an, die Leute quälen sich aus ihren Betten, fahren freudlos zu einem Job, den sie hassen, müssen aber trotzdem dankbar sein, denn andere haben nicht mal einen. Und Ingo ist Neonazi, und Joseph ist tot. Alles so absurd.

Kowalski ist wieder im Zimmer verschwunden. Unten wird es ruhiger. Mir wird langsam kalt. Ich rauche noch eine, dann verlasse ich meinen hohen Posten und klettere ins Zimmer zurück. Die Dachziegel sind klamm, ich muss aufpassen, dass ich nicht abrutsche. Halte mich am Fensterrahmen fest und springe in das warme, verrauchte Zimmer. Werner ist schon eingeschlafen. Ein fast volles Bier steht neben ihm auf dem Nachttisch. Kowalski und Dr. Menke sind in eine Diskussion über die richtige Technik beim Parkettverlegen vertieft. Ich wünsche ihnen eine gute Nacht, gehe in mein Zimmer, wo Mario schon leise atmend schläft, und hole meinen MD-Player raus.

Als du aufwachst brummt alles oberhalb deines Halses. Du stehst vorm Spiegel und denkst, dass du im Suff letzte Nacht noch 'ne Ecke verwegener aussahst als jetzt. Die Familienpackung Aspirin, die irgendwer aus Amerika mitgebracht und bei dir vergessen hat, ist letzte Nacht zur Neige gegangen. Aber zum Glück hast du dich letzte Woche von deinem Nebenjob krankschreiben lassen. Dein Arzt hat dir ein Rezept ausgestellt, das du nicht abgeholt hast, weil du gar nicht wirklich krank warst. Jetzt kannst du es benutzen, denn neben Penicillin steht auch eine Packung Schmerzmittel darauf. Also machst du dich nach einem ausgiebigen Vierzehn-Uhr-Fühstück auf zur Apotheke. Scheiße, Feiertag. Notapotheke mit Bereitschaftsdienst ein paar Straßen weiter. Laufen tut gut. Luft tut gut. Du hast die Cardigans im Ohr. Erase and Rewind, das wär was.

Es dauert eine Weile, bis du dran kommst, weil die Frau vor dir einen Großeinkauf tätigt.

»Dann nehme ich noch ein paar Hustenbonbons. Und haben Sie diese Black Carrots da?«

Sie nennt ein halbes Dutzend Medikamente beim Namen und du fragst dich, ob sie mit ihrer Fachkenntnis vorm Apotheker rumprahlen will oder doch eher einen Riesenschaden hat. Hypochonder deluxe ist, wenn man für vierunddreißig Euro leichte Medizin kauft, und dann sagt:

»Ach, ein Nasenspray nehme ich auch noch!«

Der Apotheker ist bereits total genervt, greift irgendeine Schachtel und packt sie ohne eine Erklärung in die Tüte. Als du endlich wortlos dein Rezept einreichen kannst, guckt sie sich noch die Regale an, blickt sich um und macht den Anschein, als habe sie immer noch nicht genug. Aufgrund der inzwischen recht langen Schlange verlässt sie schließlich doch den Laden. Du triffst sie ein paar Minuten später auf dem Rückweg, als sie vor einer Drogerie steht und die Auslagen betrachtet. Armes Ding. Gesundheitsreform, wir kommen.

3.

»Entschuldigung, ich ziehe erst in zwei Wochen hierher und bin auf der Suche nach einem neuen Fitness-Studio, und da meine neue Wohnung hier ganz in der Nähe ist, wollte ich fragen ob ich bei Ihnen mal ein Probetraining machen kann.«

Ich habe mir diese Geschichte gerade erst überlegt. Es war vor ziemlich genau einer halben Stunde, als uns nach einem Telefonat mit dem örtlichen Veranstalter von der Tourneeleitung verkündet wurde, dass wir vorm Soundcheck noch zwei Stunden Zeit hätten, um im Hotel abzuhängen. Beim Einchecken sah ich das »Pro-life Fitness Forum« auf der anderen Straßenseite.

Ich musste bei dem Namen zwar zunächst an joggende Abtreibungsgegner denken, dachte mir dann aber: Probier doch mal einen kleinen Trick. Und der Trick funktioniert tatsächlich.

»Ja, das ist gar kein Problem, sollen wir da gleich mal einen Termin machen?«

»Also, wenn es okay ist würde ich das jetzt sofort machen. Meine Sportsachen habe ich dabei, und ich habe gesehen, dass Sie hier ganz ähnliche Geräte haben wie mein bisheriges Studio, ich bräuchte also fürs erste keinen Trainer.« Ich lächle die junge Dame hinterm Tresen freundlich dabei an. Es fällt mir nicht schwer, denn sie ist sehr hübsch und strahlt wie der junge Frühling.

»Na ja, wenn Sie meinen, dann lassen Sie mir als Pfand Ihren Schlüssel da. Die Umkleidekabinen sind unten im Keller.«

»Super, vielen Dank.«

Es ist nicht viel los hier. Ein paar ältere Damen ziehen auf Fahrradfahrgeräten ihr wöchentliches Fettverbrennungsprogramm durch und lesen dabei Illustrierte für ältere Damen, die auf Fahrradfahrgeräten ihr wöchentliches Fettverbrennungsprogramm durchziehen. Ein einsamer Kraftsportler ist im Freihantelbereich zugange. Ich laufe fünfzehn Minuten auf dem Laufband, benutze dann ein paar Geräte und Hanteln, trainiere Arme, Brust, Bauch und Rücken, und dann laufe ich noch mal fünfzehn Minuten auf dem Fettverbrennungsgerät, dessen Namen ich vergessen habe. Das ist insgesamt nicht wirklich viel, auf jeden Fall kein komplettes Training. Sobald ich wieder zu Hause bin, muss ich mir einen neuen Trainingsplan mit höherem Freihantel-Anteil machen lassen, damit ich unabhängig von der Art der Kraftgeräte überall trainieren kann. Denn diesen Trick von wegen gerade-erst-hierher-gezogen werde ich jetzt öfter anwenden.

Das ist ein guter Vorsatz, und deshalb ist es auch nicht schlimm, dass ich hier gerade nur eine Light-Version meines normalen Trainings absolviere. Was zählt, ist, dass ich mich aufgerafft und meinen inneren Schweinehund überwunden habe. Das ist grundsätzlich ein gutes Gefühl, ganz besonders jedoch auf Tour, wo man sich tendenziell gehen lässt und seinen Körper wie Scheiße behandelt. Ich hätte mich jetzt auch wie die anderen im Hotelzimmer vor den Fernseher legen, noch ein wenig dösen und Chips fressen können, aber das hier ist geiler! Eine Stunde lang kümmere ich mich nur um mich und reagiere mich ordentlich ab. Im so genannten »Butterfly« kommt mir eine Zeile aus meinem Lieblings-Jimmy-Eat-World-Song in den Sinn: »Can you still feel the butterflies?« – Oh yes Jimmy, I can, 55 kilos up my chest. Ich muss lachen. Ich sitze ganz alleine in einem fremden Fitnessstudio in einer fremden Stadt und lache über meinen eigenen kleinen, schlechten Witz. Es ist herrlich. Ich fühle mich so gut wie seit langem nicht. Auf dem Fettverbrennungsgerät schaffe ich es sogar, zwanzig Seiten zu lesen. Ich habe den MD-Player zwar dabei, höre mir aber lieber selbst beim Keuchen zu, während ich Zeuge werde, wie Smilla, die kühle coole Smilla, sich in den stotternden Mechaniker verliebt.

Plötzlich öffnet sich mir gegenüber eine Tür, und heraus strömen zwei Dutzend nassgeschwitzte Damen, die gerade einen Aerobic-Kurs hinter sich haben. Eine ganze Armada aus Beinen, Ärschen, Titten und schweißnassen Haaren. Ich falle vor Schreck fast vom Fettverbrennungsgerät. Jede Einzelne von ihnen ist wunderschön, so erschöpft, so kräftig. Ich muss mich beherrschen, sie nicht gierig anzustarren. Scheiße, kaum spüre ich meinen Körper wieder, meldet er sich auch gleich mit all seinen Bedürfnissen. Als ich kurz darauf gehe, ist das hübsche Frollein an der Rezeption noch hübscher als vorher. Sie hat sich einen Pferdeschwanz gemacht und fragt mich lächelnd, ob es mir gefallen habe. Warum sehen manche Menschen nur so gut aus. Ich werde es nie verstehen.

»Sehr gut«, sage ich, und während ich versuche, ihr nicht ins Dekolleté zu glotzen, erkundige ich mich noch nach den Preisen, damit sie keinen Verdacht schöpft und sich von mir verarscht fühlt. Ich nehme sogar pro forma einen Flyer mit der Telefonnummer des Fitnessstudios mit und verspreche ihr, mich sofort zu melden, wenn ich in zwei Wochen hierher ziehe.

Da unser Hotel direkt auf der anderen Straßenseite liegt, kann ich dort duschen statt hier. Ich genieße das heiße Wasser, das meinen verschwitzten Körper runterläuft. Ich genieße den Sieg über mich selbst. Ich genieße die Tatsache, ein gut durchtrainierter Typ zu sein, an dem gerade zwanzig verschwitzte Frauen vorbeigelaufen sind. Ich genieße die großen, weichen, weißen Handtücher, die sie hier haben. Ich genieße es, mich noch kurz aufs Bett zu legen und eine Zigarette zu rauchen, bevor wir wieder los müssen.

Als wir wenig später am Club ankommen und dort die Backline ausladen, spüre ich noch die Anstrengung in meiner Brust – I can still feel the butterfly – und ich genieße auch das, denn es erinnert mich daran, dass ich heute schon etwas Sinnvolles getan habe. Ich kriege etwas auf die Kette. Ich lasse mich nicht hängen, ich bin kein Spielball der Ereignisse, nein, ich bin ein energetischer Typ, ich habe mein Leben in der Hand. Wenn ich mir was vornehme, schaffe ich es auch, weil: Ich bin stark. I've got the power.

I've got it.

Tobi ist zwei Meter groß und einen Meter breit. Zumindest kommt es dir so vor, als du in Jogginghose und T-Shirt neben ihm im »Muscle Gym« stehst. Wenn Tobi vorher davon erzählt hat, dachtest du immer, das hieße übersetzt »Der muskulöse Jim«. Geiler Prollname für 'ne Muckibude, dachtest du dir. Aber gerade hast du gesehen, wie es wirklich geschrieben wird, und Tobi hat dich belehrt: Ein »Gym« ist ein Ort, wo man seinen »Workout« macht. Du hast noch nie Workout gemacht. Dein ganzes Leben lang warst du unsportlich, nicht mal als Kind hast du Fußball oder Handball oder Badminton gespielt. Wenn da auch nur ein leises Interesse an Sport war (Schwimmen hätte es vielleicht sein können, denn darin warst du gut), dann wurde es dir durch deine frühe Aversion gegen Vereinsmeierei versaut. Große Gruppen von Kindern, regelmäßige Termine, das war nichts für dich.

Jetzt bist du Mitte zwanzig, ernährst dich hauptsächlich von Junkfood, Alkohol und Zigaretten und merkst langsam, wie der Stoffwechsel nicht mehr so mitmacht. Du kriegst einen Bauch und fühlst dich ziemlich unbeweglich. Wenn du mal eine Nacht falsch im Bett liegst, hast du gleich einen fiesen Muskelkater im Arm. Du willst aber weder fett, noch lahm oder schwach werden, deshalb hast du Tobi angehauen, ob er dich mal mitnimmt und dir sein Fitnessstudio zeigt. Du hast vorher schon davon gehört, dass das »Muscle Gym« die härteste Adresse in deiner Stadt ist. Rentner, Studenten und sonstige Leichtgewichte sind hier nicht anzutreffen. Nur stahlharte Kraftsportler. Hier wird nicht was für seinen Körper getan, sondern ordentlich gepumpt. Statt Weiberkram wie Bodyshaping, Power-Yoga oder Solarium bieten sie Gewichte, noch mehr Gewichte und die Aussicht, die Ergebnisse der Gewichte bei Wettbewerben zur Schau zu stellen. Der Laden hier passt zu Tobi, diesem fanatischen Alles-oder-nichts-

Typen. Du hast dir ausgemalt, dass du es vielleicht gerade
durch das Vorbild seiner Kompromisslosigkeit schaffst,
einen Zugang zu diesem Sport zu finden, denn ein Zug von
Fanatismus liegt auch in deinem Wesen. Aber es stellt
sich schnell heraus, dass das hier nicht das Richtige für
dich ist. Die Leute sind solche Bilderbuch-Bodybuilder,
dass dich ihre Gesellschaft vollkommen befremdet. Durch
die Boxen dröhnt »Wir ham noch lange nicht genug« von
den Böhsen Onkelz. Der Laden ist klein und eng, überall
schnauben und schreien wahnsinnige Testosteronbomben
vor Anstrengung und Wahnsinn. Ihre Schultern sind dreimal
so breit wie ihr Kopf. Ein Typ zieht nach jeder Übung die
Nase hoch. Weiß der nichts von der Existenz von Taschen-
tüchern? Du kommst dir vor wie in einem Comic.

Tobi zeigt dir ein paar Übungen. Er ist dabei genau
der Maniac, den du erwartet hast. »Ja los, fünfzehn Wie-
derholungen schaffst du, elf, zwölf, nein, jetzt nicht
aufhören, du hörst jetzt nicht auf, hast du verstanden!
Dreizehn!«, und er fasst an den Lattzug, um dir ein bisschen zu helfen, denn du darfst auf keinen Fall aufgeben.
»Vierzehn! Und los, noch eine, fünfzehn, jaaa, sehr gut,
du hast es geschafft, Alter!« Er hebt die Hand, um mit
dir abzuklatschen. Du hebst die Hand, um dir die Seite
zu halten.

»Man muss immer über seine Grenzen gehen, verstehst
du«, erklärt er dir. »Du musst immer so viele Wieder-
holungen machen, dass du die letzten kaum noch schaffst.
Und dann nimmst du alle Konzentration und Kraft zusammen, besiegst dich selbst.«

»Aha, und das funktioniert?«, wirfst du skeptisch
ein, ziemlich außer Puste.

»Ja klar Mann. Wenn ich von einem Workout nach Hause
gehe und nicht total erledigt bin, dann war es kein guter
Workout.«

»Aber weißt du, Tobi, mir geht es ja gar nicht um Muskeln, ich will nur etwas fitter werden!«

Tobi schaut dir ernst und eindringlich in die Augen. »Jetzt hör mir mal zu: ohne ordentlichen Muskelaufbau keine Fitness. Das kannst du dir hinter die Löffel schreiben. Guck dich mal an, wie du da stehst, so krumm und schief. Wie ein Affe! Und jetzt guck mich an, ich steh aufrecht, wie ein Mensch. So stehen Menschen: aufrecht! Und dafür brauchst du verdammt nochmal Muskeln!«

Du blickst in den Spiegel gegenüber. Irgendwo hat er ja recht, es gibt einen ziemlichen Unterschied zwischen euren Haltungen. Trotzdem musst du innerlich laut lachen. Du freust dich schon darauf, heute Abend bei der Probe den anderen hiervon zu erzählen. Welcher normale Mensch hat schon einen Kumpel, der mit einem redet wie ein Drill Instructor!

Als du eine halbe Stunde später das Gym verlässt, weißt du, dass du ganz sicher nicht wieder hierher kommen wirst. Dein Nachbar Lars geht ja auch trainieren, und Lars ist ein ziemlich moderater, ruhiger Typ, der in ein anderes Fitnessstudio geht, eins von denen, die Tobi gerade lautstark als »Hausfrauentreff« verhöhnt hat. Er kann dir vielleicht beibringen, wie es auch anders geht, und wenn das auch nichts für dich ist, dann probierst du es vielleicht doch nochmal mit Joggen.

4.

Ich bin frisch geduscht, aber noch nicht ganz umgezogen und schenke mir gerade einen Wodka-O ein, als der Typ von der Vorband angeschlichen kommt. Er hat vor dem Auftritt schon mehrmals versucht, mich vollzulabern. Inzwischen ist er komplett betrunken und erzählt mir zum dritten Mal, dass er seit fünfzehn

Jahren auf Punkkonzerte geht und in der Szene ist, und dass meine Band kein Punk mehr sei, aber er fände das ja auch nicht schlimm, wir seien halt so Popstar-Typen und das sei für ihn total okay und so. Er will mich nicht direkt anmachen, weil er weiß, dass ich ihn dann auslachen und stehen lassen würde. Aber er will mir ein schlechtes Gefühl geben und verpackt seine Pöbeleien in kleine Bemerkungen und Nebensätze.

Eine beliebte Methode bei deutschen Szenepolizisten: Die Band gegen ihre eigenen Songs auszuspielen. Um deren Kredibilität in Frage zu stellen und sich selbst als konsequenten Idealisten zu positionieren. Ich warte schon darauf, und er enttäuscht mich nicht.

»Schade, dass ihr die ganz alten Lieder nicht gespielt habt, na ja, wahrscheinlich schämst du dich mittlerweile für die Texte, aber für mich sind die echt genial! Weißt du, ich war mal ein tierisch großer Fan von euch!«

Das ist ein als Kompliment getarnter Schienbeintritt. Er will mich ansaugen und hat nicht mal die Eier, das direkt zu tun. Egal wie lange es her ist, dass ich die Lieder geschrieben habe, dieser Typ wird niemals näher an meinen Songs sein, als ich selbst es bin. Es ist meine Musik, es sind meine Worte. Nur weil er meine Musik gut findet oder mal gut fand, gehört ihm kein Stück davon. Ich entdecke einen Fugazi-Button an seinem Revers, und pfeife ihm im Kopf ein Lied. »We owe you no-thing, nothing! You have no contro-ol!«

Mal abgesehen davon habe ich seine Band beim Soundcheck gehört. Es war trendiger Retroscheiß. Das erste Lied war 8oer-Jahre-Discopunk, beziehungsweise ein Radio-4-Abklatsch, das zweite 7oer-Jahre-Schweinerock, beziehungsweise ein Turbonegro-Abklatsch, und das dritte 6oer-Jahre-Beatpunk, beziehungsweise ein The-Hives-Abklatsch. Alles nur geklaut. Der Vorteil von Punkrock oder Rockmusik im Allgemeinen, nämlich dass jeder mitmachen und eine Band gründen kann, ist auch zugleich ein Fluch, der jede Menge Gesocks anzieht. Rückwärtsgewandte

Schmeißfliegen, die nachmachen und kopieren und auswendig lernen. Ihr größtes Talent heißt copy and paste. Was gibt einem mediokren Poser wie ihm eigentlich das Recht, mich so dumm von der Seite anzuquatschen.

Er lädt weiter seine Scheiße bei mir ab, während ich mir beim Socken- und Schuheanziehen ein neues Gesellschaftssystem ausdenke. Gitarren werden in meinem sozial existierenden Realismus nur noch an Menschen mit einem vernünftigen Arsch in der auf keinen Fall zu tief hängenden Hose ausgehändigt. Mikrofone gibt es erst nach Bestehen einer ausgiebigen Selbstbewusstseinsprüfung, und wer mit Edding oder Sprühdose Wände, Poster oder seine Hose beschmieren will, muss sich erst einem Humortest unterziehen.

»… und wie ist das mit 'ner großen Plattenfirma, fühlt man sich anders, so als Star?«

»Ich fühle mich höchstens anders, wenn irgendwelche dahergelaufenen Penner mir so dämliche Fragen stellen.«

»Jaja, das glaube ich. All die Interviews und so, aber da muss man wohl durch, wenn man viele Platten verkaufen will, was?!«

Der Typ rafft nicht mal, dass mit dem dahergelaufenen Penner er selbst gemeint war. Er ist zu blöd und zu besoffen. Eine Verschwendung meiner Zeit und Energie. Ohne zu antworten schiebe ich mich an ihm vorbei in die Küche, um ein paar Eiswürfel aus dem Kühlschrank zu holen. Er läuft mir einfach nach und redet weiter, völlig blind dafür, dass ich keinerlei Reaktion zeige. Gerade will ich mir noch einreden »Bleib cool, ist doch alles ganz locker, ein wenig Smalltalk, ist ja gleich vorbei«, da offenbart er seine ganze Schlichtheit in nur einem Satz.

»Warum hast du vorhin denn das eine Lied übers Bücherlesen »Fräulein Smillas Gespür für Schnee« gewidmet, das ist doch voll Mainstream! Widme es doch lieber einem Buch von Mark Twain oder so.«

Eine Aussage, die von Stil über Sinn bis Intelligenz alles vermissen lässt, was an einer Aussage interessant sein könnte. Die-

ser alte Sack denkt immer noch in den Kategorien eines sech-
zehnjährigen Dorfpunks. Er hält es wahrscheinlich für unheimlich »konsequent«, sich nicht weiterzuentwickeln. Ich halte es
für unheimlich stupide. Bei Sepp heißt so was »'n büschn einfach
gestrickt«, und er kann sich sehr daran erfreuen. Ich dagegen
kann mit Dummheit nicht gut umgehen. Sie macht mich aggressiv. Manchmal gelingt es auch mir, mich über solche Personen
lustig zu machen, sie auszulachen und mich an ihrer Stumpfheit
zu ergötzen; meistens aber möchte ich nur flüchten oder ihnen
aufs Maul hauen. Der einzige Grund, warum ich es jetzt nicht
tue ist, dass der Rest seiner Band ganz okay zu sein scheint. Zwei
von ihnen kickern da vorne mit Sepp, ein anderer hat uns vorhin
ein Boxenkabel geliehen. Es sind bestimmt Dutzende von guten
Leuten hier, ich kriege nur keine Chance, sie kennen zu lernen,
weil die Arschlöcher immer am penetrantesten sind. Ich will keinen Eklat, ich will keinen Streit, ich will keine Diskussionen.
Nur rein ins Schneckenhaus und nichts mehr mitkriegen von all
den Ansichten, Attitüden und Frisuren, spazieren getragen von
langweiligen Typen wie ihm, die immer zu allem eine Meinung
haben und sie mit Ach und viel Krach durch die Gegend tragen.
Ich würde gern locker über allem stehen, aber es gelingt mir
nicht, sein Gebrabbel zu ignorieren.

»Ach, ihr fahrt jetzt ins Hotel, ja wir pennen hier auf den
Sofas, aber da habt ihr wohl keinen Bock drauf, was ... ja dann
mal viel Spaß, ne, lässte dir auch 'ne geile Massage verpassen?!«

Bei dem Wort »Massage« macht er zwei Anführungszeichen
in die Luft und grient von Ohr zu Ohr, weil er so ein kleiner,
geiler, lustiger, frecher Bub ist.

Ich kann nicht anders als mich angewidert abzuwenden.
Voll und ganz besudelt mit den verbalen Kotzbrocken, die ihm
aus dem Maul fallen. Er ist so hässlich, so abgrundtief hässlich
von innen. Jedes seiner Worte schmeckt abgestanden und schal.
Seine Art von Kommunikation ähnelt einer Bulimiekranken, die
ihre Kloschüssel vollkotzt. Nichts als professionelle Freundlich-

keit und professionelle Unfreundlichkeit. Ich habe nicht das Gefühl, mit einem Menschen zu reden. Ich kann mir unmöglich vorstellen, dass in dieser durch Verhaltensregeln zurechtgestutzten Hülle irgendwelche Gefühle vorhanden sind. Mehr als drei Sätze von ihm, und ich fühle mich wie der Mülleimer seiner verkorksten Seele. Ich habe keine Ahnung, wie er es schafft, abends einzuschlafen oder morgens aufzustehen. Ich könnte ihn mit einem Schlag umschmieren, aber die Lkw-Ladungen voller Beachtung, die er braucht, um seinem jämmerlichen Dasein ein wenig Farbe zu verleihen, werde ich ihm heute nicht verschaffen.

Wir gehen zum Bus, und Sepp ist genauso angepisst wie ich. Er hat die beiden anderen Typen beim Kickern haushoch geschlagen, denn am Kicker ist er der König. Als sie eine Revanche wollten, hat er unter einer Bedingung zugestimmt: »Zu Null heißt unterm Tisch durchkriechen.« Die beiden haben eingewilligt und er hat sie erneut abgezogen. Zehn zu Null. Die beiden Verlierer aber weigerten sich, unter dem Kickertisch durchzukriechen. »Ach nee, das ist doch albern, das mach ich nicht«, haben sie gesagt und sind weggegangen.

»Spielschulden sind Ehrenschulden, das hat schon meine Oma gewusst!«, schimpft Sepp.

Eine weitere öde Band ohne Humor, Stil und Rückgrat also. Ich will mich nie wieder mit diesen Affen auf eine Bühne stellen müssen, und ich weiß, dass auch sie uns Scheiße finden. Sie werden all ihren Freunden und denen, die sie aufgrund ihrer Szenezugehörigkeit für Freunde halten, erzählen, dass wir arrogante Arschlöcher sind, total abgehoben und was ihnen sonst noch so Schlimmes einfällt. Scheiß auf die Penner. Man darf sich mit ihnen nicht aufhalten. Wegen Typen wie ihm haben Fielmann und ich vor Jahren unser Fanzine eingestellt. Man darf sich nicht immer wieder aufs Neue über sie aufregen, man muss sie überwinden, sonst wird man genau wie sie: verbittert und alt. Und wenn ich eins nicht sein will, dann das.

Wenn Menschen zu lange an einem Fleck verharren, ohne sich zu bewegen und weiterzuentwickeln, wird ihr jugendlicher Dogmatismus häufig um eine beträchtliche Portion Altersweisheit und Frustration erweitert. Die schlimmste Kombination, die es gibt. Ich muss mich von solchen Leuten fernhalten, sonst reicht als Selbstschutz bald nicht mal mehr meine täglich wachsende Arroganz. Ich muss härter werden. Darf mich nicht mehr drauf einlassen. Dickere Haut, dickere Haut, dickere Haut.

Immer wenn du von ihr kommst, bist du vollgepackt mit Kram. Bücher und Lieder und Ideen in deinem Kopf. Ihr sitzt so da und sie raucht und raucht und raucht und raucht, und du bist Nichtraucher, kannst es aber irgendwann nicht mehr mit ansehen und rauchst einfach mit. Es macht keinen Unterschied, ob ihr dabei Rotwein trinkt oder nicht, denn beduselt bist du nachher so oder so. Sie ist ganz anders als du. Sie lebt ein anderes Leben, sie kennt andere Leute, sie interessiert sich für andere Dinge. Sie hört andere Musik, aber sie hört sie auf dieselbe Weise wie du. Du liebst es, ihr zuzuhören. Sie spielt dir ihren momentanen Lieblingssong vor und redet die ganze Zeit von dieser einen unglaublichen Stelle:
»Jetzt gleich, hör mal, achte mal auf das Schlagzeug! Jetzt! Jetzt!!!«
Du hörst nichts. Sie spult zurück und erklärt es dir nochmal. Ach das, dieses Bumm-Tschak-Tatata-Tom. Du weißt nicht, was daran so besonders sein soll. Aber es ist mit Sicherheit gut, dass es jemanden gibt, der es besonders findet. Und es ist egal, dass dieser Jemand sie ist und nicht du.
In manchen Dingen seid ihr einer Meinung, aber auch das ist nicht wichtig. Du hörst ihr gerne zu, und oft bekommst du nur die Hälfte mit von dem, was sie sagt. Sie beginnt von irgendwas zu reden, was dich auf neue

Gedanken bringt, und du denkst darüber nach, ob und wie
du das aufschreiben könntest. Wie kannst du aus dieser
großartigen Idee einen Song machen, wie passt jener Satz
von ihr zu dem, was du letztens gedacht hast, aber nicht
artikulieren konntest. Manchmal bemerkt sie deine Abwe-
senheit und schimpft mit dir. Dann muss sie noch mal von
vorne erzählen, oder auch nicht. Sie erzählt dir komische
Dinge über deine Zähne oder deine Zehen. Sie mag deine
Zähne und sie mag deine Zehen. Du hast noch nie jemanden
über so was reden hören, und du hast bestimmt noch nie
selbst auf so was geachtet. Sie ist nicht wie du, und sie
ist nicht wie die anderen. Du liebst sie dafür.

Wenn du nach Hause kommst, bist du overdosed. Du willst
das alles aufschreiben, aber du weißt nicht, wo du anfangen sollst. Eben hattest du noch Unmengen von Ideen und
Erleuchtungen in deinem Kopf, und nun brauchst du Tage,
das alles zu sortieren. All die Leute mit ihren auswendig
gelernten Sprüchen und Witzen und Marotten und Meinungen,
all das immer gleiche Gelaber haben dich abgestumpft.
Du erwartest nichts mehr von ihnen. Und dann triffst du
von Zeit zu Zeit auf diese Frau, und jedes Mal aufs Neue
ist es wie ein Schock. Nie bist du vorbereitet für diesen
Sprung ins kalte Wasser.

Eine halbe Stunde mit ihr hätte dir genügt. Wie super
wäre es, wenn es diese Frau auch in kleinen Häppchen gäbe.

5.

Werners Reaktion ist erstklassig. Als er zu seiner Linken einen
schneebedeckten Hügel sieht, von dem Menschen mit Schlitten
runterfahren, reißt er das Lehnkrad rum und parkt den Bus auf
einem kleinen provisorischen Parkplatz. Wir haben gerade die
höchstgelegene Stadt Deutschlands verlassen – »Das kommt mir

höchst gelegen«, sagte Werner dazu – und uns fest vorgenommen, die tollen klimatischen Bedingungen hier noch für irgendwas ansatzweise Wintersportliches zu nutzen. Ich hatte schon ein schlechtes Gewissen mir selbst und meiner jugendlichen Pflicht etwas zu erleben gegenüber, schließlich sind wir gestern schon angekommen, um auf diesem Wintersport-Event zu spielen. Aber statt uns vor dem Auftritt die Endausscheidung des Snowboard-Contests anzuschauen, lagen wir knapp einen Kilometer weiter auf den Hotelzimmern, um zu schlafen oder fernzusehen wie langweilige, alte Säcke. Die Fahrt war lang und wir müde.

Keine Ahnung, warum wir überhaupt da hingebucht wurden, schließlich gibt es eine Million Bands, die besser auf eine Funsport-Party passen würden als wir. Gut draufe Rockgruppen, die mit »Und jetzt alle!!!«-Stadionrockansagen so richtig Stimmung machen und beliebig genug sind, um jedem Jungmann mit ein paar Bierchen intus einen hervorragenden Soundtrack zum »ordentlich Abrocken« zu liefern. Aber die Gage war enorm reizvoll, und wir hatten so was noch nie zuvor gemacht, also warum nicht. Es stellte sich heraus, dass der Veranstalter ein Fan von uns war, der für diesen Abend ein großes Budget verballern durfte und einen Teil davon sozusagen an uns umverteilen wollte. Er buchte uns ein schniekes Hotel und baute ein feines Buffet mit Unmengen an Snacks und Drinks auf. Coole Sau, der Typ, wir konnten ihn auf Anhieb gut leiden. Das Konzert war dann auch ganz okay, zumindest wenn man bedenkt, dass das Publikum sich wie erwartet zu einem großen Teil aus betrunkenen Snowboardstylern, betrunkenen Dorfkiddies und betrunkenen Provinzpunkern zusammensetzte. Wir schafften es, einige von ihnen für uns zu begeistern, ohne uns bei ihnen einzuschleimen, und das ist immer eine gute Sache.

Nach dem Auftritt habe ich mir leider von dem Vorbandheini die Laune vermiesen lassen, und das ärgert mich jetzt noch. Ich weiß nicht, auf wen ich wütender sein soll; auf den Typen, weil er ist wie er ist, oder auf mich, weil ich mich nach all den Jahren immer noch von diesem Szenegeschwätz beeindrucken lasse. Es sollte mir nicht mehr so viel ausmachen, schließlich bin ich nicht grün hinter den Ohren. Ich bin lange genug dabei, um zu wissen, wie diese Menschen ticken. Sie sind überall, und es wird sie immer geben. Seit ich Musik mache, habe ich sie dutzendweise kommen und gehen sehen. Plötzlich sind sie da, plustern sich ein wenig künstlich auf, und dann wird ihnen ihre Ghetto-Existenz zu langweilig und sie verschwinden wieder. Werden Lehrer oder Kindergärtner oder Junkies, gehen in die Werbung oder zur Sparkasse oder zur Hölle. Es stört mich, dass es mich stört.

Wir sind also recht schnell wieder ins Hotel verduftet, und jetzt sind alle ausgeschlafen und erlebnishungrig. Allen ist klar: Wenigstens heute müssen die örtlichen Begebenheiten genutzt werden.

Vor Jahren ist Werner mal an einem zugeschneiten Autobahnparkplatz auf seinem Ridebecken einen Hügel runtergerodelt, aber seine jetzige Idee toppt das mit dem Becken um ein vielfaches.

»Wir können doch mit alle Mann auf dem Banner da runterfahren!«

Spätestens seit Internet versteht man unter einem »Banner« eigentlich diese kleinen anklickbaren Werbeflächen, die auf Websites platziert werden. Wohingegen das, was wir Banner nennen, in der Fachsprache »Backdrop« heißt. Aber das hat sich in der Band noch nicht durchgesetzt, also: Unser Banner ist eine mit dem Bandnamen bedruckte Kunststoffplane, ca. anderthalb Meter breit und drei Meter lang. Alle Mann passen zwar nicht drauf, aber immerhin fünf Personen, und die Tour-Opas in Form von Tourneeleitung, Backliner und Techniker haben ohnehin mehr Lust, sich das von außen anzugucken und Fotos zu machen. Also schleppt sich ein kleiner Trupp verwegener Gestalten den Berg hinauf, breitet dort das Banner aus und rodelt hinunter, insgesamt dreimal. Das wieder Hochlaufen ist ein mühsamer

Akt, bei dem einem ganz schön warm wird, aber es lohnt sich, denn das Runterheizen ist eine Wucht! Wir sitzen zu fünft in der Reihe, der erste muss das Banner vorn leicht anwinkeln, der letzte schiebt von hinten an. Die Sonne scheint, der Schnee ist fest, der Abhang steil, das Banner rutschig. Bereits nach wenigen Sekunden erreichen wir eine Geschwindigkeit, die mit jedem Bobschlitten mithalten kann. Während wir runtersausen und dabei mehrere Drehungen machen, sodass wir teilweise sogar rückwärts fahren, springen Kinder panisch mit ihren Schlitten aus unserer Fahrbahn. Wir können nicht lenken, wir haben keine Kontrolle. Es ist wunderbar! Ich als alter Kirmesfan wusste, dass es mich begeistern wird, aber auch meine weniger karussellbegeisterten Kollegen haben einen Mordsspaß. Alle schreien und kreischen und genießen den Kontrollverlust. Unten angekommen rutschen wir ohne Banner auf unseren nassen Jeansärschen noch ein paar Meter weiter, purzeln durcheinander, wälzen uns im Schnee und feiern unsere Abfahrt. Werner springt in die Luft und reckt siegesgewiss die Arme, als hätte er gerade die Tour de France gewonnen. Ich springe in ihn rein und Arm in Arm wälzen wir uns am Boden und küssen uns auf den Mund. Ich fühle mich so jung, wild und frei wie seit langem nicht. Es ist eine pure, kindliche Freude, ein Hochgefühl, das ausnahmsweise mal nichts mit Sex, Drogen oder Rock'n'Roll zu tun hat.

Als wir wieder in den Bus steigen und mit kalten Füßen, roten Backen und leuchtenden Augen weiterfahren, wissen alle, dass wir gerade etwas sehr Großartiges erlebt haben. Vielleicht das Beste, was wir als Band seit Jahren miteinander gemacht haben. In jedem Fall eine willkommene Abwechslung zur Tourroutine, endlich mal wieder das Gefühl, wirklich etwas Besonderes und Unvorhersehbares getan zu haben. Und während der Weiterfahrt denke ich darüber nach, wie das auf die »normalen« Menschen da gewirkt haben muss: Fünf zerzauste Typen in dünnen Turnschuhen, die sich zwischen all den Schneeprofis in Schneeprofiausrüstung auf einen Kunststoff-Fetzen setzen und laut krakeelend den Berg runterpesen. Ein schönes Bild. Zum Glück habe ich Fotos davon. Ich muss solche Momente festhalten, damit ich sie niemals vergesse. Ich brauche die Erinnerung daran, um zu wissen, wie gut es mir eigentlich geht.

Heute noch, morgen noch, dann ist die Tour vorbei. Ich darf nicht daran denken. Ich bin doch gerade wieder so gut im Flow.

Ein Kokskater quält dich. Hat keinen Wert, gierig gierigmachende Pulver zu verschlingen, wenn man sich nur die ersten paar Lines leisten kann und das dann mit Alkohol aufgießen muss. Ein unanständiger, dreckiger Rausch. Pflanzt ein Ungeheuer unter deine Knochen. Es steckt tief in deinen Eingeweiden und bohrt sich unnachgiebig einen Weg nach draußen. Fühlt sich an, als wolle die Droge aus dir flüchten. Das ganze Innenleben will sich verpissen. Deine Seele hält es in dir nicht mehr aus. Sucht eine bessere Party. Die Grenze ist dein Körper, der Frontverlauf deine Haut. Unablässige Detonationen. Hitze- und Kältewellen, Hirnmatsch, Verwirrung. Körper, Hirn und Geist an die Verschwendung verschwenden.

Als das Telefon klingelt, hoffst du hoffnungslos auf eine arme Irre, der Anstalt entwichen, auf der Suche nach Sex, Gewalt und Mord. Es ist der Typ von Karstadt, wegen dem MD-Player. »Der Garantiefall wird bei einem Sturzschaden nicht anerkannt.« Die Reparatur kostet hundertzehn Euro. Dafür kannst du einen neuen kaufen. Billiger wäre verschrotten (siebzehn Euro) oder zurückschicken (»Das macht dann nur neunundzwanzig Euro für den Kostenvoranschlag.«). Und das nach vier Wochen warten.

Du schmeißt das Telefon auf den Klamottenhaufen und schleppst dich aufs Klo. Schweißperlen auf der Stirn. Dünnschiss. Das Arschloch brennt. Anusring of fire, jedes Mal dieselbe Scheiße, wenn du die Nacht zuvor am Tisch gerochen hast.

Du bist dir sicher, dass du irgendetwas brauchst, weißt aber weder, was es ist oder wo du es bekommst, noch ob es überhaupt existiert.

6.

Heute Morgen bin ich aufgewacht und habe als erstes in das Gesicht einer schlafenden dreiundzwanzigjährigen Schönheit geblickt. Ihr Körper war nackt und warm und fest. Ich musste lächeln und drückte mich zurück in das Kopfkissen. Sie wurde davon wach und drehte sich um, und ich kuschelte mich an ihren Arsch und schlummerte wieder ein. Dann bekam ich eine Morgenlatte, und diese Gelegenheit haben wir genutzt, um uns in den Tag zu ficken, und als wir fertig waren, wünschten wir uns einen guten Morgen und wussten beide nicht, wie das gerade eigentlich angefangen hatte. Nur, dass es sich ziemlich gut anfühlte.

Seitdem bin ich glücklich.

(Es war schlau gemacht. Dr. Menke erzählte gestern beim Abendessen, dass er sich mit einem Kumpel treffen und voraussichtlich bei ihm pennen würde. Ich war geistesgegenwärtig genug zu fragen, ob wir beide ein Zimmer zusammen nehmen. Verdutzt sagte er ja, und so hatte ich das Doppelzimmer für mich. Es hatte ein herrliches Ehebett. Das Mädchen kannte ich vorher schon. Sie war scharf auf mich, und ich war scharf auf sie. Alles ganz einfach und unkompliziert. Wow.)

Gleich geht es auf die Bühne, aber das macht mir keine Sorgen. Ich weiß, dass es der Qualität des Auftritts keinen Abbruch tun wird, wenn es mir gut geht. Ich kann all die traurigen Songs mit der gleichen Inbrunst spielen wie sonst. Das ist das Gute an meiner Band: Ich muss mich nicht verbiegen, egal wie es mir geht. Wenn Napalm auf mein Herz regnet, spüre ich die Wut und die Verzweiflung in jedem Akkord, und wenn ein kleiner

Pandabär mir sagt, ich wäre sein bester Freund, tanzt in jedem Takt die Lebensfreude und Leidenschaft. So oder so, einer ehrlichen Darbietung steht nichts im Wege.

Tocotronic haben den besten Satz dazu abgeliefert: »Es gibt nur cool und uncool und wie man sich fühlt.«

Ich wünschte, das wäre von mir. Meine Hemden würden dann allerdings reihenweise platzen vor stolzgeschwellter Brust. In meiner erhobenen Nase würden sich die Fliegen und Mücken sammeln, bis ich sie verächtlich dem nächsten Normalsterblichen vor die Füße rotze. Egal, lieber einen Teelöffel Arroganz zuviel als eine Schippe Selbstbewusstsein zu wenig.

Es ist nicht einfach, sich selbst treu zu bleiben. Ich weiß es zu schätzen, dass ich abends gut einschlafen und mich morgens im Spiegel betrachten kann, ohne mich vor mir selbst zu ekeln. Vom Saufflecken-verzierten Gesicht nach einer langen Nacht mal abgesehen. Ich bin frei. Ich bin unabhängig. Wenn ich nach Hause komme, wartet kein Chef auf mich. Die Tourneeleitung und Mario haben heute unsere Finanzen überschlagen, und wie es aussieht, können wir uns alle einen fast vierstelligen Betrag auszahlen, wenn wir zu Hause sind. Damit wäre dies die erste Tour in meinem Leben, nach der ich mir nicht sofort einen Job suchen muss, um im nächsten Monat die Miete zahlen zu können. Ich bin ein glücklicher Mensch.

Das Intro ertönt, und es macht mich hibbelig, auch noch beim letzten Konzert. Wenn man sich einbildet, ein Song könnte genau ausdrücken, wie man sich gerade fühlt – und weil wir romantische Musikfreaks sind, tun wir das doch alle –, dann bin ich jetzt »Too Young« von Phoenix. Das heißt: Ich fühle mich wie eine Mischung aus Abba und Thin Lizzy. Genauer gesagt: Ich fühle mich ziemlich sexy. Und Scarlett Johansson tanzt wie in »Lost in Translation« zu meinem Beat.

Die Tourneeleitung hat wie jeden Abend sechs Pinnchen mit Jägermeister bereit gestellt, wir stoßen an und brüllen irgendeinen Unsinn in die Luft. Dann geht es los. Wir erklimmen die von unseren kleinen Wohnzimmerlampen, den sogenannten »Athmos«, nur schwach beleuchtete Bühne über eine kleine Treppe, und das Publikum beginnt zu jubeln. Ich hänge mir die Gitarre um, knipse den Standby-Schalter meines Verstärkers an und sehe aus den Augenwinkeln Werner, wie er die Sticks in die Hand nimmt. Gleich beim ersten Bassdrumschlag stehe ich total unter Strom. Es geht durch die Beine in den Arsch in den Bauch, es umnebelt Herz und Hirn. Ich trete auf den Verzerrer und halte meine Gitarre vor die Box. Die Rückkopplung sagt mir alles, was ich wissen muss. Die reine Wahrheit. Die pure Energie. Ich weiß, dass ich jetzt nirgendwo anders sein und mit keinem Menschen der Welt tauschen möchte. Ich hab hier alles, was ich brauch.

7.

Okay, alles klar, hier sind wir nun, wir haben viel getan und noch viel zu tun. Der Sprung ins eiskalte Wasser, wir sind weit gekommen, mit voller Kraft voraus gen Horizont geschwommen. Und all der Überfluss, es ist mir zum Verdruss, verstopft mir die Sinne und die Poren. Und es ist gar nicht schwer, ich brauch heut gar nichts mehr, ich hab hier alles, was ich brauch. Und du auch, ja, du mich auch.

Zwischen »Never Surrender« und »Licence to Ill« liegt alles, was ich weiß und alles, was ich will. Und was ich immer wissen wollte, hab ich rausgebrüllt, nackt und roh in drei Akkorde gehüllt, die mir sagen:

»Da vorne lang!«

Refrain, geh du voran, öffne mir die Augen und die Ohren. Und es ist gar nicht schwer, ich brauch heut gar nichts mehr, ich hab hier alles, was ich brauch. Und du auch.

Und dieser Jubel geht aufs Haus.

Und all der Überfluss, es ist mir zum Verdruss, verstopft mir die Sinne und die Poren, Augen und die Ohren. Und es ist gar

nicht schwer, ich brauch heut gar nichts mehr, ich hab hier alles,
was ich brauch. Und du auch ...

Ein kleiner Ort, den man leicht übersieht, wenn er nur
stört und nur noch stört. Und wenn er die Durchfahrt verhindert, dich gefangen hält, ja dann ist es wohl deiner,
dann gehört er wohl zu dir. Ich wohne da und guck zu auf
ein ödes Stadtleben. Ich weiß, du machst dich nicht wichtig, ich weiß: Du bist nicht verrückt, wenn du denkst,
dass irgendwas erstickt und sich der Himmel verfärbt.
Und Angst vor Umweltkatastrophen, du fragst:
      »Warum bin ich hier?«
      Langsam wird es klar: Diese Stadt gehört nicht zu mir.
Ich überlasse sie den Deppen, die damit machen, was sie
wollen, und ich fahr woanders hin.
      Ein kleiner Ort, den man leicht übersieht, wenn er
nur stört und nur noch stört, und wenn er die Durchfahrt
verhindert, dich gefangen hält, ja dann ist es wohl deiner, dann gehört er wohl zu dir. Kinder werden groß und
gehen. Das Ende ist immer gleich: Ihre Rebellion gegen
den Terror und für ein Leben endet immer bei den gleichen.
Sie endet immer bei den gleichen und immer bei den gleichen. Es wird nie ein Ende geben.
      Ich steh am Fenster und guck den Autos zu. Wie kleine
Straßen breiter werden und manches einfach bleibt.
Zu lange Tage und keiner weiß, worum es geht. Vielleicht
denkt sich hier noch irgendjemand etwas aus, bis dahin
alles Gute. Und vielleicht wird es gut, und vielleicht wird
es schlecht. Und vielleicht wird es gut, und vielleicht
wird es schlecht.

432 Seiten
mit zahlr. Abb.
ISBN 3-931555-86-0

Mark Andersen / Mark Jenkins
Punk, DC – Dance of Days
Washington-Hardcore von Minor Threat bis Bikini Kill

Washington, DC – kaum eine andere US-Metropole hat eine so bewegte Punk- und Hardcore-Geschichte wie die amerikanische Hauptstadt. Hier hatten viel diskutierte Bewegungen wie »Straight Edge« und »Riot Grrrls« ihren Ursprung. Mit »Dischord« entstand eines der wichtigsten Independent-Labels, das sich bis heute dem Mainstream verweigert hat. Politischer Aktivismus und Hardcore-Szene waren schon früh miteinander verknüpft.

Die Autoren, beide von Anfang an in der Washington-Szene aktiv, geben einen Insider-Blick in die viel bewegte Geschichte von den ersten Punk-Vorläufern bis in die 1990er-Jahre.

160 Seiten
ISBN 3-930559-88-9

Jan Off
Vorkriegsjugend

Goldene Tage waren das zu Beginn der 80er, als gefärbte Haare und zerrissene Klamotten bei Eltern, Lehrern und deinem Gegenüber in der Straßenbahn noch echte Empörung auszulösen vermochten.

Eine Zukunft sollte es nicht geben – das hatten zumindest die Großmächte versprochen. Wozu also die knappe Zeit mit einer Berufsausbildung vergeuden?! War es nicht wesentlich sinnstiftender, das ungeheure Angebot an Rauschmitteln zu verkosten, dabei weitere Nieten in die Lederjacke zu schrauben und die Regler der Anlage hochzureißen, damit auch die Nachbarn den neuen »Soundtrack zum Untergang« genießen konnten?

Der Roman »Vorkriegsjugend« würdigt eine Dekade, die so furchtbar gern kalt sein wollte, sich im Vergleich zum nachfolgenden Jahrzehnt aber als echter Ponyhof präsentierte.

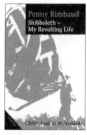

288 Seiten
ISBN 3-931555-97-6

Penny Rimbaud
Shibboleth – My Revolting Life
Crass: Punk als Widerstand

Die britischen Crass waren eine der wichtigsten und einflussreichsten Bands der europäischen Punk- und Hardcore-Bewegung. Ihre vom Geist des Anarchismus geprägten Texte und ihr Kampf gegen musikalischen Mainstream, Sexismus, Tierversuche sowie die reaktionäre Politik der 1980er-Jahre trugen maßgeblich zur Politisierung der Szene bei.

Crass-Schlagzeuger Penny Rimbaud gibt in seiner spannenden Autobiographie Einblick in den vom Ideal der absoluten Selbstverwaltung geprägten Alltag dieser Ausnahmeband und in die bewegten Entstehungsjahre von Punk in Großbritannien.

Doch »Shibboleth« ist mehr als nur eine Bandgeschichte. Es handelt in poetischer, romanhafter Sprache vom Lebensweg eines Menschen, der sich nie hat anpassen wollen, für den Rebellion gegen bestehende Verhältnisse noch immer zur höchsten Form menschlichen Glücks gehört.

www.ventil-verlag.de

muff potter.

neues album im mai 2007

www.vertigo.fm
www.muffpotter.net